RABAŞ'IN YAZILARI
MEKTUPLAR
Birinci Cilt

LAITMAN

KABBALAH

PUBLISHERS

Rav Baruch Shalom Halevi Ashlag

RABAŞ Yazıları
Cilt Bir – Mektuplar

Telif Hakkı © 2024 Michael Laitman Tüm hakları saklıdır
Laitman Kabbalah Publishers tarafından yayınlandı

İletişim Bilgileri
E-posta: info@kabbalah.info
Web sitesi: www.kabbalah.info
ABD ve Kanada'da ücretsiz: 1-866-LAITMAN

1057 Steeles Avenue West, Suite 532, Toronto, ON, M2R 3X1, Kanada
info@kabbalahbooks.info

ABD'de basılmıştır

Bu kitabın hiçbir bölümü kullanılamaz veya çoğaltılamaz, kısa alıntılar dışında, yayıncının yazılı izni olmaksızın eleştirel makalelerde veya incelemelerde hiçbir şekilde kullanılamaz.

ISBN: 978-1-77228-179-8

Çeviri: Aslı Fırat, Fulya Özturan, Güher, Lale Taner ve Yasemin Koçak Tezel
İçerik Düzenleme: Yasemin Koçak Tezel
Düzenleme ve Düzeltme: Yasemin Koçak Tezel
İç Tasarım: Nurçin Küçükoğlu, Vahit Can Soğancı
Kapak Tasarımı: Baruch Khovov/Inna Smirnova, Vahit Can Soğancı
Genel Yayın Yönetmeni: Chaim Ratz
Baskı ve Post Prodüksiyon: Uri Laitman

İLK BASKI: MAYIS 2024
İlk baskı

İçindekiler

Mektup No. 1 6
Mektup No. 2 7
Mektup No. 3 9
Mektup No. 4 12
Mektup No. 5 14
Mektup No. 6 15
Mektup No. 7 18
Mektup No. 8 20
Mektup No. 9 28
Mektup No. 10 34
Mektup No. 11 36
Mektup No. 12 38
Mektup No. 12b 40
Mektup No. 13 42
Mektup No. 14 45
Mektup No. 15 47
Mektup No. 16 49
Mektup No. 17 52
Mektup No. 18 56
Mektup No. 19 59
Mektup No. 20 62
Mektup No. 21 65
Mektup No. 22 70
Mektup No. 23 73

Mektup No. 24 .... *75*
Mektup No. 25 .... *77*
Mektup No. 26 .... *80*
Mektup No. 27 .... *82*
Mektup No. 28 .... *86*
Mektup No. 29 .... *93*
Mektup No. 30 .... *103*
Mektup No. 31 .... *104*
Mektup No. 32 .... *110*
Mektup No. 33 .... *113*
Mektup No. 34 .... *116*
Mektup No. 35 .... *120*
Mektup No. 36 .... *122*
Mektup No. 37 .... *127*
Mektup No. 38 .... *129*
Mektup No. 38b *132*
Mektup No. 39 .... *135*
Mektup No. 40 .... *137*
Mektup No. 41 .... *143*
Mektup No. 42 .... *145*
Mektup No. 43 .... *146*
Mektup No. 44 .... *150*
Mektup No. 45 .... *151*
Mektup No. 46 .... *153*
Mektup No. 47 .... *155*
Mektup No. 48 .... *157*
Mektup No. 49 .... *159*
Mektup No. 50 .... *161*
Mektup No. 51 .... *163*
Mektup No. 52 .... *165*
Mektup No. 53 .... *168*

Mektup No. 54 170
Mektup No. 55 172
Mektup No. 56 174
Mektup No. 57 178
Mektup No. 58 180
Mektup No. 59 182
Mektup No. 60 186
Mektup No. 61 188
Mektup No. 62 190
Mektup No. 63 193
Mektup No. 64 195
Mektup No. 65 200
Mektup No. 66 205
Mektup No. 67 208
Mektup No. 68 211
Mektup No. 69 214
Mektup No. 70 217
Mektup No. 71 219
Mektup No. 72 221
Mektup No. 73 224
Mektup No. 74 227
Mektup No. 75 229
Mektup No. 76 231
Mektup No. 77 233
Mektup No. 78 235

Mektup No. 1

"*Ve ilmin özüyle Doldurduğum tüm erdemli-kalplere konuşacaksın.*"

Saygıdeğer Babama, mutlu ve uzun yaşasın.

Arınmışlık içinde yerine getirilen Kabala Çalışmasıyla ilgili konuştuklarımızla alakalı olarak, bilmediğim şeyleri size söyleyeceğim, ama siz de bütün sorularıma cevap vereceksiniz.

Görüyorum ki genel şeylerden başka yazacak fazla bir şeyim yok. Esas yol, pek çok kuşkudan emin olduklarımızı değil, emin olduklarımızdan kuşkuları çıkarmak olduğundan, arınmışlıkta tek kelime bile öğrenemem fakat akabinde kişi doğru çalışmaya gelir.

Bu, kişinin hali hazırda bunun için nitelikli olup olmamasına, yani alma arzusunun arınmışlıkta olmasına, ihsan etmek için almasına bağlıdır. Bu derecede olmayan kişinin kabala çalışması arınmışlık içinde olmaz, şöyle yazdığı gibi "Ve ilmin özüyle doldurduğum tüm erdemli-kalplerle konuşacaksın," yani Yaradan'ın özüyle kalbi arınmış olanlarla.

Aksi takdirde bu kesinlikle imkânsızdır, atalarımızın söylediği gibi, "İnsan yalnızca aptallık ruhu içine girdiğinde günah işler." Bundan kişi ilmin özüne sahip olmadıkça ona günahkâr denilemez sonucu çıkar. İnsanın sonsuza kadar günahkâr olduğunu hissetmemesi kendi eksikliğini görmediği içindir. Oysa gerçek şudur ki, ilmin özüyle ödüllendirilmediği sürece ona günahkâr denilir. Bu ister istemez böyledir ve kesinlikle bu Yaradan'ın onu doldurmasına bağlıdır...

(Mektubun geri kalanı kayıptır.)

Mektup No. 2

Salı, 23 Kasım 1954, Tel Aviv

Benim yürekli dostlarım… Yaradan sizinle olsun.

Arabanın yanındayken konuştuklarımızla ilgili olarak diyebilirim ki, Beit Şaar Hakavanot (Niyetlerin Kapısı) kitabı 70. maddeye bakın, cevabı orada bulacaksınız.

Benim de onayladığım gruba katılmanızla ilgili olarak kabul etmeliyim ki bunu detaylı olarak araştırmadım. Bunun sebebi Tiberias'dayken, Tiberias'daki çelişkili görüşleri düşünüyor olmamdır, bu nedenle onları hesaba katma gereği olmadığını söyledim, fakat sadece gerçek yol gösterir. Tel Aviv'e varır varmaz eski dostlarımız arasında da Işığın ayrılmasından önceki farklı görüşleri hissettim. Şimdi onların kabı (Kelim) bu, bir ipucu, onlar kendi amellerini haklı çıkarmak için günahlarının ve itaatsizliklerinin peşinde olacaklar, yani gerçek sadece yıkım yeri Kudüs'tedir. Bu durumda yukarıda bahsettiğim gruba katılmanızla ilgili söylediğimi geri alıyorum.

"Halkın ruhuyla hoşnut olan herkes," ayetinin anlamıyla ilgili sorunuza cevaben, en ünlü ve yüceler arasında bile fikir ayrılıkları vardı diyen babam adına yazdığımı söyleyebilirim. Burada babam, eğer "halkın hoşnut olduğu herkes" demiş olsalardı, sonrasında o soruyu soracaklardı diyerek mantık yürütmüş. Oysa özellikle "halkın ruhuyla hoşnut olan herkes," dediklerinden, yani orada yaratılış, yani bedenler vardır ve bedenlerin Yaradan'ın özüyle bir ilgisi yoktur. Tersine mülk sahibinin görüşü, Tora'nın görüşünün tersidir. Fakat halkın ruhu kutsaldır.

Atalarımızın bahsettiği ruh budur, "her kim bir emri yerine getirirse," yani "tek harf" denilen inanç emrini her kim yerine getirirse " kendini ve tüm dünyayı erdemlik derecesine getirir."

Bu şu soruyu akla getirir, "neslin içinde erdemliler varken, halktaki herhangi bir fazileti görür ya da hissedebilir miyiz?" Baal HaSulam der ki, erdemli tüm kolektif için bereket çeker fakat Işığı kıyafetleyen kapları olmayanlar bu bereketten haz alamaz. Ancak, her bir insanın ruhu bereketten Saran Işığı alır, bu nedenle "halkın ruhu onunla hoşnut olur" çünkü Yaradan'ın özü halkın ruhunu aydınlatır.

Ancak biz burada ruhlarını henüz kıyafetlememiş olanlarla alakalı konuşmuyoruz.

Faziletiniz giderek güçlensin.

Size iyi dileklerini gönderen dostunuz,

Baruh Şalom Aşlag

Mektup No. 3

Vayechi Yaakov (Ve Yakup Yaşadı), 2 Ocak, 1955, Tel-Aviv

Çok sevgili ve inançlı dostlarım,

…'nın imzaladığı mektubu okudum, dost sevgisini üzerinize almanızdan çok hoşnudum. İlk sorunuzla ilgili olarak bunu yazarak cevaplayamayacağımı söyleyebilirim çünkü bunlar sözlü tartışma gerektiren konular ve bunları yazıya dökmek uygun değil.

İkinci sorunuzla ilgili, size babam Baal HaSulam'dan duyduğum bir makaleye istinaden yazıyorum: "Sen hayvanı ve insanı korursun, Tanrım." Atalarımız bunu şöyle açıklar, "bunlar hayvanmış gibi davranan kurnaz insanlar" ve sen bana aslında bir hayvan olmanın iyi olduğunu yazıyorsun! Tersine Tora ve ilmin yollarında yürümeli ve üst ışığın lezzetinin tatlı hazzının parlaklığını üstüne çekmelisin. Ancak, bu "Lot'un sürüsünün çobanları," gibi değil, "İbrahim'in sürüsünün çobanları," gibi olmalı.

Dostlarla yediğimiz yemek sırasında, "Seninle Mısır'a inecek ve yine seni yukarı çıkaracağım" ve "Ve o dedi ki, 'Seninle beraber olacağım (EKYEH), ve bu Ben'im (Anohi) sana gönderdiğim işaret. Halkı Mısır'dan çıkardığımda, sen bu dağın (Har) üzerinde Tanrı'ya ibadet edeceksin'" ayetleriyle ilgili söylediklerimi anlamalısınız. EKYEH (olacağım), Anohi (Ben) ve Har (dağ) arasındaki ilişki nedir?

Rabbi Akiva'nın kitabının 5. maddesinde şöyle yazılıdır, Yaradan der ki, "EKYEH Asher EKYEH (Ne Olacaksam Olacağım). Ben dünyayı iyilik niteliği ile yarattım, iyilik niteliği ile ona yol gösterdim ve iyilik niteliği ile onu yenileyeceğim." Diğer şekilde, Yaradan "EKYEH Asher EKYEH, dünyayı inanç niteliği ile yarattım, inanç niteliği ile ona rehberlik ettim ve inanç niteliği ile onu yenileyeceğim," dedi. "Ne Olacaksam Olacağım (EKYEH Asher EKYEH)," ayetinin manasını inanç ve iyilik niteliği açısından anlamalıyız. Atalarımız EKYEH Asher EKYEH ayetini şöyle yorumlar, "Zorluk içinde olacağım çünkü onlarla başka krallıkların köleliğinde beraber olacağım."

Yukarıda yazılanı anlamak için bilmeliyiz ki, kişi Tora ve Mitzvot'u Lishma çizgisinde idrak etmeye başladığında, yani Mısır kralının sürekli olarak, "Sesine itaat edeceğim, Yaradan kim?" dediği, "Mısır" denilen zorluk içinde olduğunu hisseder. Bu aklın zorlandığı, düşüncelerinin aklını hırpaladığı Zivugim de Hakaa ile başladığı yerdir. Tüm bu yabancı düşüncelerin sadece "toprağın çıplaklığını görmek için," gelen şifa olduğunu, yani bacadan bakmaktan fazlası olmadığını düşündüğü zamanlarda, bu düşüncelerle Yaradan çalışması arasında bir bağ olmadığını görür. Başka zaman şöyle düşünür, "Biz, tek babanın oğulları açık yürekliyiz," yani tüm düşüncelerimiz yalnızca Yaradan'a tutunmak içindir ve "Mısır'da sürgün" denilen "Sesine itaat edeceğim Yaradan kim?" ve "Bu çalışma da ne?" düşüncelerine galip geldik ve güçlendik.

EKYEH konusu, mantık ötesi aşama, "senden ileriye," aşamasıdır. Bu zamana "Seninle beraber Mısır'a ineceğim," denir çünkü inancın yükü "Ben senin Tanrı'nım," kişinin Mısır sürgünüyle düşüşü olarak kabul edilir. Bedeni sakinleştirmek ve ona alma arzusu formunda ödül sözü vermek istediğimizde, şöyle deriz: "ve Ben seni yine yükselteceğim," yani sonrasında sen de inanç aşaması olan Anohi ("Ben" ya da "bencil") aşamasında kalacaksın.

Ve bu Asher EKYEH'tir (ne Olacaksam), yani sonrasında da kişi EKYEH aşamasında kalacak, yani "Halkı Mısır'dan çıkardığın zaman, bu dağın üzerinde Tanrı'ya hizmet edeceksin," olduğunda bile. Har (dağ) kelimesi, Hirhurim (yansımalar) kelimesinden gelir, yani sonrasında da tıpkı "O, yeryüzünü hiçbir şeye asmaz," sözünde olduğu gibi, "dağlar bir ipliğe asılı," denilen dağın temeli üzerine inşa edilmiş olacak.

Fakat sonrasında, Yaradan'la Dvekut'u (birleşme, yapışma) başardığımızda, "hiçlik," "ne" uyanması için bir yerin olmadığı "ne olmadan" haline gelir. Tersine, EKYEH Asher "Ben onu iyilik niteliği ile Yarattım," olur. Ve O'nun tüm iyiliğini hissettiğimizde, "Dünyayı inanç niteliği ile Yarattım," idrakine varırız.

Bu "Kalbim iyi bir şeyle dolar," sözünün anlamıdır. Baal HaSulam bu hissin yalnızca kalpte olduğunu, kalpten ağza gelmediğini söyler. Ağız bilgiyi ifade eder, yani ağız kişinin aklını ve düşüncelerini ifşa ederken, kalp sadece kalpteki potansiyel alıcıdır. Sonrasında kişi bu potansiyeli üzerine aldığında, iyi bir şeyle, dünyada inançtan başka iyi bir şey yoktur hissiyle ödüllendirilir. Bu noktada şöyle der, "Çalışmam kral içindir," yani almak için değil, ihsan etmek için. Buradan Musa aşaması olan "Dilim hızlı bir yazarın kalemidir," aşamasıyla ödüllendirilir.

Bu "Seninle beraber Mısır'a ineceğim," sözünün anlamıdır yani sürgün sırasında kişi hiçbir şeyin "Anohi" ("Ben" ya da "bencil") aşamasından daha kötü ya da daha bayağı olmadığını görür. Fakat ödüllendirildiğinde, bunun aynı zamanda "Seni yine yükselteceğim," aşaması, yani tüm yükselişlerin Anohi aşaması olduğunu görür. Bu EKYEH Asher EKYEH'tir yani önce zorluk içindeydi fakat şimdi bunu iyi olarak algılıyor. Bu "Ve bu Yakup'un zor zamanı, fakat bundan kurtarılacak," demektir çünkü tüm kurtuluş Anohi olarak kabul edilir.

Mektubuma cennet krallığının yükünü Anohi aşamasında alma liyakatini elde etmemiz dileğiyle son veriyorum.

Mektup No. 4

10 Şubat 1955

Dostum... İyi dileklerimle,

Beni şaşırttın çünkü uzun süredir sağlığın ve direncin ile ilgili senden haber alamıyorum.

Bana göre bunun sebebi ruhumuz ve yolumuzla hemfikir olmayan bir çevreye girince, düşüncelere yapışan yabancı kanallar nedeniyle benimsediğin fikirler neticesinde güven ve direnç eksikliğine düşmen olmalı. Bu yabancı düşüncelerin yapışması, "büyük derinliğin Nukva'sı (dişi)" sana olduğunda, yani onları zaten iptal ettiğin ve ayağının altına aldığın için o düşüncelerin senin üzerinde etkisi ve kontrolü olmaz çünkü sen onları zaten çiğnedin ve üzerinden yürüdün, yani bedende halen yabancı düşünceler vardır fakat artık onların kontrolü yoktur.

Bu Şabat'ın anlamıdır— "karanlık ışık gibi parlar," olduğunda, dünyada Klipot (kabuklar) var olsa ve ıslah tamamlanmamış olsa bile, yabancı düşüncelerin yeri büyük derinliğin Nukva'sıdır. Bu demektir ki, bunların insan üzerinde asla bir etkisi yoktur. Ancak, bir olanın otoritesinden çokluğun otoritesine geçerken, yani düşünceler ve çalışma çokluğun otoritesi içine çekildiğinde ve halkın düşüncesi olan çoğunluğun otoritesini bir olan senin otoritene eklediğimizde, buna zaten "Şabat'ın saygısızlığı" denir. Bu demektir ki, gücü zaten tükenmiş olan bu Klipotların—hali hazırda büyük derinliğin Nukva'sında olanların— uyanışı için, senin düşüncelerine tutunması için bir yer açılmış olur.

Bu sırada bu yabancı düşüncelerin dışarıdaki insanların nükteciliği ve bilgeliği olduğunu düşünme, bu senin kötülüğünün yan ürünü ve şimdi gerçeğe tutunmuş olduğun, yani gerçek çalışmaya sahip olduğun için şimdi kendine doğru çektiğin bu hüküm, gerçek ve yabancı düşüncelerden yüzde yüz arınmış olacak. Ve ayrıca şimdiye kadar yaptığın her şey, sadece gerçeğin yolunda yürümeyi isteyen herkesin yapacağı gibi yetersiz çalışman nedeniyle oldu.

Bundan böyle dünya akımlarına kapılan halkın alışık olduğu yolda yürümek zorundasın. Bu konularda yazmayı bırak konuşmak bile istemediğimden, yolumu değiştirecek ve kesinlikle faydasız olacağını bilmeme rağmen sadece "Ruhumu kurtardığım" için yazacağım.

Yeni Yıl akşamı—Şevat ayında, dünya merhamet ya da acının hükmüne girdiğinde toplantı yaptık. Şevat, kış aylarının 5. ayıdır. Sefira Hod olan beşinci anlayışa vardığımızda, Tora ve Mitzvot hakkında duyduğumuz lanet ve küfürler üzerinden, acının merhamete dönüşmesi için ıslah yapmak ve uygun şekilde hüküm giymek zorundayız. Bu sırada acı Hesed'ten Hod'a tüm beş Behinota uzanan merhamet olur, şöyle yazdığı gibi, "Şöyle Dedim, 'Bırakalım merhamet dünyası inşa edilsin.'" Çünkü Hassadim ışığına "mantık ötesi" denir ve sadece orada kutsama vardır.

Bu sebeple, Şevat'ın on beşinde meyveleri kutsarız, Baal HaSulam'ın Keduşa (kutsallık) ve Klipa arasındaki tek fark meyvededir: çalışma meyve verir, fakat "başka tanrı verimsizdir ve meyve vermez," dediği gibi. Ayrıca meyvelerle ödüllendirilmek sadece Hesed niteliği vasıtasıyla olur ve sonra kişi meyve-veren ağaçla ödüllendirilir. "İnsan toprağın ağacı olduğu için," yani yalnızca Baal HaSulam'dan edindiğimiz yol vasıtasıyla, "bereketli ve çoğalan," denilen meyvelerle ödüllendiriliriz. Meyveler vasıtasıyla daima gençlik aşamasında oluruz yani genç bir çocuk gibi, tıpkı "genç adamın çocukluğundaki hazzı" gibi.

Bu "Umudu Tanrı'da olanlar yeni güç elde edecek," sözünün anlamıdır çünkü sadece buna "yukarıdan yardım" denir. Bu demektir ki, kişi her yön için tartışma olduğu bir aşamaya geldiğinde, gerçeklerden ayrılamaz. Bu sırada kişinin sadece yukardan yardıma ihtiyacı vardır. Buna "Umudu Tanrı'da olanlar," denir, çünkü cennetin merhametine ihtiyacı vardır.

Dileyelim Yaradan bizi maddesellikte ve maneviyatta kurtuluş ile onurlandırsın.

Dostun.

Baruh Şalom HaLevi Aşlag

Mektup No. 5

24 Şubat 1955

Dostuma,

Bu hafta Şabat'tan sonra mektubunu okudum ve mektuptan mektuba geçen zaman içindeki aşamalarının ifşası ihtiyacından dolayı mutlu oldum. Kesinlikle Yaradan, O'nun yasasıyla gözlerimizi açacak.

Bu konudaki görüşüm şudur ki, dost sevgisiyle ilgili olarak daha çok çalışmalısın. Dvekut (birleşme) olmadan, kalıcı bir sevgi imkânsızdır, yani ikiniz sıkı bağlarla bağlanmalısınız. Ve bu ancak içselliğine yerleşmiş kıyafeti "çıkarmaya" çalışırsan gerçekleşir. Bu kıyafete "kendini sevme" denir, çünkü bu iki noktayı birbirinden ayırır. Eğer düz yolda gidersen, birbirini reddeden iki çizgi olarak gördüğümüz bu iki nokta, her iki çizgiyi de içeren orta çizgi olur.

Ve savaşta olduğunuzu hissettiğinizde, her biriniz dostunun yardımına muhtaç olduğunu ve o olmadan kendi gücünün zayıflayacağını bilecek ve anlayacak. Sonra, hayatlarınızı kurtarmak zorunda olduğunuzu anladığınızda, her biriniz koruması gereken bir bedene sahip olduğunu unutacak ve düşmanı nasıl yeneceğiniz düşüncesiyle birbirinize bağlanacaksınız. Dolayısıyla, acele et, gerçek yolunu gösterecek ve sen başaracaksın.

Yazışmaya devam edelim.

Baruh Şalom HaLevi Aşlag

Mektup No. 6

15 Nisan 1955, Londra

Öğrencilerime,

...'nın mektubunu aldım, konuyu olabildiğince detaylı bir şekilde yorumlaması iyi olmuş. Beni bilgilendirdiği geri kalan konularla ilgili olarak da yakında her şeyi açıklığa kavuşturmayı umuyorum.

Mişnah şöyle der, "Herkes görme ile yükümlüdür," yani herkes Tapınak'ta görülmek zorundadır, şöyle yazıldığı gibi, "Tüm erkekleriniz görülmüş olacak." Erkek, yani veren, olarak kabul edilen kişi, Yaradan'ın onu gördüğünü ve izlediğini hissetmelidir.

Atalarımız şöyle der, "Gözünün biri kör olan kişi görmekten muaftır, şöyle yazıldığı gibi, 'Görecek, görecek.' Kişi görmeye geldiğinde, görülmeye gelmiş olur. Kişi her iki gözüyle görmeye geldiğinde, her iki gözle görülmeye gelir."

"Gözler" Anohi (Ben) ve "Sahip olmayacaksın," demektir. Anohi, Hassadim olarak kabul edilen sevgi, yani inanç olarak kabul edilir. "Sahip olmayacaksın" sol çizgi, dişi olarak kabul edilir. Ancak bundan sonra kişi, Şehina'nın (Kutsallık) yüzünü görmekle ödüllendirilir.

"Ben'im yüzümü, elleri boşken değil, tersine becerilerine göre bir armağan taşıdıklarında görecekler," yani kişinin aşağıdan uyanışı, Yaradan'ın kutsaması ölçüsünde ve çalışmasını sürdürebilmesi için Yaradan'ın onu aydınlattığı sürece olacak. Bu şekilde insan, Şehina'nın yüzünün ifşasıyla ödüllendirilir.

Gemarah'da yazılıdır, "Sağır, aptal, ve küçükler haricinde." Tanya'da şöyle yazar, "Aptal kimdir? Verileni kaybeden." Bu kişi görmeden muaf tutulur, yani Keduşa'nın (kutsallık) kıyafetiyle onurlandırılmaz.

Atalarımız şöyle der, "Rabbi Yohanan şöyle dedi, 'İzlenimle bir kaybı geri döndüren bilge öğrenci kim? Kendi giysisini tersine çevirmekte titizlenen kişi.'" Buradaki yüceliği anlamak zorundayız.

Bizim açımızdan bu çok basittir: "Onun giysileri" ruhun üzerindeki kıyafettir, yani o, alma arzusunu, ihsan etme arzusuna çevirmede çok dikkatlidir. Kural şudur ki, herkes zamanı gelince yukarıdan uyanışla ödüllendirilir. Fakat neden bu uyanış ondan ayrılır? Çünkü kişi, sadece aptallık ruhu içine işlediğinde günah işler.

Bu demektir ki, bir bilge, bir de aptal vardır. Bilge olana "Yaradan" denir. "Bilge bir öğrenci" demek, kişi Yaradan niteliğini—veren olmayı— öğrendi demektir. Bir "aptal" Yaradan'ın tersidir—kendisi için almayı dileyen kişi. Alma kapları uyandığında, uyanış derhal ondan ayrılır.

Fakat giysiyi ters yüz etmede titiz olursa, yani ihsan etme arzusu içinde olursa, kaybı izlenimle beraber kesinlikle ona geri döner, yani Keduşa'nın gözleri, Anohi ve "Sahip olmayacaksın" ile ödüllendirilir.

Ancak, bilmeliyiz ki, bir Mitzva bir de Tora vardır, şöyle yazdığı gibi, "Mum Mitzva, ışık Tora'dır."

Kutsal Zohar insanın Pesah'da buğday tanesi adamasının sebebini açıklar. Omer tohum değildir, çünkü ay bozuktur, yani orada eksiltme olmadan sünnet vardır (sadece ilk gece yukarıdan uyanış vardır). Sünnet, alma arzusunun çıkarılıp atılmasıdır.

Bununla kişi, "zayıf elin Tefilin'i" denilen Mitzva, inanç ile ödüllendirilir. Bu anlayışa "cennetin krallığı," denir ve bu Gematria'da hayvan olarak kabul edilir. Ayrıca, yedi hafta sırasındaki Omer saymasının ıslahıyla kişi, Tora alımıyla ödüllendirilir, bu cennet, Zer Anpin, Gematria'da "insan"dır. Bu sebeple, birleşmenin sekizinci günü buğday tanesinden iki somun adanır.

Bununla Mişnah'ta söyleneni anlayabiliriz, "Pesah'da kişi buğday tanesinin üretiminden, birleşmenin sekizinci gününde ise ağacın meyvesinden sorumludur. Rabbi Yehuda, Rabbi Akiva adına der ki, 'Neden Tora 'Pesah'da ürününü benim huzuruma getir ki tarladaki ürünün kutsansın, der?' Ve neden Tora 'birleşmenin sekizinci günü bana iki somun ekmek getir,' der? Bu böyledir çünkü birleşme zamanı ağacın meyve zamanıdır. Yaradan der ki, 'Ben'im huzuruma iki somun ekmek getir ki ağacın meyvesi kutsansın.'"

Hayvan için yiyecek ve tarlanın ürünü ile, insan yiyeceği olan buğday tanesi arasındaki bağı anlamalıyız. Bizim yolumuzda bu çok basittir: Malhut'a "hayvan" denildiğinden, Omer hayvan yiyeceği demektir ki bu inanç, Mitzva, cennet korkusudur.

İki somun ekmek, insan yiyeceğidir, Raşi'nin yorumladığı gibi, "Rabbi Yehuda'ya göre insana 'tarlanın ağacı,' Tora'ya 'ağaç' denildiği için, ilk insanın yediği ağaç, buğdaydı, şöyle yazdığı gibi, 'O (Malhut) yaşam ağacı'. Ve Tora ile ödüllendirildiğinde buna "birleşmenin sekizinci günü ağaçla sınanmak" denir.

Bu konuyu bu mektupta fazla uzatmıyorum; yazacak yeni bir şeyim yok, her şeyin iyi olmasını umalım.

Dostunuz

Mektup No. 7

24 Nisan 1955

Merhaba, ulusun şimdilerde yüzyüze kaldığı gölgeler ve bulutlara karşı dik duran dostlarıma en iyi dileklerimle. Bu zamanda dünyamıza inen büyük gizlilikten sonra, dostların Baal HaSulam'dan aldıkları Efendi'mizin ışığının kıvılcımları halen daha kalplerinde parlıyor; onlar kalpteki noktalarını nasıl koruyacaklarını biliyor ve ebedi kurtuluşu bekliyorlar.

Nisan'ın 23'ündeki konuşmamıza birkaç şey eklemek istiyorum. Önemli bir soru soruldu, "Eğer Yaradan, yaratılanları O'nla Dvekut'ta (birleşme) olmaları, haz ve mutluluk hissetmeleri için kutsallıktan yararlandırmak istiyorsa, dünyamızda dünyasal şeylerin, yani ızdırabın olmasının nedeni nedir? Dünyasal şeyler ne içindir?"

Size göre kutsallık yaratılanlar için yeterli olacaktır, öyleyse neden Klipot (Kabuklar) sistemi var? Eğer O'nun Kendisinin tüm bu evreni yarattığına inanıyorsak, bu Yaradan'a ne gibi bir kazanç ve memnuniyet getirecek?

Diyorsunuz ki, sadece mantık ötesi bu konuları kabul edebiliriz. Ben de düşünüyorum ki, mantık ötesi kabul ettiğimiz tüm bu manevi konularla ilgili daha sonra Yaradan'ın bilgisinin kıyafetiyle tam olarak kuşanacağız, şöyle yazdığı gibi "ve senin için sınırsız kutsama akıtacağım." Fakat çalışmada Tora'nın yolunun aklını anlayacağız.

Zohar, (sayfa 6, madde 105), "Aptallar için İlmin Avantajı vardır" ve dünyada pek çok şey olmasına rağmen, tutunacak bir şey olmazsa, orada dünyada varolan muhteşem şeylerin ne algısı ne de hissiyatı olur diyen Sulam yorumuna bakın.

Bu demektir ki, içinde lezzetli tadı, tatlılığı ve hoşluğu hissedebileceğimiz en basit şeyleri bile edinecek Kelim'e sahip değiliz. Sadece bir kez "iyi şeyleri alma arzusu" denilen doğru Kelim'imiz vardı, özlem duymadan bu şeyleri alabildiğimizi söylediğimiz.

Bir alegori yapacak olursak, bilinir ki, tutkunun içinde haz vardır, yani tutkuda o şey ve onu elde etmek için haz vardır. Tutkunun içindeki hazzın ölçüsü, onu elde edememiş olmanın acının derecesine bağlıdır. Bu demektir ki, kişi, istediği şeyi elde edemeyeceğini hissederse hayal kırıklığı yaşar, haz özlem ve tutkunun içinde kıyafetlenir.

Bir örnekle bunu basitleştirelim: Kişi susuzluğunu gidermek için su içtiğinde, su Kli'nin ölçüsüne göre olur, yani susuzluk ızdırabının derecesine göre. Fakat şimdi içtiği sudan büyük zevk alan bir kişiye susuzluk ızdırabıyla mutlu olup olmadığını sorsak, kesinlikle şunu der, "Evet." Ama eğer bir insana "eğer sudan zevk almak istiyorsan tuzlu yiyecekler ye ve daha sonra suyun sana daha çok haz vermesi için yarım gün boyunca su içmeden bekle," tavsiyesinde bulunursak, kesinlikle şöyle der, "ne o, ne de onun ödülü." Ayrıca ya bunun için Kelim'imiz yoksa...

"Tüm hayatım boyunca yerine getirmem için bu konu önüme geldiğinde ızdıraba düşüyorum" diyen Rabbi Akiva ile alakalı olarak...

Mektubun geri kalanı kayıptır.

Mektup No. 8

26 Mayıs 1955, Tel-Aviv

Merhaba Dostlar,

Mektubunuza cevap olarak, söylemeliyim ki şu an için ekleyecek bir şeyim yok. Daha ziyade, şöyle yazdığı gibi: "İsrail oğullarıyla konuş, yolculuk yapacaklar." Biliriz ki, yolculukla ilgili olarak A aşamasından B aşamasına gidiş anlatılır, yani bunun anlamı yer değiştirmektir, tıpkı Baal HaSulam'ın dediği gibi, "Günden sonra gelen gün, yolculuğu ifade eder." Yazdığına göre, arada gece aşaması olmadan yeni bir günün olması imkânsızdır, yani iki günün ortasında kırılma vardır. Aksi takdirde ona "günden güne" değil, "uzun bir gün" denirdi. Fakat çalışma düzeni tam olarak günden günedir. "Ve geceden geceye bilgiyi ifşa eder" demek aralarında gün var demektir, bunlar onun sözleridir.

Yolculuğun düzeni budur. Dolayısıyla, aşamalardan korkmayın, sadece yukarıda söylediğimiz gibi, "yolculuk edin," ilerleyin. Her seferinde yeni bir ilerleyiş olmalıdır, tıpkı şöyle yazdığı gibi: "Onlar büyük inançlarıyla her sabah yenilenir."

Bu arada, Tiberian halkıyla ilgili ne düşündüğümü, bizi nasıl gördüklerini -içten ya da kaba-tarzım olmasa da size anlatmak istiyorum. Dahası, bu mektupta Tiberian halkında ne gördüğümü ve onları nasıl resmettiğimi size yazacağım. Tiberian'ların özünü tam olarak tarif edemesem de, yine de, düşüncelerimi yazacağım.

Şimdilerde, az biraz kendi kişisel sorunlarımdan hafiflemiş durumdayım ve başımı kaldırıp olanları görecek vakti bulabiliyorum. Burada sanki üç çeşit insan, üç farklı bedenle kılıflanmış üç siluet görüyor gibiyim.

1- Büyük bir çoğunluğun bizi değerli gördüğünü ya da saygı duyduklarını düşünmüyorum. İçtenlikle inanıyorum ki, onların gözünde dikkate değer değiliz. Diğer bir deyişle, ne bizi düşünüyorlar ne de hissediyorlar. Sanki biz bu dünyada yokmuşuz gibi davranıyorlar.

Rav Aşlag'ın öğrencileri gibi bir şey duymuş olsalar bile, bununla ilgilenmiyorlar. Tüm gün kendi koşullarıyla—hırsları, saygınlık arayışları ya da kendi maneviyatları—oldukça meşguller. Özellikle küçük grubumuzun içinde çekişme olduğunu duyduklarından beri, bizimle ilgilenme ihtiyacı duymuyorlar.

"Artıklar aslanı tatmin etmez." Bu demektir ki, bizim iyi ya da kötü olduğumuza karar verecek olan zihinlerine girmemize izin verseler bile, küçük grubumuz onların gözünde tatminkâr olmak için çok küçük ve önemsiz. Bu onların gözünde alt seviyede olduğumuzun, bir an bile dikkate, incelemeye değer olmadığımızın göstergesi. Bu aslanın bizimle ilgili her türlü plana sahip olduğunu düşünmeme rağmen, aslında böyle değil.

2- İkinci grup bu dünyada bir yerimiz olduğuna inanan ve bize saygı duyanlar. Bizi değerli, saygıdeğer ve belli bir konumda görüyorlar. Boş zamanlarında, düşüncelerinde ve zihinlerinde bizim için zaman ayırarak, büyük iyilik yapıyorlar. Bize ilgi gösteriyor, duruşumuzun ve eylemlerimizin gerçekten erdemlilik ve dürüstlük içinde olup olmadığını görmek ve herhangi bir şey bulduklarında bizi eleştirmek için tetikte bekliyorlar.

Bizimle ilgili düşündüklerinde, görüyorlar ki bunlar günün sonunda belli bir yerde, belli bir liderin yönetimi altında olmak için bir araya gelen bir grup insan. Bu küçük topluluk insanüstü bir cesaretle onlara karşı olanlara göğüs geriyor. Gerçekte bu grup güçlü bir ruha sahip cesur insanlar ve bir adım bile geri çekilmemeye kararlılar. Birinci sınıf savaşçılar, kanlarının son damlasına kadar eğilimleriyle savaş halindeler ve tek arzuları O'nun adının zaferi için savaşı kazanmak.

Ancak, tüm bu dikkatli gözlemleriyle beraber, kendilerini düşünmeye başladıklarında—önyargılarına, saygı peşinde koşma ve egoist arzularına baktıklarında— oybirliğiyle bize karşı birleşmeye hemfikirler. Bu nedenle, tartışmasız bir şekilde tüm kalpleriyle bizimle birleşmemenin onlar için daha iyi olacağını düşünüyorlar. Birbirlerinden çok uzak ve farklı oldukları için hiçbir konuda hemfikir değiller. Aynı odada kalmaya bile tahammül edemeyecek derecede birbirlerinden nefret etmelerine rağmen, bize karşı olmak söz konusu olduğunda hepsi birleşiyor.

İçlerindeki alma arzuları ve "Rüşvet bilgenin gözlerini kör eder," nedeniyle peşin hükümlü olduklarından, bizimle ilgili düşündükleri şeyin tersini görüyorlar. Bizde buldukları tüm erdemliğe—her birimizin takdire değer ve saygıdeğer olduğunu görmelerine—rağmen, kararlarını verir vermez çarçabuk bizim için verdikleri hükmü tutkuyla ve cansiperane bir şekilde gerçekleştirmek istiyorlar. Bu nedenle, bir yandan gerçeğin bizimle olduğunu, diğer yandan yolumuzun onlar için sıkıcı olduğunu biliyorlar.

Kendilerini haklı çıkarmak için, bizi yıkmak ve adımızı yeryüzünden silmekten başka şansları yok. Bunun için çabalıyor ve dağıtmak istiyorlar, bizi nasıl başarısızlığa uğratacaklarını düşünüp, insanın ve Maneviyatın özüne ters düşüyor olsa bile, her türlü aracı -meşru ya da değil- kullanarak yolumuza engeller koyup komplo kuruyorlar. İçten ve dürüst insanlara amacımızı yaydığımızda onlara gerçeği gösterme gücümüz olduğunu bilmedikleri ve arzularına direnç olmadığını gördükleri için bize aldırmıyorlar.

Kalplerindeki arzuyu yerine getirip, "neslin yüzü olmaları" onlar için daha iyi olacaktır. Bunun için geleceğimizi yıkıp, yok etmeyi planlayıp şöyle diyorlar, "Ne kadar çabuk olursa, o kadar iyi; henüz küçükken onları ezmek iyi olur böylece onlardan geriye bir iz kalmaz."

Yine de bize saygı duydukları ve en azından iptal etmemiz gereken bir şeyler olduğu fikrini kabul ettikleri için onları takdir etmeliyiz. Diğer bir deyişle, bizi bir toz gibi görmemezlikten gelmiyorlar, en azından onlar kadar gerçeğiz. İkinci gruptaki insanlar, bizi dikkate almayıp, etrafımızda olup bitenin önemli olmadığına inanan ilk grup insandan farklı. Çünkü onlar, eylemlerimizin gözlendiğini düşünüyor olmamızdan ki bu nedenle belli eylemleri yapmaktan kaçınıyoruz, etkilenmiyor, sıkıcı buluyorlar ve bu da ilk gruptaki insanların korkusu nedeniyle gruptan kaçmalarına neden oluyor.

Dürüst olmak gerekirse, hiç biri bize dikkat etmiyor. Muhtemelen bu şöyle yazdığı gibi: "Kimse seni takip etmediğinde kaçacaksın." Dolayısıyla, böyle insanlar var olduğu için memnun olmalıyız, bizimle alay ediyor, küçümsüyor ve kötü şeyler söylüyorlar. Yani en azından bu dünyada bir yerimiz var ve adımızı yeryüzünden silip atmak onlar için kolay değil.

3- Üçüncü grup, bizim iyiliğimizi isteyenler. Ancak sayıları çok az, tıpkı "İki çoğuldur," dendiği gibi. Ve ben onlara BShMA nın baş harfleriyle sesleniyorum yani B..., Sh,..., M..., ve A... Kutsal dilde (İbranice) onlara Bosem (parfüm) denir. Diğer bir deyişle, onlar Panim ışığı ve tüm eylemleri Keduşa (kutsallık) içinde olmakla ödüllendirilmelidir.

Tiberias'ta yaşayan bu sevgili insanları anlatmak istesem, ne derim? Tiberias'ın hareketli bir şehir olduğunu görüyorum ve yukarıda bahsettim bu üçüncü grup insan, bir girdaba kapılmış, başka bedenlerde yani ilk ve ikinci grup insanı kılıflayan arzular ve ihtiraslar arasında gidip geliyor. Onları bulmak benim için çok zor çünkü onlar büyük saman ve ot yığınlarının içinde, insan bu geniş çoğunluğun içinde kaybolmuş iki değerli inciyi, iki buğday tanesini nasıl bulabilir? Binlercenin içindeki bir kişinin önemi kuralına rağmen, gerçekten yaşam dolu telli turnalar gibi onlar da dayanıklı olmak ve feryat etmek zorundalar.

Buradan atalarımızın anlattığı saman, ot ve buğday, kimin için ekildikleriyle değerlendirilir alegorisini anlayabiliriz. Ot ve samanın konuşması o kadar doğru ve ikna edici görünür ki, buğdayın ot ve saman yasasına teslim olacağından korkulur. Ot ve saman şöyle der: "Biz çoğunluğuz ve sen buğday, bizim sayımıza oranla bir hiçsin. Biz yüksek bir mevkideyiz ve sen bu dünyaya gelmeden çok önce doğduk. Diğer bir deyişle, sen henüz yokken biz büyüdük ve güzelleştik ve bizim yüceliğimiz herkes tarafından görüldü. Uzaklardan bile görülen tüm tarlaya yayılmış güzelliğimizle göz kamaştırıyoruz. Fakat sen, buğday, o kadar küçük, o kadar fark edilmezsin ki, yalnızca sana özellikle dikkat edildiğinde görünebilirsin. Bu senin beceriksizliğinle ilgili olsa gerek. Oysa biz yolunu kaybetmiş, yorgun düşmüş ve başını koyacak bir yer arayan insanlara bir yer, barınak sağlıyoruz. Onları ortamıza alıp, rüzgârların ve kötülüklerin görmemesi için üzerlerini örtüyoruz. Peki, sen kimi hoşnut ediyorsun?"

Saman ve ot sadece hayvan yemi olacağından, hasat vakti geldiğinde şimdiki değerlerinden daha büyük olma umutları yoktur, herkes tarlanın kimin için ekildiğini bilir. Oysa buğday, birkaç ıslahtan sonra, kırıldığında, elendiğinde ve şarap ve yağla karıştırılıp, fırına verildiğinde kralların sofrasında sunulur ve Tanrı'ya sunacak kadar değerli hale gelir. Ot ve samana atfedilen tüm bu değer, besledikleri ve büyüttükleri buğdaya hizmet etmelerinden gelir.

Diğer bir deyişle, buğday tohumu besinini topraktan alır ve bu besini buğdaya dönüştürür. Buğdayın sırtındaki ot ve saman onun için bir yüktür ve değeri metresine hizmet eden krala hizmet eden hizmetkârla aynıdır.

Hasattan, sonuçtan önce, gerçeğin kendi gerçekliğini ve samimiyetini açıklığa kavuşturması imkânsızdır. Daha ziyade, herkes kendinedir, kendi hislerine göre konuşur. Bayağılığa ve hoşnutsuzluğa neden olmadan gerçeğe saygılı olmak, meselenin gerçekliğini ve doğruluğu gün ışığına çıkana kadar kişinin detaylı bir şekilde her bir elementi analiz etmesi haricinde, basit bir iş değildir. Ve bu durum, kendini-sevme ağına yakalanmadığı ve kolektifin akışıyla akıp gitmediği için üstten ödüllendirilmeyi gerektirir.

Buğday alegorisinde anlatıldığı gibi, herkes sizi eleştirdiğinden, benim sizi arzular içinde olmadan kendi halinizde bulmam zor.

Ancak, daha önce bahsedilen hasat zamanına benzer bir taktik buldum. Sadece geceleri, gece yarısından sonra, gecenin soğuğu ve rüzgârı saman ve otu dağıttığında ve her şeyi bir ölü gibi tarlanın yüzeyine yapıştırdığında, yani onlar yataklarında uyurlarken, iki buğday serbest kalır ve kalplerini cennetteki Babalarının önüne sererler. Dua zamanı olan sabah ışıkları çıkana kadar, Maneviyatın ateşinin alevine girerler. Bu anda Tanrı'nın sözlerini söyledikçe ruhları açığa çıkar. İnanıyorum ki, bu zaman Kurtarıcısının yardımıyla Yaradan'ı özlemleyen ateşin alevleri gibi parlayan bu değerli incilerle ilgilenmenin tam zamanı.

Sevgiyle ilgili olarak izin verin birkaç bir şey yazayım. Bilinir ki, Kli olmadan ışık yoktur, yani her haz, hazzın ışığının kılıflandığı bir kılıfa sahip olmalıdır. Örneğin, kişi saygınlık kazanmak, insanların gözünde değerli olmak istediğinde, ilk işi giysilerini değiştirmek olur. Diğer bir deyişle, saygıdeğer bir biçimde giyinmelidir, tıpkı atalarımızın dediği gibi, "Kabalist Yohanan giysilerine 'Beni onurlandıranlar' der."

Dolayısıyla, kişi saygıdeğer bir giysi edinmek için belli ölçüde bir çaba harcamalı ve bunu elde ettikten sonra da onu tüm zararlardan korumalıdır. Yani her geçen gün onun tozunu almalı, lekelerini ya da kirlerini temizlemeli ve ütülemelidir.

Fakat en önemlisi, onu en tehlikeli sabotajcıdan korumalıdır -güveden! Yiddiş dilinde güveye gözle görülmeyen küçük sinek benzeri olan "Mol" denir. Öncelikle eski kıyafetlere temas etmemelidir. Ayrıca bunun için "naftalin" denilen harika bir çare vardır. Ve bu şekilde kişi saygıdeğer bir biçimde kıyafetlenen hazzın ışığını almaya hazır hale gelir.

Bu durum sevgiye benzer. Sevginin ışığı ile ödüllendirilmek için kişi ışığın kılıflanacağı bir giysi bulmalıdır. Burada da aynı kurallar geçerlidir: kötülüğün "tozundan" ve özellikle güvenin (Yiddiş dilinde güve demek, "ağız" demektir) sabotajından, güzel görünen ve güzel konuşanlardan kaçınmaktır. Biliyorsunuz ki, onlar zaten kendilerini yasaklanmış kötülüğün vaatlerine "kurban etmiş," size zarar verecek sabotajcılardır, çok yakışıklı ve güzel oldukları için onlardan kendinizi koruyamazsınız.

Bu sinek o kadar küçüktür ki, özel dikkat olmadan değerli giysileri bozacak olan bu zararlıdan gelen zararı fark etmek imkânsızdır. Aslında, bilinir ki, bu güve yüne (İbranice: TzeMeR, enerji) daha fazla zarar verir, yani çalışmayı bozar. Ve Yetuş (sinek) "Onu Yapan Tanrı'dan VaYitoş (vazgeçmek)" ya da Arami dilinde "Ve o hizmet ettiği Tanrı'ya tapmayı bıraktı," cümlelerinden gelir.

Genellikle değerli bir yün giysisi olan kişi onu eski giysilerle temastan korumak zorundadır. Diğer bir deyişle, kişi enerjiyi bozacak "eski bağlantılardan" kaçınmalıdır çünkü onlar artık çalışma için uygun değildir, tüm sözleri sadece enerjiyi düşürmek içindir. Bir ağaç gibi -kendini savunan- güçlü sevgi giysisine sahip biri için bile, bu güve dikkatlice izlenmelidir. Eğer bu güve tahtaya düşerse, ona da zarar verir.

Tek çare, Onkelos'un Tefilah (dua) olarak açıkladığı Naftoley kelimesinden gelen Naftalindir, yani bu zararlının elbisesine zarar vermemesi için Yaradan'a dua etmek.

Kişi saygın bir elbiseye sahip olduğunda dikkatli olmalı ve eğer üzerinde horoz tüyleri varsa bunu temizlemelidir. Ayrıca, kişi bu giysileri giyindiği zaman horoz tüyleri olan yere girmemelidir. Bu tıpkı horoz dövüşünde olduğu gibi Nitzum (tartışma) kelimesinden gelen Notzot (tüyler) ile açıklanır. Bu gerçeğin yolundan ayrı ve kendini sevmeye dalmış olan insanların bağırıp çağırmasını işaret eder. Çalışma ve duaları sırasında sergilenen tüm bu şamata düşüncelerinizle savaşmaya -kimin tarafı gerçek ve doğru- başlayana kadar sadece ruhlarınızın içinde kavgaya sebep olur. Bu durum içinde sevginin yaşadığı giysiye zarar verir. Dolayısıyla, dikkatli olmalı ve horoz dövüşü yapılan yerlerden kaçınmalısınız ki sonrasında kendinizi tüylerden temizlemek zorunda kalmayasınız.

Görüyoruz ki saygınlık ışığını elde etmede zorlanan insanlar dışarıya çıktıklarında giysilerini sakınmazlarsa, dışsal şeyler derhal onlara yapışır. Diğer bir deyişle, görürler ki kişi onların otoritesini kabul edip onlara o kadar köle olmuş ki sadece giysi edinmede zorlanmıyor aynı zamanda onu korunmada da zorlanıyor. Hatta model yani giyinme biçimi bile özelikle yanında durduğu bu insanların hoşlanacağı biçimde olmalıdır. Bu nedenle kimden saygı görmek istiyorsa onlar tarafından beğenilmek için büyük çaba harcamalıdır.

Ve eğer Tanrı korusun onlara uygun şekilde hizmet etmezse, bu durum hoş olmayan sonuçlar doğurabilir. Yani kişiye istediği saygıyı göstermeyip, tersine onurunu kırar, küçültür ve kendisini bayağı hissetmesine neden olurlar. Ve bu aşağılanma hissi, önce ona üzüntü verir, sonra hayattan haz alma umudu kalmayana kadar tüm dünyanın karanlığa büründüğünü hisseder. Sonra tek çözümü bulur, yani ölümün altıda biri olan uyku meleği, uykunun hazzını ona bildirine kadar, eve gidip yatağa uzanmak ve duasının kabul edilmesi için yalvarmak. Elde edebileceği tek haz budur.

Ve eğer uyku meleği ona merhamet etmez ve bundan bir çare elde edemezse, ruhunun acılığı için başkalarınca popüler olan çözümlerden haz almaktan başka çaresi yoktur. Onlar direnç gerektiren eğilimin üstesinden gelmek için savaşır ve "intihar" denilen meleğin hazzını umarlar. Bu demektir ki, sadece bu meleğin onları bu melankoliden kurtaracağını düşünürler. Açıkçası korkunç eziyetler ve korkunç duygusal savaşlar olmadan bu melekten haz elde etmek imkânsızdır.

Dolayısıyla "Bilgenin gözleri başındadır" ve o, diğerlerinin koşullarını ve yasalarını yerine getirmediği takdirde ne elde edeceğini önceden görmüş olur. Bu demektir ki, dışsal insanların ondan talep ettiği her şeyi kabullenmek ve boyun eğmek zorundadır, aksi halde onlar kesinlikle onu cezalandırır. Diğer bir deyişle, ödül ve ceza bu dünyada açığa çıkar ve mantık ötesi inanç gerektirmez.

Buradan sevginin ışığını kılıflayan giysileri -çok nazik ve ince kumaştan yapılmış giysi- elde etmek için gereken büyük dikkat ve özeni, dıştan gelen etkilerin, bu çok fazla kan ve terle satın alınmış, değerli giysiyi bozduğunu anlayabiliriz.

İzin verin şimdi size nasıl ve ne şekilde sevgi giysisini elde etmeye başladığımı açıklığa kavuşturayım: uygun bir giysi yapmak için önce kumaşın örülmesi gerekir. Diğer bir deyişle, iplikleri alır ve onları bir araya getirir, kumaşı öreriz. Atkı ve çözgü vasıtasıyla bir parça kumaş örülmüş olur.

Dolayısıyla, çözgünün içine atkı yerleştiririm. Nima (Aramice: "ip" aynı zamanda "söylemek") kelimesi "Bununla ilgili bir kelime söyle" sözünden gelir. Shti (atkı) Taşi (unutkanlık) kelimesinden gelir, tıpkı "Sana baba olan, Kaya'yı unuttun" cümlesinde olduğu gibi. Diğer bir deyişle, hafızamın gücüyle hareket etmeye başlar ve sonra dostlarımın benimle ilgili hoş şeyler söylemediğini ve bu sözler nedeniyle bana kötü şeyler yaptıklarını hemen hatırlar ve bu söylemin (aynı zamanda "çözgü") dostluğu, arkadaşlığı ve kardeşliği yıprattığını görürüm.

Sonrasında, çözgü ipi (Erev) aklıma gelir, yani dostumun benimle ilgili iyi şeyler yapmasına neden olan hoş konuşmalarını duyarım ki bu bana Arevim (hoş) ve tatlı gelir. Bu demektir ki, dostumun tüm bağlantılarını, düşüncelerini ve eylemlerini sadece benim iyiliğim için yaptığını görür, duyar ve mutlu olurum. Bu iki iplik benim içimde bir karışıklık yaratır ve ben "Gerçek, atkının mı, çözgünün mü yanında?" diyerek, ne şekilde karar vereceğimi bilemem.

Bilinir ki, dünyada var olan her şey, pozitif ve negatif formdadır -sağ ve sol, gerçek ve yanlış, ışık ve karanlık, Yaradan'a yönelenler ve yönelmeyen kişiler, kutsal ve bayağı, saflık ve bozukluk ve iyi ve kötü. Bu böyledir, çünkü kötünün acı tadını almadan iyi tadı almak mümkün değildir. Atalarımızın "Zayıf olanın öcü ve erdemli olanın ödülü için" demesinin anlamı budur.

Para (öç) kelimesi, "Kadının başındaki saçı para (açık bırak)" sözünden gelir. Diğer bir deyişle, erdemlinin iyi bir ödülün gerçek tadını alabilmesi için zayıf olandan yardım alması olasıdır.

Bu sebeple, giysiyi örerken, heyecanla içimde kılıflanan zihnin zayıflığını kovacak olan sonucu beklerim. Şimdi sevginin giysisini örmeye bağlandığımdan, buraya haz ışığını yerleştirmek için hızlı davranırım. Bu sebeple atkının kelimelerine, Maneviyatın bize işaret ettiği "Rüşvet bilgenin gözlerini kör eder" yasasına göre karar veririm.

Dolayısıyla, gerçeğin ne olduğuyla ilgilenmem; daha ziyade sevgi giysisini örerken arzuladığım amaçla ilgilenirim. Bu aşamada ortada karar verici bir çizgiye sahibim, yani amaç daima sağ ve sol arasında karar veren tek şeydir.

Ve bir kez bu giysiyi talep ettiğimde sevginin kıvılcımları içimde ışıldamaya başlar. Kalbim dostlarla birleşmeye özlem duyar ve bana öyle gelir ki, gözlerim dostlarımı görüyor, kulaklarım onların sesini duyuyor, ağzım sevgi ve neşe içinde onlarla konuşuyor, eller kavuşuyor, ayaklar daireler çiziyor ve dünyasal sınırlarımın ötesine geçiyorum. Dostlarım ve benim aramdaki geniş uzaklığı unutuyorum ve aramızda birkaç mil toprak uzanmıyor artık.

Bu tıpkı dostlarımın kalbimin tam içinde durup, neler olduğunu görmeleri gibi ve ben dostlarıma karşı yaptığım küçük eylemlerden dolayı utanıyorum. Sonra dünyasal kaplardan çıkıyorum ve bana öyle geliyor ki dostlarım ve benim haricimde dünyada başka bir gerçeklik yok. Bundan sonra, "ben" iptal oluyor ve onlarla kaynaşıyorum ta ki dostlarımın haricinde dünyada hiçbir gerçekliğin olmadığını hissedene kadar.

Kısa ve öz olmak zorundayım, çünkü tatil yaklaşıyor.

Dostunuz, Baruh Şalom HaLevi

Mektup No. 9

5 Ağustos 1955, Londra

Dostlarıma, ömürleri uzun olsun,

"İnsanın ayağının altında çiğnenen Mitzvot; O bunu bitirmek için gelecek,

Baal HaSulam bunu insanın ayağıyla çiğnediği ve hiçe saydığı inanç olarak yorumlar.

Bunu daha net anlamak için atalarımızın sözlerini açıklığa kavuşturalım, bunlar onların sözleri: "'Bunu bitirmek için gelecek,' yani 'Neden sıkıntılı günlerden, beni saran düşmanlarımın kötülüğünden korkayım ki?' İsrail'e, önemli ve önemsiz 613 Mitzvot'la beraber Tora'yı veren Yaradan adına kutsansın. İnsanların titizlik göstermediği, daha çok ayaklar altında çiğnediği hafif Mitzvot (emirler) vardır. Bu nedenle Kral Davut, Yargı Gününden korktu ve dedi ki, 'Tanrım, Tora'daki önemli Mitzvot'tan korkmuyorum, çünkü onlar ciddi. Birini bozacağım korkusuyla önemsiz Mitzvot'tan korkuyorum, çünkü onlar hafif. Ve sen dedin ki, 'Önemli olan gibi, önemsiz Mitzva'da da dikkatli ol.' Bu nedenle o dedi ki, 'Neden zorluk günlerinden korkmalıyım?' Şöyle yazılıdır, 'Senin hizmetkârın da çokluk olmaları nedeniyle onlarla ilgili çok titiz.'"

Şunu sormalıyız, "Bilinir ki, önemsiz Mitzvot'u yerine getirmek, önemli olanlardan daha kolaydır ki burada önemsiz yerine getirilmesi kolay, önemli yerine getirilmesi zor olan demektir. Dolayısıyla, neden Kral Davut zor olanın yerine getirilmesinden çok, yerine getirilmesi kolay Mitzvot'tan korktu?" Midraş bunun önemsiz konulardan korktuğu için olduğunu açıklar. Bu nedenle şöyle der, "Senin hizmetkârın da çoklukları nedeniyle onlarla ilgili çok titiz," yani onun zor olanlardan daha çok, kolay konuları yerine getirmek için özen göstermeye ihtiyacı var.

Önemli ve önemsiz olanlarla ilgili anlamalıyız ki, neyin kolay, neyin zor olduğunu dünya belirler. Ve dünya dışsallığa tutunduğundan, bilir ki en çok dikkat etmemiz gereken şey eylemlerdir çünkü onlar herkese açıktır. Bu demektir ki, herkes gün içinde ne kadar amel yerine getirdiğini ve Tora çalışmasına kaç saat bağlandığını ölçüp, biçebilir. Ve dostu onun pek çok Mitzvot yerine getirip, saatlerce Tora çalışmasına oturduğunu gördüğünde, ona saygı duyar ve takdir eder. Ve sadece ortada olanı gördüğünden, Allah korusun dostunun iyi ameller yaptığını görmediğinde, dostunu bayağı bir aşamada, Tora ve onun çalışmasından uzak olarak görür. Bu nedenle eylemler önemli olarak kabul edilir.

Şu gerçektir ki, onlar önemlidir, çünkü tüm Keduşa konusu "Göreceğiz ve Duyacağız," şeklindedir, sadece eylem kişiyi Lişma (O'nun için) denilen duymaya getirdiğinden ve LoLişma'dan Lişma'ya geldiğimizden ve eylem olmadan hiçbir derece elde edilemediğinden, en önemlisi eylemdir.

Bu sebeple, insanlar eylemin önemli ve zor bir şey olduğuna karar vermiştir. Dolayısıyla düşüncenin, yani niyetin önemsiz ve bayağı olduğuna, yani bunun zaman ve çabaya değmediğine, en önemlisinin eylem olduğuna inanmışlardır.

En önemlisinin eylem olduğu doğru olsa da, bu sadece Segula (çare/güç/fazilet) içindir. Bu demektir ki, Lişma yerine getirmek için en önemli tavsiye eylemdir, fakat tam da bu nedenle insanlar Yaradan çalışması, Lişma elde etmede bedeni arındırma gücüne sahip Mitzvot ve Tora'ya bağlanma hedefini terk etmiştir. Böylece amacı ve hedefi bırakmış, çalışmayı amaca çevirmişlerdir, önemli olarak gördükleri tek şey budur.

Lişma'da olma, "önemsiz" konular içinde olma niyetine karar verirler. Bu demektir ki, sadece Tora ve Mitzvot'a bağlanan kişi—Lişma niyetinde olmaya ilgi göstermeyen—onlar tarafından kendini zora sokmak istemeyen ve kolayı seçen olarak kabul edilir. İçlerinden biri çabalasa bile, saygı görmek için ne kadar çabaladığını kimse görmez çünkü çoğunluk sadece LoLişma yolunu izler.

Çalışmanın başında dünyanın LoLişma yolunu izlemesinin nedeni budur, onlar gerçeği görmez, yani gerçeğe asla dikkat etmezler, çünkü o önemsiz ve çabaya değer değildir. Aksi takdirde çalışmanın hemen başında, konunun önemini anlar anlamaz kim çalışmaya başlamak ister ki? Atalarımızın dediği gibi, "LoLişma'da öğrenen kişi amaca ulaşmasa dahi iyi olur,"

Ve Lişma'ya, LoLişma'dan Lişma'ya gelmekten başka bir yol olmadığından, gerçeği gizleme, eylemin önemli olduğu ve düşüncenin çok az değer taşıdığını söyleme ihtiyacı vardır.

"Kolay" kelimesinin manası "önemsizlik" olarak yorumlanırken, "zor" önemli bir şey demektir. Ayrıca anlamalıyız ki, bu durum fani, bayağı ve utanç verici dünyadan kaynaklanır. Bu demektir ki, kişi niyet üzerinde çalışmaya başlarsa, onu bayağı bulabilir, çünkü esas amaç inançla ödüllendirilmektir, oysa insan doğası aklın üzerinde olana değil, akla değer verir.

Bununla ilgili Kral Davut'un söylediğini yorumlayabiliriz, "Tora'daki önemli Mitzvot'tan korkmuyorum, çünkü onlar zor. Birini bozacağım korkusu ile—idrak etsem de, etmesem de—önemsiz Mitzvot'tan korkuyorum, çünkü onlar kolay. Ve sen dedin ki, 'Önemsiz Mitzva'da da en az önemli olanlar kadar dikkatli ol.'" "İdrak etsem de, etmesem de," sözünün manasını anlamak zorundayız. İdrak edip etmediğini bilmiyor mu? Neden hatırlamıyor?

Yukarıda söylediğim gibi, kolaylık Lişma niyetindedir. Bu bağlamda niyetin Yaradan için olup olmadığından emin olamam ama zor Mitzvot'ta, yani eylemlerde dikkatli olduğumu bilirim, çünkü çoğunluk eylemlerin yerine getirilmesi gerektiğine inanır.

Fakat niyet üzerinde çoğunluğun fikri yoktur, çünkü amacı Yaradan için yerine getirmede, dünya özenli değildir. Bu nedenle kişi niyetinin doğru olup olmamasından korkar. Bu nedenle Midraş şu sonuca varır, "Sen'in hizmetkârın çoğunluk oldukları için onlarla ilgili temkinlidir." Bu demektir ki, korku vasıtasıyla kişi —niyet doğru olmasa bile, bunun bu kadar da büyük bir günah olmadığını düşünen kolektifin arkasından sürüklenmekten korkar—daimi Lişma ile ödüllendirilir, öyle ki geçmiş eylemleri bile içinde ıslah olur.

Bu, "'İnsanın ayağıyla çiğnediği emirler' Ve bunu bitirmeye gelecek," sözünün anlamıdır, yani çoğunluğun fikri şudur ki, Lişma niyetini yerine getirmede dikkatli olmanın çok da büyük bir günah ve kısıtlama olmadığıdır. Bu çalışma ile insan "bozan ve tekrarlayan" olur ve buna "ayağının altında çiğnemek" denir ve kişi buna dikkat etmez çünkü çoğunluğun fikri ona eşlik eder.

Ancak, bilmeliyiz ki, dünyanın ıslahı budur, insan gerçeği göremez çünkü herkes gerçeğin yolunda yürüme becerisine sahip değildir, atalarımızın dediği gibi, "kişi öğrenmeye karşı gelir." Bu sebeple kişiye onun gerçek aşaması gösterilmez, yani Tora ve Mitzvot'a bağlanmada ve niyetinin sadece Yaradan için olduğunu anlamada kişi, atalarımızın dediği gibi, "kendi hatasını görmeyendir." Bu nedenle insan kendini daima erdemlik ölçüsünde tutmalıdır.

Fakat çalışmaya alışmış, çalışmanın içine girmek ve gerçeği görmek arzusuyla eylemlerini ıslah etmek isteyen kişiye, gerçeği bilme arzusuna bağlı olarak—Lişma çalışmasından ne kadar uzak olduğunu görme—yukarıdan gerçek seviyesi gösterilir. Bayağılıkta kalmaya mecbur edilir, çünkü bütün dünya gerçeği görmediği, kötünün hükmü altında olduğunu bilmediği ve Yaradan çalışmasına başlamadığı için içindeki kötülüğü diğerlerinden daha fazla görür. Yaradan için bir şey yapamadığını görür ve dolayısıyla Yaradan'dan ayrı olduğunu hisseder.

Ölü gibi hisseder, çünkü Yaşamın Yaşamından ayrılmıştır. Ölümün tadını hissettiğinden ve ölmekten daha aşağıda başka birşey olmadığından, kesin bir bayağılıktadır. Bu zamanda yakarır, "yaşamak yerine ölsem daha iyi," çünkü en azından Tora ve Mitzvot'u suçlamayacak ve kutsal adları dünyasal ihtiyaçları için kullanmayacaktır.

Bu sebeple, gerçeğin yolunda yürüyor olması ölçüsünde doğal olarak bayağılık aşamasında olur. Dolayısıyla kişi gururluysa bu henüz gerçeği görmekle ödüllendirilmediğinin işaretidir ve bundan daha fazla bayağılık olmayacağı kesindir, çünkü baştan ayağa sahte olanın hükmüne dalmıştır.

Bazı akıllılar gerçeği görüyor olmakla gururlanırlar. Bu demektir ki, kendilerini tamamen kötülüğün içinde görseler, Yaradan için birşey yapmadıklarını, diğerlerinden daha kötü olduklarını anlasalar bile, yine de bununla gururlanır ve şöyle derler, "Diğerleri kötülüğün hükmü altında oldukları gerçeğini görmezken, bizim gerçeği görme meziyetimiz var. Onlar Yaradan için olmasa da Tora ve Mitzvot çalışmasından haz ve neşe alıyor, oysa ben gerçeği görüyorum." Böylece bundan gurur duyar ve bayağılık hissetmezler.

Ancak bu hastanede yatan ve Allah korusun doktorların kanser teşhisi koyduğu bir grup hastanın durumuna benzer. Doktor bu durumu içlerinden birine açıklar ve der ki, "Biliyorsun, kanser olduğun için senin için yapabilecek birşeyim yok." Adam haliyle endişelenir, çünkü günlerinin sayılı olduğunu bilir, tek yapabildiği Yaradan'a dua etmektir. Oysa doktorun kanser olduklarını söylemediği diğerleri mutludur, hastalık onları rahatsız etmeyi bıraktığı anda yakında hastaneden çıkacaklarını, eve gideceklerini ve dostlarıyla bunu kutlayacaklarını düşünürler, çünkü kendilerini tamamen sağlıklı hissederler.

Böyle bir durumda kanser olduğunu bilen kişi gururlanmayı aklına bile getirmez ve onlardan daha önemli olduğunu düşünmez, yani kanser olduğunu bildiği için onun daha çok neşesi ve canlılığı vardır. Açıkça görürüz ki, hasta olduğunu bilen biri hiçbir şeye önem vermez ve ilgi duymaz çünkü kanserin ondan nasıl ayrılacağından başka bir endişesi yoktur.

Hastalığa sahip olduklarını bilmeyen ve doktorların onları iyileştikleri için değil, yapacak bir şey kalmadığı için hastaneden çıkardıkları diğer hastaların neşesinde yer almaz. Oysa onlar sağlıklı oldukları için hastaneden çıktıklarını düşünürler.

Yaradan çalışması da böyledir. İçindeki kötülüğü ve gerçeğin yukarıdan ifşa olduğu gören kişi—yani hastalığının hiçbir çaresi olmadığını ve sadece Yaradan'ın ona yardım edebileceği gören, atalarımızın dediği gibi, "İnsanın eğilimi onu hergün yener ve eğer Yaradan için değilse, bunun üstesinden gelemez"— yukarıda anlatılan hikâyedeki diğerlerinin tersine, gerçeğin ifşa edilmesinden gurur duymaz.

Öyle anlaşılıyor ki, kişinin hissettiği bayağılık gerçeğin yolundan yürüdüğüne tanıklık eder. Ancak bundan, gerçeği gördükten sonra, kalbinin derinliklerinde gerçek duaya yer açılır ve bundan sonra der ki, "Tanrım eğer bana yardım etmezsen, ben kendini-sevmekten beni çıkaracak, ihsan gücü verecek ve Yaradan inancıyla ödüllendirecek bir yöntem bulamıyorum."

Dolayısıyla, düzen şudur ki, kişi LoLişma'da çalışmaya başlamalı ve sonra gerçeğin yolunda yürüme ve Lişma'yı elde etme ile ödüllendirilmeye çalışmalıdır.

Bu Yakup'la ilgili söylenen şeydir, Raşi'nin yorumladığı gibi, Yakup kendini ödüle, duaya ve savaşa hazırlamıştır. Şunu sormalıyız: "Neden Yakup içindeki Esaf'a ödül verdi ve neden kişi içindeki kötülüğe ödül vermelidir?"

Yukarıda söylediğimiz gibi, çalışmanın başı LoLişma'dadır. Bu demektir ki, kutsal çalışmaya başlarken, bedene bu çalışmanın ona pek çok iyi şey getireceği, Tora ve Mitzvot'a bağlanmaktan hoşlanacağı sözü veririz. Ona deriz ki, LoLişma'yı elde edeceksin, yani her bedenin farklı bir tutkusu vardır: biri paraya, diğeri saygıya, özlem duyar ve buna "ödül" denir. Sonrasında dua gelir, kişi gerçeği ifşa etmesi ve gerçek durumunu görmesini sağlaması için Yaradan'a dua eder. Bu sırada bir savaş başlar, yani bedene Tora ve Mitzvot çalışmasında hiç ödül vermek istemeyiz.

Sonunda, kişiye yukarıdan merhamet edilir ve yaşamaya değer hissettiği—"Bu dünyada bir saat tövbe ve iyi amel sonraki dünyadaki tüm yaşamdan daha iyidir" diyen atalarımız gibi söyleyebilmesi için—inanca sahip olma ödülü ve Kralın hizmetkârı olma garantisi verilir.

Eylem tüm yukarıda söylenenleri izler ve buna "önemli konu" ve LoLişma denir. Sonrasında da önemsiz konularda dikkatli olmalıdır, yani Lişma niyetinde. Bunun işareti bayağılıktır, çünkü bayağılığını gören herkes Lişma çalışmasına neden olanı inşa ettiğini görür. Yaradan'dan başka ona yardım edecek kimsenin olmadığını anladığı an, kalbin derinliklerinde duaya yer açar, tıpkı Mısır'dan çıkışla ilgili Baal Hasulam'ın dediği gibi, "bir ulak değil, Ben," çünkü herkes kötülüğün hükmünden onları sadece Yaradan'ın kurtaracağını görür.

Ve Lişma çalışmasıyla ödüllendirildiklerinde orada kesinlikle gururlanacak bir şey yoktur, çünkü sonrasında kişi bunun "gücüm ve elimin kuvveti" ile değil, sadece Tanrı'nın ödülü olduğunu görür. Dolayısıyla bayağılığını—krala hizmetin nasıl ölçülemez bir haz olduğunu ve O'nun yardımı olmadan bunu başaramayacağını—hisseder. Aslında bundan daha büyük bir bayağılık yoktur.

Dileyelim, Yaradan gerçeğin yolunda krala hizmet ile ödüllendirilmemize yardım etsin.

Baruh Şalom HaLevi Aşlag

Babamın, Baal HaSulam'ın oğlu

Mektup No. 10

24 Ağustos 1955

Dostlarıma,

Kimseden tek bir kelime dahi almamış olmama şaşırdım. Her birinizin çalışmasını, yani amellerinizdeki özeni göreceğimi düşünmüştüm, şöyle yazıldığı gibi, "Sen'in cennetlerini, Sen'in parmaklarının çalışmasını göreceğim için." "Sen'in cennetlerin," Yaradan çalışması demektir. Onlar, "Sen'in parmaklarının çalışması" ile yani Şehina'yı tozdan kurtarma çalışması ile tanınır, "Her biri parmağıyla işaret edip şöyle dedi, 'Dur, Bu bizim Tanrı'mız.'"

Bilmeliyiz ki çalışma sağdadır, bununla ilgili şöyle yazar, "Tanrı'n ile bütün ol." Bu demektir ki, kişinin bütünlükte yürümeye, yani Yaradan'ın bütün ve eksik olduğunu inanmaya ihtiyacı vardır. Bu yalnızca "Efendi'nin sağ tarafı yücedir" ile yani Yaradan'ın yüceliği—daima Yaradan'ın yüceliğini resmetmek zorundayız— ile hissedilebilir.

İnsan yaptığı her şeyde krala hizmet eder. Ve kişinin yerine getirdiği her Mitzva, Yaradan'a memnuniyet verir. Kişi dua ettiğinde, Yaradan duaları duyar ve Yaradan'ı kutsadığı için onu kutsar.

Ayrıca dünyada Yaradan'ın O'na hizmet etme fırsatı vermediği, daha ziyade uzaklaştırdığı insanlar olduğunu da bilmeliyiz. Birkaç Mitzva yerine getirseler bile, Yaradan'ın onları gördüğüne, duyduğuna ve çalışmalarını kabul ettiğine inanmaz ya da hatırlamazlar. Yaradan onlara düşünme, yerine getirme ya da inanma fırsatı vermeyerek uzaklaştırır.

Yaradan yakınlaştırmak istediklerine ise iyi düşünceler verir, yani Mitzva'yı yerine getirirken bunu Yaradan için yaptığını hatırlamasını ya da alışkanlıkla "Her şey O'nun sözüyle yaratıldı," demesini ve eylem sırasında Yaradan ile konuşuyor olmasına önem vermemesini sağlar. Dahası ona kutsama yapma fırsatı bile verilmez.

Eğer kişi Yaradan'ın ona Efendi'sine ayda bir kez olsun hizmet etmek ve memnuniyet vermek için Mitzva yerine getirme fırsatı verdiğini bilirse, bundan tatmin olur. Abayeh der ki, "Bu sebeple, ayaktayken söylenmeli." "Ayakta" demek tam seviye demektir. Bu demektir ki, kişi diğerlerine değil, sadece ona krala hizmet etme fırsatı veriliyorsa, dik durmak ve mutlu olmak zorundadır. Bu sırada Yaradan bütündür, yani kişinin bütünlüğünün yanı sıra Yaradan'ın "İyi ve İyilik Yapan," adı tam bir bütünlükte kişiye görünmeli ve parlamalıdır, bu demektir ki onun Tora ve Mitzvot amacı ve iyi amelleri var.

Bu böyledir, çünkü kişi krala hizmet ediyor olmak için ne kadar çabalasa da henüz bunu hak etmemiştir. Kişi bilmelidir ki bu dünyada Yaradan'ın O'nun adına bir şey yapmaya izin vermediği pek çok insan vardır.

Ancak, aynı zamanda sol çizgide de yürümeliyiz, yani bunun doğru olup olmadığını, inancın bütünlüğünü, yapılanların kesin bir arınmışlıkta, gizli güdüler olmadan kutsallıkta yerine getirilip getirilmediğine ve "İyi ve İyilik Yapan," adının organlarca iyi yutulup yutulmadığına dikkat etmeliyiz.

Bu zaman sol çizgi, sağ çizgiyle ihtilaflı olur ve eğer içten bir hesap yaparsa bunun tam tersi olduğunu görür. Sonrasında çizgiler arasında ihtilaf başlar. Ve eğer kişi orta çizgide çalışmazsa, sol çizgi sağı iptal eder ve "bilgi amelden daha yücedir," der, yani yaptığı iyi amellerden daha çok, eleştirir.

Bunu takiben sol çizgiden uzanan Cehenneme düşer. Ve orada arzunun ateşinin Cehennemi ya da çalışmayla soğuyan kar vardır ve kişi sadece durma, aptallık ve uyku aşamasında olmayı ister. Bu durum orta çizgiyi uzatabilmeyi, yani sol çizgiyi sağın hükmüne alarak onun üstesinden gelmeyi ve Yaradan'ın merhameti için duayı gerektirir. Bu demektir ki, ihtilafa rağmen mantık ötesi ilerlediğini söyler.

Bununla orta çizgi sağ çizgiyi geliştirir, çünkü sol çizgiyi uzatmadan önce sağda yürürken, aklın Yaradan çalışmasındaki çabayı şart koştuğunu düşünür. Fakat şimdi sağa doğru sol çizgiyi uzatmış olduğundan, şu aşikârdır ki, soldan gelen başka bir düşüncesi olmasına rağmen sağı seçti.

Bu nedenle kişi solun çalışmasını uzatmak için yürüdüğünde, bunu sadece orada sol olmasına rağmen, sonunda sağı seçtiğini göstermek için yerine getirdiğini hatırlamalıyız. Bu sebeple çalışma zamanını bölmeli ve birbirine karıştırmamalıyız.

Burada üç çizginin Ahoraim'ini (arka yüz) yazdım, ödüllendirildiğimizde üç çizgiyi Panim'de (ön yüz) uzatacağız.

Dostunuz,

Yehuda HaLevi Ashlag

Mektup No. 11

8 Eylül 1955

Dostlara, Yaradan sizinle olsun.

Roş HaŞana'da (Yeni Yıl) söylediğimiz duanın anlamı şu olmalı, "Sen'i unutmayan ve Sen'in için çabalayan insana ne mutlu." Dolayısıyla, kişi sürekli olarak Yaradan'ı hatırlıyorsa, başka ne için çaba sarf eder ki?

On sekizinci duadan önce "Ne mutlu Sen'in emirlerini duyana, Sen'in sözlerini ve öğretini kalbinde tutana," deriz. Şunu anlamalıyız, 1) Şöyle demeliydi, "Sen'in emirlerini kim yerine getirir." 2) "Tora" nedir, "sözler" nedir, 3) Tora öğretisi ve kalp arasındaki bağ nedir?

Atalarımız "Krallık, Hatıralar, Boynuzlar" ile ilgili şöyle der: "Krallık; böylece sen Ben'i kendine kral yapacaksın. Hatıralar; böylece hatıraların Ben'im önüme gelecek. Fakat neden Şofar (boynuz)?" Hatıraların manasını anlamak zorundayız, çünkü tahta çıkmadan önce unutmak yoktur, öyleyse neden şöyle denir, "Senin hatıraların Ben'im önüme gelecek?" Boynuzu üflediğimizde Yaradan bizi hatırlar; bu nasıl söylenir? Maddesellikte ses uyuyan kişiyi uyandırır, fakat Yaradan ile ilgili nasıl böyle bir şey söylenebilir?

Tek eksikliğimiz O'nun yüceliğini hissedememek olduğundan, tüm bu ayetler ve atalarımızın söylemleri bize O'na nasıl tutunacağımızı tavsiye eder. "Bu çalışma da nedir?" diyerek, eleştirmeye başladığımızda her şeyi acilen Ohr Pnimi (içsel Işık) olarak almak isteriz. Bildiğiniz gibi İçsel Işık özellikle Masah ve Ohr Hozer (Yansıyan Işık), yani temiz Kelim olduğunda parlar. Oysa Yaşam Ağacı'nda yazdığı gibi, Ohr Makif uzaktan parladığından, Behina Dalet, Ohr Makif'ten (Saran Işık) alır.

Bu demektir ki, kişi Yaradan'dan uzak ve form eşitliğinde olmasa bile, Saran Işıktan alır. ARI, Saran Işığın İçsel Işıktan yüce olduğunu söyler. Peki, kişi uzakta olduğu zaman nasıl alacak? Yalnızca Saran Işığın büyüklüğünü ve önemini, yani Yaradan'ın yüceliğini ve Tora'nın ışığının önemini arttırdığı zaman. Sonrasında uzaktan aydınlanmayı alır.

İnanmalıyız ki, Yaratılışın tüm güzelliği Tora'nın içselliğindedir. Fakat inanç büyük çaba gerektirir. Bu "Sen'i unutmayan insana ne mutlu," sözünün anlamıdır. Kişi bununla nasıl ödüllendirilir? "Sen'in için çabalayarak" ile.

"Sen" kelimesinin iki anlamı vardır: 1) Yaradan, 2) Tora'nın yirmi-iki harfiyle kılıflanan Yaradan.

Ayrıca, "Sen'in emirlerini duyana ne mutlu," denir, yani duymakla ödüllendirilmiş kişiye ne mutlu. Bu şekilde bize "Sen'in Tora'n ve Sen'in sözlerin," vasıtasıyla nasıl ödüllendirileceğimiz tavsiyesinde bulunur.

Diğer bir deyişle, kişi inanır ki tüm Tora, yani Tora'nın yirmi-iki harfiyle kılıflanan "Sen", Yaradan'ın sözleridir. Buna dikkat etmek zorundayız, Baal HaSulam'ın, akıl insana, ama insan kalbe hizmet eder, dediği gibi.

Bu "krallık" sözünün anlamıdır, yani sen, Ben'i kendine kral yapacaksın. Bu demektir ki, eylem bize ilham verir, öyle ki Cennet Krallığının yükünü üzerimize alırız. Fakat aldıktan hemen sonra almayı unuturuz. Bu sırada bize şu tavsiye verilir, "böylece hatıraların Ben'im önüme gelecek," yani Yaradan'dın huzurunda olacak. Bu demektir ki, sahip olduğumuz tüm bellek sadece Yaradan'ı hatırlamak için olmalıdır. Bu demektir ki, hatıralar krallıklardır, yani ilham almamız gerekenler.

Peki neyle? Şofar (boynuzdan borazan) ile. Muhtemelen biliyorsunuz, ARI Şofar'ı İma'nın Şofar'ı, Bina'nın Şofar'ı olarak yorumlar. Şofar, güzellik demektir ve Baal HaSulam güzelliğin Bina'dan uzanan Hohma olduğunu söyler. İnsan doğası kötü şeyleri unutup, iyi şeyleri hatırlamak istediğinden, tüm güzellik ve ihtişamın her türlü hazzı barındıran Hohma'da olduğuna ve eksikliğin ıslahtan kaynaklandığına inanmalıyız.

Dolayısıyla, herşey bizim için hazırlanmıştır, sonrasında Yaradan'ı bir dakika bile olsun unutmamakla, iyi yazı ve konuşmayla ödüllendirileceğiz.

Dostunuz

Mektup No. 12

10 Ekim 1955, Londra

Dostuma,

Gateshead halkına yönelik mektubunu dün aldım. Bu arada Londra'daki dostlara mektubunu gösterip, sana cevap yazmaları için onları teşvik ediyorum. Bu başarılı olursa, hem maddesellik hem de maneviyat için büyük yarar sağlayacak.

Şimdi sana merhum Rav Deslerinin "inancın gölgesi" ile ilgili öğrencileriyle yaptığı konuşmanın içeriğinden bahsetmek istiyorum. Bilmeliyiz ki, "gölge" yani gizlilik, inancın ışığıyla ödüllendirilecek Kli (kap) demektir.

Atalarımızın söylediği "böylece senin neslin Sukkot'ta (kulübe, baraka) yaşayan, İsrail oğullarına sahip olduğumu bilecek," ayetini yorumlayacağım. Rabbi Eliezer'a göre onlar ihtişam bulutlarıdır. Rabbi Akiva onların asıl (gerçek) Sukkot olduğunu söyler. Ve şimdi soruyorum, "Nasıl olur da biri gerçek Sukkot'tan, yani maddesel bir kulübeden bahsederken, diğeri manevi Sukkot, yani ihtişam bulutları der ve aralarında nasıl böyle bir ayrılık olur?"

Ancak, her ikisi de Tanrı'nın sözleridir ve burada hiçbir şekilde ihtilaf yoktur. Daha ziyade biri en temel şey Kelim, diğeri ışıklar der. Gerçek Sukkot, "samandan örtü" kelimesinden gelen gerçek gizlilik demektir. Rabbi Eliezer, "ihtişamın yedi bulutu" denilen ve inanç olarak kabul edilen ışıklardan bahsetmeliyiz der. Her iki anlayış Mısır'dan çıkış zamanıyla örtüşür. Dolayısıyla, kendimizi doğru yönlendirdiğimizde ışıkla ödüllendiriliriz. Ancak, Lişma'da (onun için) çalışırken orada haz ve memnuniyetin olmadığını düşünmemeliyiz.

Onlara bununla ilgili bir alegori anlattım: Bilmeliyiz ki, dünya alma arzusuyla yaratılmıştır. Dolayısıyla, bir bebek doğar doğmaz haz almaya başlar. Büyüdükçe yalnızca haz ve memnuniyet ister.

Bilmeliyiz ki, haz manevi bir şeydir. Hazzı tutamayız; o ışıktır ve ayrıca kap olmadan ışığın olmaması kuralı vardır. Dolayısıyla her haz kıyafetlenmek zorundadır.

Bu sebeple, haz ışıktan uzandığı ve insanla hayvan arasındaki tek fark kıyafetlenmede, yani Kelim'de olduğundan, haz ve memnuniyetin gerçek olduğuna karar veririz. Ve ışık kesinlikle kabın değerine göre kıyafetlenir. Ancak, bu ayrıntıdadır. Genel olarak yüce bir insan ve küçük bir insan arasında kıyafetlenme haricinde hiçbir fark yoktur.

Oyuncak bebekle oynayan küçük bir kızın hissettiği haz gerçektir ve eğer biz ebeveynler onun oyuncağı bırakıp, yemek yemesini istersek, küçük kız etraftaki komşulardan daha acımasız bir anne babası olduğunu düşünür, çünkü komşular onun ne yaptığıyla ilgilenmez. Eğer evde ağlayan altı aylık bir bebek varsa, küçük kıza şöyle deriz, "Neden o oyuncak bebekle oynayıp, öpüyorsun? O sahte bebek, gel ve gerçek bebekle oyna," bunun gerçek kıyafetlenme olduğundan emin olmamıza rağmen, o bunu reddeder.

Küçük kıza "Neden gerçek bir bebekle oynamaktan hoşlanmıyorsun?" dediğimizde, buna bir cevabı yoktur. Fakat ona "Annenin bebekle nasıl oynadığını görüyor musun?" ya da "Diğer insanlar bebekle oynayıp onu öpüyor, bir yetişkinin oyuncak bir bebekle oynayıp, onu öpmesi asla olmaz," dersek, muhtemelen küçük kız cevap olarak bize gerçek hazzın aslında oyuncak bebekte, yani sahte kıyafette olduğunu, yetişkinlerin haz için arzuları olmadığından gerçek bebeklerle oynadığını, oysa kendisinin hayattan zevk aldığını ve bu nedenle de oyuncak bebekle oynamaktan mutlu olduğunu söyler. Bu gerçekten de böyledir, doğru gelişmemiş biri, orada haz olsa da gerçek kıyafetten haz almaz. LoLişma'dan Lişma'ya gelmede de aynı durum söz konusudur.

Bu hikâye dostumuzun mektubunun cevabıdır...

Baruh Şalom HaLevi Aşlag

Mektup No. 12b

Ekim, 1955

Dostlarıma, ömürleri uzun olsun

Yeni bir haberim yok, dilerim Yaradan yolumu açar.

Size Rav Deslerinin öğrencileriyle "inancın gölgesi" denilen, Sukkah'la (Sukkot bayramındaki baraka) ilgili yaptığı konuşmanın özetini yazıyorum.

Sukkah demek samandan dam demektir ki bu ambar ve şaraphane israfıdır. Sazdan dama "örtü," örtüye ise "yüzün gizliliği" denir. Utanç ekmeğine sahip olmamamız için çalışma yerimiz olmalıdır, yani yaşam ve canlılık hissetmesek de Tora ve Mİtzvot'a bağlanmalıyız. Doğal olarak, sonrasında canlılığı alır ve ödülü lekelemeyiz, yani alan kişide var olan utanca bağlı olarak ödül lekelenmemelidir.

Tora canlılığını almadan önce, maddesel şeylerden canlılık almalıyız, çünkü canlılık olmadan yaşamak mümkün değildir. Bu nedenle Yaradan bize maddesellikten canlılık almamızı sağlamıştır. Bu demektir ki, canlılığa "ışık" ve "haz" denir ve haz maneviyattır. Kap olmadan ışık olmaması yasası vardır, yani kıyafetlenme olmadan haz olmaz. Bu sebeple sahte ve gerçeğin kıyafetlenmesi olduğundan, tüm farklılık "ışık" denilen hazda değil, kap denilen kıyafetlenmededir.

Bu durum beş yaşındaki bir kızın oyuncak bebekle oynamasına benzer. Kız bebekle sanki hissiyatı olan gerçek bir bebekmiş gibi oynar. Bebek karşılık vermemesine rağmen onunla konuşur. Aynı zamanda evde altı aylık bir bebek varsa ve ağlıyorsa küçük kıza şöyle denir, "Git ve gerçek bebekle oyna, böylece bebek susar, biz de rahatlarız," Ama küçük kız bunu reddeder. Bu demektir ki, gerçeğin kıyafetinden değil, sahtenin kıyafetinden haz alır. Fakat hazla ilgili görürüz ki hissettiği gerçek hazdır.

Kız büyüyüp on sekiz yaşına geldiğinde, gerçeğin kıyafetinden haz almaya başlar. Benzer şekilde büyümeden önce biz de özellikle "sahtenin kıyafeti" denilen LoLişma'dan (onun için değil) haz alırız. Buna "örtü," "gizlilik" denir ve burada çalışma yeri yoktur, canlılığı sahte olandan alırız. Sonrasında ödüllendirildiğimizde inancın ışığını elde ederiz.

Mektup No. 13

20 Ekim 1955, Londra

Tüm öğrencilerime, Yaradan sizinle olsun

R abbi...'nın mektubunu aldım, tüm sorularınızı genel olarak cevaplayacağım. Gemarah'da şöyle yazılıdır, "Bir bilge Rabbi Yohanan'ın önünde durur ve 'Tora ve iyi amellere bağlanan ve oğullarını gömen herkesin tüm günahları affedilir,' der." Bu demektir ki, kişi Tora ve iyi amellere bağlanmaya mecbur olduğu kadar oğullarını da gömmeye mecburdur. Aksi takdirde günahları affedilmez. Merak ediyorum bu olabilir mi?

Bunu bizim yolumuza göre yorumlamalıyız. Yerine getirdiğimiz tüm çalışma yalnızca alma arzusunu ihsan etme arzusuna çevirmektir. Bu bizim doğamıza ve arzumuza karşıdır. Ancak, bize tüm niyetimizin Yaradan adına olması için bedenlerimizi baskılama gücü sağlayan Tora ve Mitzvot şifası verilmiştir. Bu, içindeki ışık vasıtasıyla Tora'ya ve başkalarını sevmek olan iyi amellere bağlanmanın anlamıdır. Bu ikisi vasıtasıyla alma arzusundan çıkıp, ihsan arzusuyla ödüllendiriliriz.

Buna karşı çıkanlar der ki, "Git ve insanların ne yaptığına bak. Kendimi bildim bileli, neslin tüm yüceleri ve soyluları bu çalışmayı yerine getirmemiz gerektiğiyle ilgili hemfikir olmadı. Ayrıca öğrendiğim şeyler bana insanın gizlilikte Yaradan'ın gerçek hizmetkârı olması gerektiğini öğretmedi. Demek ki yerine getirdikleri iyi ameller gizli. Yani kişi iyi ameller yerine getirip, Tora ve Mitzvot'a bağlanırsa, diğerleri der ki (görmedikleri için), bu ne Tora ne de çalışma ve yol da bu değil."

Öyle görünüyor ki, kişi Tora ve Mitzvot'a ne kadar bağlanırsa bağlansın, onlar bunu görmez, çünkü bundan hoşlanmazlar. Buna "gizlilik" denir.

Bununla ilgili "Oğullarını gömerler," denir. Bu demektir ki, kişi öğrendiği ve çevresinden gördüğü Yaradan'ın yoluna ters düşen tüm algı ve kavramları gömmelidir. Diğer bir deyişle tüm bu algıları toprağa koymalıdır. Tüm bu algılar ıslahın sonunda canlanmış olacaktır. Bu demektir ki, kişi Lişma ile ödüllendirildiği ve eğilimlerini baskıladığı zaman, onların içinde canlılık olacaktır.

Diğer bir deyişle, bu algıların onda çaba ve çalışmaya sebep olması ölçüsünde, yani Yaradan için çalıştığı ve çabası için canlılığı ve takdiri hak eder. Fakat şimdi gerçek Yaradan çalışmasında onu rahatsız eden kavramlar ve algılar ona engel olmaz. Daha ziyade onlar gömülmelidir. Tüm bu süre içinde tüm günahları affedilir.

Engel olanlar yüzünden başımıza gelen düşüşler uzun sürebilir fakat akabinde derhal kuvvet toplamalı, Yaradan'a güvenmeli ve kalbimizin derinliklerinden dua etmeliyiz. Yani kişi derin kuyulara düştüğünde, "Sana sesleniyorum Tanrı'm," demelidir.

Bununla atalarımızın şu söylediğini anlayabiliriz, "Abba Benyamin der ki, 'tüm hayatım boyunca üzüntü duyduğum iki şey var: yatağımın önünde olması gereken duam.'" Gemarah'ta bu "yatağımın yanında," "yatağım kuzeyle güney arasına yerleşmeli" olarak yorumlanır. Bunu yapmanın neden bu kadar zor ve neden bundan üzüntü duyduğunu anlamalıyız.

Yukarıda söylenene göre yatak, "düşmek" kelimesinden gelen düşüş, inmek demektir. Dolayısıyla, Yaradan'ın yolu inişler ve yükselişler olduğundan, kişi düşüşten pişman olmaz. Peki o zaman neyden üzüntü duyuyor? Yatağın yanında olmadığı için. Yani düştüğü zaman derhal güçlenmek ve Yaradan'ın yardımı için dua etmek ister.

Ayrıca eğer düşecekse yatağı doğu ya da batıda değil, Hassadim, sağ ve sol olan kuzeyle güney arasına yerleştirilmelidir. Bu demektir ki, akla karşı olan Klipa'ya (kaplar) "Başlangıcı düşünme" denildiğinden, düşüş Hohma (bilgelik) olarak kabul edilen akılda değil, kalpteki alma arzusunda olmalıdır. Çünkü kalp yalnızca "hangi" de günah işler.

Gemarah'tan alıntı yaparak bitirmek istiyorum, "Yehuda'nın sakinleri sözlerinde dikkatlidir ve onların Tora'sı gerçektir. Galilee'nin sakinleri sözlerine dikkat etmez ve onların Tora'sı gerçek değildir." Diğer bir deyişle onlar Tora ve Mitzvot'la ilgili söyledikleri her şeyin sadece kutsal dilde, yani ihsan etmede olacağından emindirler. Oysa Galilee halkı özensizdir ve Tora ve Mitzvot'a yalnızca almak için bağlandıklarını söylerler.

Diyebiliriz ki tek hocadan öğrenen Yehuda sakinlerinin Tora'sı gerçek, tek hocadan öğrenmeyen Galilee sakinlerinin Tora'sı gerçek değildir. İlk açıklama ile ikinci açıklama arasında fark olmadığını söylemeliyiz. Bu hem kutsal dile özen gösterip, ihsana önem veren tek hocası olan kişi, hem de geri kalan dilleri öğrenmek isteyen, yani alma dilini öğrenmek isteyen kişi demektir. Öyle anlaşılıyor ki onun iki hocası vardır—biri alma arzusundan gelen, diğeri ihsan etme arzusunun dili Baal HaSulam.

Dilerim ki Yaradan Efendi'mize güvenmemizde bize yardım eder ve bizi karanlıktan çıkarıp, kesin olarak O'na tutunmakla ödüllendirir.

Hepinize sevgiler,

Baruh Şalom HaLevi Aşlag, Baal HaSulam'ın oğlu

Mektup No. 14

21 Kasım 1955, Londra

Öğrencilerime, ömürleri uzun olsun,

Görüyorum ki benimle karşılıklılık içinde olmak istiyorsunuz, yani mektuplarınızı hemen cevaplamazsam, inanıyorsunuz ki kendinizi mazur gösterebilir ve bana yazmaktan kaçabilirsiniz. Aslında haklısınız; çok sık yazamamam benim hatam. Yaradan'ın bana tüm hatalarımı düzeltme fırsatını vermesi için dua ediyorum.

İsrail'e dönmeden önce dün Rav Dessler'in bir grup öğrencisine bir konuşma yaptım. Onlara şu ayeti söyledim, "Rabaş der ki, 'Kişi tam erdemli olup olmadığını kalbinden bilmelidir.'" Dedim ki, tövbe demek insanın aslına geri dönmesi demektir.

Bu demektir ki, "insan" denilen yaratılış özü, alma arzusudur ve Yaradan verendir, kişinin köküne dönmesine "tövbe" denir. Nasıl bir tövbe? Tıpkı Maimonides'in dediği gibi, "Gizemleri bilen O, senin aptallığa geri dönmeyeceğine şahitlik edene kadar." Bu şahadet yalnızca kişi tövbe ettiğinde ortaya çıkar. Sonra üst memnuniyeti edinir, yani Yaradan O'nun Şehina'sını (Kutsallık) kişiye getirir. Tövbe eden kişi, Dvekut ile ödüllendirilen demektir.

Bu, "Kişi kalbiyle ve ruhuyla bilmeli," sözünün anlamıdır, yani kişi tövbeye gelip gelmediğini bilmek istiyorsa, Yaradan'ın hoşnutluğuyla ödüllendirilip ödüllendirilmediğini inceler. Bu onun tövbede olduğunun işaretidir, yani hali hazırda ihsan etmede çalışıyor.

Bu, "Huzuru ara ve onu kovala," sözünün anlamıdır. Tüm ihtilaf sadece alma arzusu ve ihsan etme arzusu arasındadır. Bu "Ve İsrail o toprakları ekti ve yüz kapı buldu," ayetinin anlamıdır, yani yüzde yüz başardı. Bu kesinlikle İbrahim'den alan İzak'ın niteliğidir, şöyle yazdığı gibi "Ve İbrahim İzak'a sahip olduğu her şeyi verdi."

Midraş'da RASHI şöyle yorumlar, "Rabbi Yehuda der ki, 'Bu Gevura'dır (kuvvet veya yapabilirlilik)' ve Rabbi Nehemia der ki, 'Bu kutsama.'" Fakat her ikisi de aynı şeye işaret eder. Rabbi Yehuda çalışma, üstesinden gelme perspektifinden, Rabbi Nehemia üstesinden gelerek kutsama ile ödüllendirilmekten, ödülden bahseder. Sevgiden tövbe ile ödüllendirilmede çalışmanın yüzde yüzü kutsanır, günah zamanı bile.

Kişi üstesinden gelerek her şeyle ödüllendirildiğinde buna "kuvvet" denir ve kişinin ortaya koyduğu her bir kuvvet daha büyük miktarlara bağlanır. Bu demektir ki, kişi bir kez üstesinden geldiğinde ve yabancı düşüncelere, "Tecrübeyle biliyorum ki yakında çalışma için arzum olmayacak, öyleyse şimdi bunun üstesinden biraz gelirsem, ne elde ederim?" der. Ve buna küçük miktarların bir araya gelmesiyle büyük miktarların oluştuğu cevabını vermelidir.

Muhtemelen bu "Gözyaşı kapıları kapalı değil." sözünün anlamıdır. Şaarei (kapılar) kelimesi Se'arot (saç ya da fırtınalar) kelimesinden gelir, bu üstesinden gelmedir. "Gözyaşları" "yırtma, kopma" kelimesinden gelir, yani burada diğer arzularla beraber bir karışım vardır ve bu arzuların tam ortasında sevgiye ve cennet korkusuna doğru üstesinden gelme arzunun kısa anı vardır. "...kapalı değil," orada daha ziyade büyük miktarlara bağlanan o an vardır. Miktar tamamlandığında kişi manevi kıyafeti hissetmeye başlar.

Bu gözyaşının öneminin anlamıdır, yani kişi en aşağı aşamada olsa ve en temel arzulara sahip olsa bile, o yine de bunun üstesinden gelme gücüne sahiptir, yani kalpteki noktasından Yaradan'a özlem duyar ve yakarır, bu nedenle bu kuvvet çok önemlidir. Dolayısıyla, kişi sürgündeyken bile kalpteki noktası "Sürgündeki Kutsallık" denilen başka düşüncelerin hükmü altında olduğunda bile bir anlığına bunun üstesinden gelir ve Yaradan'ı kutsar. Tecrübeyle sonrasında tekrar düşeceğine emin olsa bile, yine de insanın gerçeği açıkça söylemesi çok önemlidir.

Bu Yaradan çalışmasını lanetleyenler arasında olan insanın durumuna benzer. Aralarında açıkça Yaradan'a hizmet etmenin bir faydası olmadığını söyleyen dilbazlar ve çalışmanın özünü ve değerini açıklayamayacak olanlar vardır, fakat kişi buna karşı çıkar, yani söyledikleri şeyin gerçek olmadığını söyler. Onlar kadar dilbaz olmasa da, buna hemfikir olmaması iyidir. Buna "gözyaşı kapısı" denir ve ona "Küçük paralar birikerek büyük paralar olur," denir.

Yaradan'ın gözlerimizi açmasını ve kalplerimizi "Zion'a söyle, senin Tanrı'n Kral'dır," hazzıyla doldurmasını umalım.

Mektup No. 15

3 Aralık 1955

Nasıl olur da Yakup güzel olduğu için Rahel'i Leah'dan daha fazla sever? Atalarımız şunu sorar, "Kim güzelliği için bir kadınla evlenir ki?"

Cevap: Tora bize Yaradan yollarını öğretir. Çalışmada iki anlayış vardır: 1) Hohma, 2) Hassadim. Hohma, görmek ve bilmektir ve ona "ifşa olan dünya" denir. Bir de "Leah" denilen gizli dünya vardır. Bu mantık ötesi inanç, Hassadim olan "Leah'ın gözleri tatlıdır," sözünün anlamıdır.

Bu aynı zamanda Yakup ve Laban konusuyla ilgilidir. Yakup'a "Yaradan'a hizmet eden," Laban'a "Yaradan," denir. (Kutsal Ari, Yaşam Ağacı, Laban'ı "üst beyazlık" yani O'ndan Yayılan olarak yorumlar) Laban'ın iki kızı vardır, yani iki derecesi: "Gizli dünya" denilen Leah ve "ifşa olan dünya," Rahel.

Yaratılış amacı Yaratılanlara iyilik yapmaktır. Bu ifşa olan dünyadadır. Leah denilen gizli dünyaya "Dvekut'un ışığı" denir.

"Ve Yakup Rahel'i sevdi," demek, o yaratılış amacının ışığını uzatmak istiyor demektir. Fakat Laban Yakup'a önce "Hassadim ışığı," Dvekut ışığı olan Leah'ı alması gerektiğini söyler.

"Ve Tanrı böylece Leah'a olan nefreti gördü," demek, Yakup Leah'dan memnun olmadı demektir ki Yaradan onun özellikle Leah'tan çoğalmasını ister. Bu demektir ki Yaradan ona özellikle Dvekut ışığı vasıtasıyla Tora ve çalışmada çoğalmayla ödüllendirileceğimizi gösterir.

Fakat aynı zamanda Rahel'in ıslahına da ihtiyacımız vardır, yani Hohma olarak kabul edilen yaratılış amacının ışığını uzatmaya. Bunun için Rahel ona der ki, "Bana oğullar ver, eğer vermezsen ölürüm." Bu demektir ki, Yakup Rahel için tüm arzulanan ıslahları hazırlamak zorunda ki böylece ifşa olan dünya derecesinde çoğalma yapabilsin. Bu böyledir, çünkü eğer evlatları olmazsa çalışmasında canlılık olmaz ve derecesinden ayrılır. Bu "Ve eğer veremezsen, ben öleceğim," olarak kabul edilir, Yakup Hassadim'i Hohma'ya uzatmak zorundadır.

Bu "Ve Tanrı Rahel'i hatırladı," sözünün anlamıdır. Atalarımız şöyle der, Hassadim'i Hohma'ya uzattığı için Leah'a şükürler olsun. Bu demektir ki, ifşa olan dünyayı Hassadim temelinde uzatabiliriz.

Yaradan inançla O'nun yolunda yürümemize yardım etsin…

Mektup No. 16

21 Aralık 1955

İzin verin sürülmüş yapraklar iyileştirsin ve Yaradan'ın temsilcisi olduğumu söylesinler, uçanlar arasında uçan, Üst Gücün eşlik ettiği yüce hocamız...

Mektubunuzu aldım, umalım Yaradan yolumuzu aydınlatsın ve biz anma günü için hafızamızı zorlayalım. Sonrasında dünyasal havayı temizlenmesi için gerekli olan hafızanın ışığı ile ödüllendirileceğiz ve gerçek, ebedi yaşam olan kutsallığın havasını soluyacağız.

Bilinir ki tüm dünyada geçerli olan bir gelenek vardır, yetenekli profesyonellerin az yetenekli olanların arasında olması ve onları izlemesi iyi değildir. Örneğin, bir ayakkabı ustası beceriksiz ayakkabı tamircilerinin arasında olursa, bu insanlar ona şık ve kaliteli bir ayakkabı yapmanın çok da değerli ve önemli olmadığı fikrini aşılarlar.

Ya da yetenekli bir terzi, yeteneksiz terzilerin arasındaysa, giysileri düzgün ve müşterinin bedenine uygun olarak dikmenin önemli olmadığı fikrini aşılarlar. Bu nedenle onlarla ilişki kurarken çok dikkatli olmalıdır.

Oysa bir inşaat ustası terziler arasında olsa bile onların kötü eylemlerinden etkilenmez çünkü aralarında bağ yoktur. Bu nedenle kişi aynı meslekte olanlardan kendini korumalı ve sadece kalbi temiz olanlarla ilişkide bulunmalıdır.

Yukarıda söylenenlere göre, Yaradan'ın hizmetkârı olduğunu düşündüğünüz herhangi biriyle ilişkide bulunduğunuzda dikkatli olmalı ve onun yetenekli olup olmadığını görmelisiniz, yani dürüst ve doğru O'nun Adı için çalışıyor olup olmamasına dikkat etmelisiniz. En azından, ödül peşinde koşmadan yeteneksiz olduğunu bilerek tüm ruhuyla kalifiye bir işçi olmak için tavsiye arayan biri olmalı.

Yetenekli, iyi bir işçi ödülü düşünmeden işini zevkle yapan kişidir. Eğer, örneğin yetenekli bir terzi diktiği giysinin müşterisine tam oturduğunu bilirse, bu ona kazandığı paradan daha fazla manevi bir haz verir.

Bu nedenle sizin mesleğinizden olmayan insanlar arasında olmanız önemli değildir, yani siz inşaatla uğraşırken onlar deri tabaklayabilirler. Fakat öğretiyle ilgilenen ve giysinin sahibine uyup uymadığına titizlenmeyen insanların Tora'nın fikirlerine ters düşünceleri vardır. Bu noktada daima dikkatli olmalı ve bu insanlarla aranıza ok atışı mesafesi koymalısınız. Ama sıradan insanlarla ilişkide bu böyle değildir.

- Manevi konularla ilgisi olmayanlarla ortak bir noktanız olmadığından, burada dikkate ihtiyacınız yok.
- Fakat dindar görünen halktan uzak durmalısınız.
- Dinci olan şahıslara karşı daha büyük bir uyanıklığa ihtiyacınız var.
- Bizden veya bize yakın olduğunu söyleyen ama toplulukta olmayan insanlara çok dikkat etmelisiniz.

Bunun sebebi şudur: Nekudim dünyasında, ilk Meleh (kral) olan Keter seviyesi Meleh ha Daat, kırılma sırasında tüm Melahim'den (krallar) daha aşağıya düşer. Bu böyledir çünkü Masah'ı varken, kalınlık da yüksek olduğundan, Masah'ı kaybettiğinde bu en kötüsüdür. Bu nedenle tüm Melahimlerin altına düşer.

Bunları açıklamalıyız. Bu insanlar Yaradan yolunda yürürken iki uçlu alma arzusuna sahiptirler: maddesellik ve maneviyat. Bu nedenle, Baal HaSulam'a yakın olanlar, bir taraftan arzular ve eğilimlere, bir taraftan Masah ve Aviut'a (kalınlık) sahiptirler. Fakat şimdi bir Masah'a sahip olmakla ilgilenmediklerinden, tüm çalışmaları "bilen adam" ya da "Dini Lider" olmaktır.

Bu nedenle, bu durum Masah'ı olmayan Aviut'tur ve doğal olarak yaptıklarına önem vermezler. Benim ise onlara güvenim yok ve onları alaşağı edecek kimse de yok. Bu konuda çok netim çünkü onları düşüncelerimde istemiyorum, kuralı bilirsiniz; "Kişi ne düşünüyorsa ordadır."

Meseleyi daha iyi anlamak için, size bir örnek vereceğim: Bilinir ki, her iki derece arasında her ikisini birleştiren bir orta nokta vardır.

- Cansız ve bitkisel seviye arasında, "mercanlar" vardır.
- Bitkisel ve hayvansal seviye arasında, göbeğinden toprağa bağlı ve oradan büyüyen bir çeşit hayvan vardır.

- Hayvansal ve konuşan seviye arasında maymun vardır.

Buradan şu soru doğar: gerçek ve yanlış arasındaki orta nokta nedir? Bu iki anlayışı bir araya getiren nokta nedir?

Açıklığa kavuşturmadan önce, başka bir kuralı eklemeliyim: bilinir ki, küçük bir nesneyi görmek imkânsızdır, ama buna karşılık büyük bir nesneyi görmek kolaydır. Bu nedenle kişi birkaç yalan söylediğinde, gerçeği, yanlış yolda yürüdüğünü göremez. Daha ziyade gerçeğin yolunda yürüdüğünü söyler. Bundan daha büyük bir yalan yoktur. Bunun sebebi gerçek aşamasını görmesini sağlayacak yeterli yalanı olmamasıdır.

Fakat kişi birçok yalan söylediğinde, yalan içinde gittikçe büyür. Bu nedenle şimdi yalanlarını -yanlış yolda yürüdüğünün- gördüğünden, gerçek aşamasını görür. Diğer bir deyişle ruhunda gerçeği ve doğru yola nasıl döneceğini hisseder.

Öyle anlaşılıyor ki, bu nokta -yanlış yolda yürüdüğü- gerçekle yanlış arasında orta bir yerdedir. Bu nokta yalanın sonudur ve bu noktadan sonra gerçeğin yolu başlar.

Bu nedenle, Lişma ile ödüllendirildiğimizi görebiliriz, önce Lo Lişma için hazırlanır sonra Lişma'ya geliriz. Lo Lişma'ya "yalan", Lişma'ya "gerçek" denir.

Yalan küçük, Sevaplar ve iyi ameller az olduğunda, kişinin küçük bir Lo Lişma'sı vardır ve gerçeği göremez. Bu nedenle bu aşamada doğru ve gerçek yolda yürüdüğünü, yani Lo Lişma'da çalıştığını söyler.

Fakat bütün bir gün ve gece Lo Lişma'da Tora'ya bağlanırsa, gerçeği görebilir çünkü yalanların birikmesi sonucu yalanları artar ve gerçekten yanlış yolda yürüdüğünü görür.

Sonra eylemlerini düzeltmeye başlar. Diğer bir deyişle yaptığı her şeyin Lo Lişma'da olduğunu görür. Bu noktadan sonra kişi gerçeğin yoluna, Lişma'ya geçer. Sadece burada, bu noktada "Lo Lişma'dan Lişma'ya gelinir" meselesi başlar. Fakat bundan önce Lişma'da çalıştığını iddia eder, peki yolunu ve aşamasını nasıl değiştirecek?

Bu nedenle, eğer çalışmasını boşa harcarsa, gerçeğin yolunu yanlışa batmış olduğunu göremez. Fakat Yaradan'a memnuniyet vermek için çalışmasını arttırsa, gerçeği, Lo Lişma denilen yanlış yolda yürüdüğünü görebilir. Bu nedenle yolumuza güvenmeli ve güçlü olmalıyız, kendimizi daima yenilemek zorunda olduğumuz için her gün bizim için yeni bir gün olur ve ilerleriz.

Dostunuz Baruh Şalom HaLevi Aşlag

Mektup No. 17

18 Ocak 1956

Kalbimin zincirlerine bağlanmış tüm dostlarıma merhaba,

Kızımın düğünü nedeniyle şimdiye kadar cevaplamaya vakit bulamadığım 29 Aralık tarihli mektubunuza cevaben yazıyorum.

İlk sorunuz şuydu, "Neden Yakup, babamız, bir melek kanalıyla oğullarını kutsadı?" ARI'nin açıkladığı gibi, Tzadikim'in (erdemli) NRN'si, üç dünyanın— Beria, Yetzira, Assiya— içselliğidir. Ruhların kökü Beria dünyasındadır, Ruah Yetzira dünyasından, Nefeş Assiya dünyasından uzanır. Tüm ihsan "O, O'nun yaşamı ve O'nun özü birdir," denilen Atzilut dünyasından uzanır.

Atzilut dünyasındaki on Sefirot üç anlayışa bölünür: 1-Keter; 2-Hohma ve Bina; 3-ZA ve Malchut.

Onlar Şoreş, yani Keter, Mohin, yani Hohma ve Bina olarak kabul edilir ve Mohin'in alıcılarına, yani ZA ve Malchut'a "erkek" ve "dişi", İsrail ve Leah, Yakup ve Rahel denir. ZON Mochin'i üç dünyanın—BYA— içselliği olan erdemlinin ruhu için alır.

Üst bereketi yayan ve aktaran Melek Mattat'tır (Zohar madde 71'e bakın). Melek Matat'a hocasının adı gibi "dünyanın yöneticisi" denir. Bazı zaman HaVaYaH olarak, bazı zaman iki işleyiş yerine getirdiğinden Şaday olarak adlandırılır.

1. Melek Matat Hochma'yı alır ve BYA'ya verir, sonra ona "O, O'nun Dünyasına dedi ki, 'yeter' daha fazla yayma," sözündeki gibi Şaday denir, bu alma arzusunun kaplarına Hohma almada kısıtlama (Tzimtzum) olduğundan, Hohma'nın bereketini işaret eder. Dolayısıyla, Bereketi Yayan, Tav'ın sol bacağını geri getirir ve bu sebeple Tav'ın sol bacağı kalındır çünkü O, Klipot (kabuklar) içinde parlamaması için sol bacağı geri getirmiştir.

2. Melek Matat'ın ikinci anlayışı, aşağıda olanlara ihsan edecek Hassadim'i olmasıdır. Bu sırada onun adı hocasının adı gibi HaVaYaH olur ve Matat tamamlanır ve efendisinin adı HaVaYaH ile çağrılır.

Yakup oğullarını kutsadığında, bereket aşağıda olanlara yayılana kadar, derece düzenine göre kutsamayı uzatmak zorundaydı. Dolayısıyla, bereketin oğullarına akması için bereketi Melek Matat'a kadar uzattı. Böylece Yakup, bereketi Atzilut dünyasından Tzadikim'in NRN'sine ve BYA'ya taşıyan ve yayan Melek Matat vasıtasıyla oğullarını kutsadı ve bu sebeple şöyle dedi, "Kurtarıcı melek beni kutsayacak."

Bununla Maimonides'in "Ben'im adım O'nun adıyla kuşatılmıştır," sözüne ilişkin ikinci sorunuzu daha iyi anlayabilirsiniz. O'nun özünü değil yalnızca ifşa olanı edinebildiğimizden, şunu sormuşsunuz, "onun adı Hocasının adı gibidir ne demek?"

Konu şudur ki, müşterek ad demek her ad bir edinimi belirtiyor demektir, çünkü edinemediğimizi adlandırmayız. Maneviyatta herhangi bir edinim özellikle edinen ve edinilen arasında bir bağ olduğunda söz konusudur. Sonra diyebiliriz ki burada bir adın, bir formun ve bereket üzerindeki belli bir sınırlamanın ifşası vardır. Fakat edinilen olmadan edinmede herhangi bir formdan ve kısıtlamadan bahsetmezsiniz ve burada edinim söz konusu olmaz. Bu "onda asla düşünce ve algı yoktur," olarak kabul edilir.

Bu O'nun adının anlamıdır, yani Melek Matat vasıtasıyla edindiğimiz şey, hocasının ismi gibi olandır ki bu da bir ifşadır, yani Matat, aşağıda olanlara görünen iki anlayışı— Hassadim ve Hohma—Mohin de Atzilut'un alıcısı olan ZON'a verir.

Matat, Hohma verdiğinde ona hocasının adı Şaday denir. Hassadim verdiğinde ise hocasının adı HaVaYaH olur. Sonra Matat'a "sahip olduğu her şeye hükmeden evin en büyüğü," denir, Malek Matat dünyanın yöneticisidir ve ona hükmeder, yani onun vasıtasıyla bereket BYA dünyalarına uzanır.

Bu "Ben'im adım O'nunkiyle kuşatılmıştır," sözünün anlamıdır, yani Matat adı iki formu—Hohma ve Hassadim— içeren bereketi işaret eder.

Üçüncü sorunuz, "Neden Kutsal Tora Efraim'den Menaşe'ye girişte bu kadar detaylandırılmıştır" ile ilgili olarak, bunu Yaradan çalışmasındaki kurala göre açıklayabiliriz, amaç daima kişinin önünde olmalı ve kişi nihai noktaya ulaşmak ve yaşamdaki rolünün ne olduğunu bilmek için huzur ve sessizliği elde ettiğini söyleyebilmelidir.

Bu böyledir, çünkü yalnızca nihai amaç ifşa olduğunda kişi kendini her tür yöntemle hazırlar ve tasarrufunda olan güçleri aktive eder. Eğer amaç olmasaydı güçlerini ve yerine getirdiklerini nasıl dengeleyeceğini bilemezdi, çünkü alt edilmesi gereken asıl düşmanını, onun gizli güçlerini bilmediği zaman, tehlikeler içeren yolları gidebilmek için gerçek araçlara ihtiyaç vardır. Dolayısıyla çalışma düzeninden bahsettiğimizde amaç çok önemli olmalıdır.

Ayrıca bilinir ki, çalışma yolunda yürümeye başlarken, kişi hafiften ağıra geçer. İlk önce anlaması ve yapması en kolay olanı yerine getirir ve öğrenir, sonra daha zor olana geçer, ta ki alışana ve eğilimine karşı savaşının tüm yollarını deneyimleyene kadar. Bu sırada en acımasız saldırılarla karşılaşırız.

Öyle anlaşılıyor ki, birbiri ardına yapmamız gereken iki şey vardır. Yusuf, düzene göre çalışma yolu izlemeliyiz der, yani kolaydan zora. Yakup ise her şeyden önce amaçtan konuşmamız gerektiğini söyler.

Bu Mektuba Ait Taslaklar ve Ekler

1) Üçüncü sorunuz "Neden Kutsal Tora Efraim'den Menaşe'ye girişte bu kadar detaylandırılmıştır" ile ilgili olarak: Bilinir ki, birinden birinin önce gelmesi konunun önemine bağlıdır. Yaradan'ın çalışmasıyla ilgili neyin önemli olduğunu bilmeliyiz yani amaca, esas noktaya odaklanmalıyız.

Zohar madde 41 de yazılıdır ki, iki tane yüce ve önemli yönetici vardır. Biri, İsrail'i sürgünde tutmak ve orada çoğalmalarını sağlamak olan Efraim'den gelen yönetici, ikincisi sürgünde unutulmalarını sağlayan Menaşe'den gelen yönetici.

Zohar iki tür yargı olduğunu açıklar: 1) Bina'daki Malhut denilen Rahamim'den gelen yargı, 2) "Malchut'tan gelen yargılar" denilen Malhut'taki Malhut'tan gelen yargı. Her yönetici her iki anlayışı da içerir.

Menaşe yöneticisinin Rahamim (merhamet) ve merhametteki yargıyı içerdiğini ve Efraim yöneticisinin merhamet ve Malhut denilen yargı içinde yargı içerdiğini söyler.

Bunu takiben Yakup onları kutsar, yani yargılar hafifletilmelidir, böylece kurtuluşa erişilebilir. Çalışma düzeni önce merhamet sonra yargıda olduğundan, bilinir ki dört anlayış vardır: 1) almak için almak; 2) almak için ihsan etmek; 3) ihsan etmek için ihsan etmek; 4) ihsan etmek için almak.

İlk iki anlayış aslında Tora yoluna göre değildir, fakat Lişma'ya göre, ihsan etmek için ihsanla başlar ve buna "merhamet niteliği" denir. Tora Lişmanın ikinci anlayışına "ihsan etmek için almak" denir ve buna "yargı niteliği" denir.

Bu sebeple Yusuf onları çalışma düzeninde, yani onları önce Menaşe denilen merhamet niteliğinin, sonra Efraim denilen yargı niteliğinin olduğu yerde kutsamak istedi. Fakat Yakup önem düzenine göre kutsadı, yani "karanlık ışık gibi parlar" denilen tüm yargı niteliği ıslah olana kadar. Yakup, merhamet niteliği ile çalışmaya başlasak bile, amaç kişiye ifşa olmalıdır diye düşünür—amaç ıslahın sonunu elde etmek ve sonrasında düzene göre yani merhamet niteliği ile çalışmaya başlamaktır.

2) Melek: Şehina'ya (kutsallık) melek denir şöyle yazdığı gibi, "Dur, sana bir melek gönderdim." Ona melek denir, çünkü Şehina Matat vasıtasıyla çalışır. Sürgün sırasında bu böyledir, fakat kurtuluş zamanında ZA denilen kralla beraber Dvekut'tadır.

3) Ayette yazar "ve hayvanlar ordan oraya koştu." "Oraya" Nuriel, "oradan" Matat'tır. "Oraya" Hohma, "oradan" Hassadim demektir. Kişinin zaten Hohma'sı olduğundan, Hassadim alacaktır. Öyle anlaşılıyor ki, onun hali hazırda beraberce tam Hohma'sı ve Hassadim'i var. Bu sebeple Matat'a "dünyanın yöneticisi" denir çünkü onun içinde bütünlük vardır.

Bu, "Evindeki yaşlı kişi sahip olduğu her şeyi yönetir," sözünün anlamıdır, yani onun Hohma'sı ve Hassadim'i var. Dünyayı yönetirken, onun adı Şaday idi ki bu "oradan," yani sol olan Sefira Hohma'dan gelen ilk anlayış ve Şaday adının anlamıdır. Sonrasında ikinci anlayışa yükselir. Bu demektir ki, HaVaYaH olan, Hassadim adına geri döner ve efendisinin HaVaYaH adıyla çağrılır.

Mektup No. 18

11 Mayıs 1956, Manchester

Dostlarıma, ömürleri uzun olsun:

…'nın mektubunu aldım, bazı arkadaşlar kazanım olmayacağını düşündüklerinden yazmada tembellik ediyor, çünkü yazmakla bir şey elde edip edemeyeceklerinden emin değiller. Bu şu soruyu akla getiriyor, "Kazanç getiren nedir?" Bazıları tüm sorularına cevapları olduğunu düşünüyor. Bu durumda soruya gerek yok, çünkü zaten cevapları var ve ihtiyaçları olan tek şey bildikleri şeyi yapmak.

Hala daha kötü niteliklerini ıslah etme ihtiyacında olduğunu ima ederek, ne demek istiyor? Bundan dolayı gece gündüz üzüntü duymaktan, "günahım her zaman benim önümde," sözündeki gibi endişelenmekten başka bir meşguliyeti yok mu? Eğer niyeti buysa bu çok hoşuma gider.

Yine de şöyle yazılıdır, "İzin ver kalbindeki endişeyi başkalarına söylesin." Şavuot festivali yaklaştığından ve Tora'nın verilişi ile ödüllendirilmek için pek çok hazırlığa ihtiyacımız olduğundan, babam adına buraya birkaç şey yazacağım.

Bu konu "Arvut" makalesinde bahsedilmiştir, "Ben'im sesime gerçekten itaat ederseniz, tüm nesiller içinde Ben'im fazilletim olursunuz, tüm yeryüzü Ben'im ve siz Bana rahipler krallığı ve kutsal ulus olacaksınız." Ayrıntılara girmeyeceğim, fakat burada esas olarak Yaradan'a yakınlaşan tüm nesiller içinde en yetkin olan İsrail halkından bahsedilmiştir. O, daha sonra bereketini geri kalan uluslara yayar.

Dolayısıyla, bilin ki dostlarım, Baal HaSulam ile beraber olduğumuzdan beri Yaradan'a yakınlaşmada daha yetkin olduk, şimdi artık onun sesini dinlemeye ve şartlarını yerine getirmeye mecburuz. Ona yakın olduğumuz sürece bu kesinlikle bizim yararımıza olacak ve sesi kutsal yerde duyulacak. Kişi Keduşa'ya (kutsallık) yaklaştığında onun sesi duyulur ve bizler başaracağımızdan emin oluruz.

Bu, "Kardeşlerim ve dostlarım için Ben şöyle diyeceğim, 'barış içinizde olsun,'" sözünün anlamıdır. Bu demektir ki, özellikle kardeşlik ve dostluk nedeniyle "Ben barış diyeceğim." Aksi takdirde onlar tartışma içinde olurlar.

Yorumcular, "barış içinizde olsun," sözünün Kudüs'ü işaret ettiğini söyler. Biz kendi yolumuza göre bunu yorumlamalıyız. Kudüs'e "dünyanın kalbi" denir ve ruhtaki Kudüs'e, yani insanın arzusuna "insanın kalbi" denir ve burada bir anlaşmazlık vardır, yani orada insan yapımı dünya ulusları arzuları ve İsrail arzuları vardır ve biri diğerine hükmetmek ister.

Öyle anlaşılıyor ki, Kudüs denilen kalbin içindeki arzular birbirleriyle tartışır ve çekişir ve bu sırada kimse kimseye hükmedemez. Doğal olarak hiçbiri bütünlüğü elde edemez. Bu Rav Rabba'nın söylediği şeydir, "Sana yalvarıyorum, Cehennemin kapısını miras alma." Bu demektir ki, hem dünyasal hem de manevi arzularda ızdırap söz konusudur.

Bu Yaradan çalışmasına yeni başlayan öğrenciler için geçerlidir. Onlar, kırılmadan gelen arzular nedeniyle kırık kaplardır ve kalplerinin içinde kutsallığın kıvılcımları, Klipot'un içindeki alma kıvılcımlarına karıştığından, tam güçlerini gösteremezler.

"Dostlarım ve kardeşlerim için," yani yaratılış amacı Yarattıklarına iyilik yapmak olduğu için nefret yerinde "sevginin ışığı" denilen Yaradan ışığının görünmesi uygun değildir. "Şöyle diyeceğim, 'barış içinizde olsun,'" ayetindeki "içinizde," kalpte barış olacak demektir. Tıpkı, "Yaradan aşağıda olanların arasında olmak ister," sözündeki gibi, yani aşağıda olanların Yaradan'ın ışığını edinmesi için onlarla sevgide, kardeşlikte ve dostlukta beraber olmak ister, şöyle yazdığı gibi, "Tanrı ne söylerse dinleyeceğim, çünkü O, aptallığa geri dönmemeleri için Halkına barış verir."

Kalbe konuşan Yaradan'ın sesini duyduğumuzda, her şey "Arınmaya gelen yardım alır," sözündeki gibi gerçekleşir. Kutsal Zohar bunu şöyle yorumlar, kişi kutsal ruhtan yardım görür, yani kalp Yaradan'ın sesini duyar ve sonra özellikle kutsallığın sesi, yani ihsan etme arzusu tüm arzulara hükmeder. Ve doğal olarak aptallığa geri dönmez, yani bir daha günah işlemez, çünkü tüm alma arzusu ihsan arzusuna teslim olmuştur.

Bu sırada tüm iyilikler kalpte belirir, çünkü Şehina'nın haz doldurması için orada yer vardır ve sonra tat ve dostluk yayılıp insanın tüm organlarını kaplar.

Bu özellikle Yaradan'ın sesini duyduğunda olur. Tüm beden teslim olur ve kendini kutsallığa köleleştirir. Beden kutsallığa hizmet eden bir hizmetkâra dönüşür. Fakat Yaradan'ın sesini duymakla ödüllendirilmediğinde tersi olur, ayette denildiği gibi, "Sen bize yemek için kıtık (tiftiklenmiş yün) verdin," yani kutsallık arzuları, alma arzusuyla yutulur.

"Düşmanları bozukluklarını kendilerine aldı," yani alma arzusu kutsallığa niyetlenen tüm enerjiyi alır; kendisi için alır, yani eğer kişi Tora ve çalışmaya bağlanırsa, bu onun tüm enerjisini alır. "Ve sen bizi ulusların içine dağıttın," yani ihsanın tüm güçleri "uluslar" denilen alma arzusunun hükmü altına girdi.

"Sen halkını ucuza sattın," yani alma çalışmasında haz olmamasına rağmen eğer ihsan eylemi yerine getirmek istersek, bunun için de enerjimiz olmaz, çünkü alma arzusu hükmeder. "Ve onların satışından kar elde etmedi," dünyasal şeyler yaparken haz almamıza gerek yok demektir fakat alanın yararına çok küçük bile olsa bir umut varsa, orada çalışma enerjisi vardır. Tersinde de durum böyledir; Eğer birkaç Mitzva'yı yerine getirileceğine dair umudu olursa kişi kontrolü elinde tutar.

Kişi LoLişma'da her şeyi yapılabiliyorken, gizliliğin büyüklüğü nedeniyle Lişma'da her şey ona kötü, alçak ve aşağılık gelir, fakat o bu düşünceyi tüm gücüyle reddeder çünkü insan doğası bayağı bir şeye tahammül edemez.

Bu, "Sen bizi komşularımıza, etrafımızdaki herkese yakınlaştırdın," sözünün anlamıdır. Bu demektir ki, alma arzusuna "yakınımızda yaşayan uluslar" denir, yani bu uluslar biz onlara karşı güçsüz kalana kadar Lişma çalışmasını her türlü oyunla alaya alır.

Demek ki, kişinin tüm çabası Yaradan'ın lütfuna mazhar olmak ve "Kardeşlerimin ve dostlarımın hatırı için 'içinizde barış olsun' diyeceğim" diyen Yaradan'ın sesini duymaya çalışmaktır. Yaradan'ın, yaşayan ARI'nın sesiyle bir aradayken duymakla ödüllendirildiğimiz sesi, o kesinlikle bizim adımıza çaba sarf ediyor.

Tek ihtiyacımız olan tetikte durmaktır, sonrasında yaklaşan kötü durumumuzu bilir ve bu nedenle Yaradan'dan sadece kutsallık yaşamı ve "arınmaya gelen yardım alır," isteriz.

Bununla "Birbirine bağlanmış bir değnek ve somun cennetten verildi," sözünün anlamını anlayabiliriz. Sormalıyız, "İkisi birbiriyle çelişmiyor mu?"

Konu şudur ki "değnek," ızdırap demektir. Bir değnek yalnızca vurmak içindir ki bu da ızdıraptır, somun ise hazdır. Bu demektir ki, kişi iki şeyle birden ödüllendirilir, yani LoLişma'da, yani alma amacında çalışırken ızdırabın tadı ve ihsan amacına bağlanırken hazzın tadı ve sonra "İzin ver aptallığa dönmesinler," sözü gerçek olur.

Tora'nın alımıyla ödüllendirilmemiz niyetiyle bitiriyorum,

Baruh Şalom HaLevi Aşlag

Baal HaSulam'ın oğlu

Mektup No. 19

15 Mayıs 1956, Manchester

Dostuma,

Mektubunu aldım, Sulam'ın giriş bölümünde açıklananla ilgili olarak yazdıkların hoşuma gitti, ben de senin boşluklarını dolduracağım. Bu konuyu soru olarak ele alacağım: ARI'nin yazılarında yazılıdır ki, dünyaların realitesi vardır ve orada Masahim (perdeler), Hitpaştut (genişleme), Histalkut (ayrılma), Ohr Pinimi ve Ohr Makif'le beraber Zivugim de Hakaa meydana gelir. Bunlar kendileriyle mi bağlantılıdır, yani bu Sefira bunu, diğeri şunu mu ister? Yani bu dünyadaki insanlar gibi onların da tercih hakkı ve hissiyatı var mıdır ya da onlar içinde bulunduğumuz dünya gibi cansız ve hareketsiz midir?

Örneğin yeryüzü meyve verir, yağmur, rüzgâr ve güneşten enerji alır. Enerji eksikliğinde olsa bile almak zorundadır, yoksa ürün veremez ve bu insanlar için iyi olmaz. Hatta yeryüzü ürün vermezse açlıktan ölüm bile söz konusu olur.

İnsan ekerek, biçerek ve toplayarak ona hizmet ederken, yeryüzü de insana hizmet eder. Ayrıca kabul edilen görüşe göre, yeryüzü hissetmez ya da özgür seçimi yoktur. Daha ziyade Yaradan'ın mühürlediği ve işlediği doğa tarafından ona verilen koşulları izler ve bu şekilde en iyisini yerine getirir.

Fakat biz buna "cansız" deriz, yani kendi başına hareket edemez, çünkü arzusu yoktur. Benzer şekilde güneş ve cennetin tüm sahipleri doğanın direktiflerini izler ve kendi başlarına ödül veya ceza beklediklerini söyleme seçimleri yoktur. Tersine Yaradan'ın çalışmalarını istediği yerde eylemlerini gerçekleştirirler.

Üst dünyalarla ilgili anlamamız gereken budur. Her şey sadece insana hizmet için yaratılmıştır, insan var olduğu dünyadan yardım alarak yaşar, ayrıca yaratılma amacı, yani Yaradan'la Dvekut ile ödüllendirilmek ve Yaradan'ın onun için tamamladığı güzel şeylerle dolu kuleden alabilmek için üst dünyalardan da yardım alır.

Bununla ödüllendirildiğinde, yaratılış düşüncesini elde ettiği kabul edilir, tıpkı, "Yaradan aşağıda olanların arasında olmak ister" ve "Şehina aşağıda olanlar için büyük ihtiyaçtır," sözündeki gibi çünkü bu O'nun arzusudur ve insan sadece O'nun arzusunu— tüm hazzı ve mutluluğu almak— yerine getirmeye özlem duyar.

Çok bilinen kurala göre O'nun özünde asla düşünce ve algı yoktur, öyle anlaşılıyor ki, dünyadan dünyaya derecelerde ruhlara görünen şey sadece ışığı yaymakla ilgilidir, yani Yaradan bilinmek istediği derecede üst dünyadan onlara belli bir ışık ifşa eder. Bu üst ışığın aşağıda olanlara yayılması olarak kabul edilir, yani aşağıda olanlar O'nun yüceliğini, O'nun edinmelerini istediği kadar edinir.

Edinim ölçüsü zaman zaman değişir, çünkü bu aşağıda olanların becerisine bağlıdır. İster büyük, ister küçük olsun ışık daima görünür. Ayrıca edinimin her derecesinin kendine has bir adı vardır, çünkü Sefirot'lara "örtüler" denir. Örtü kalkar ve Sefira insanın çalışmasına bağlı olarak parlamaya başlar.

Dünya yaratılmadan önce kısıtlama (Tzimtzum) yoktu. Fakat aşağıda olanların alabilmesi için kısıtlama olması gerekiyordu, Lişma çalışmasıyla her derecedeki kısıtlama düşer ve ışıklar buna göre parlar. Yeryüzünün meyve vermesine benzer şekilde aşağıda olanlara kısıtlama olmadan ışığın ifşası söz konusu değildir.

Eğer "Bu Sefirot ve dereceler nedir?" diye sormak istersen, buna cevaben diyebiliriz ki bu edinilmez olandır, çünkü edinimimiz sadece O'nun Yarattıklarına iyilik yapma arzusuna bağlıdır. Dolayısıyla kişi izlenimini, Sefira'nın kendisinden değil, Sefira vasıtasıyla görünen üst ışıktan alır.

Sefirot'un çoğalması yalnızca aşağıda olanların edinimine göredir ve herkesin özel bir becerisi vardır. Bunun yanında her şey eşittir, çünkü maneviyatta değişim yoktur. Bu sebeple Sefirot'un kendisinin "O'nda bir algı ve düşünce yoktur," olarak kabul edildiğini söyleriz.

Onlar her bir Sefira'ya bir ad vermiştir, çünkü çabalarıyla Yaradan'ın ışığını edinenler, onları izleyenleri bu keşiflerin faydasından yararlandırmak ister. Dolayısıyla edindikleri edinimi ve niyeti anlayabilmek için her bir edinimi adlandırmışlar ve böylece aralarında ortak bir dil oluşturmuşlardır.

Öğrendiğimiz gibi kişi Tora'da yerine getirdiği her yeniliği gelecek kuşaklara geçirebilir. Üst dünyada da bu böyledir—öncekilerin keşfettiği yenilikleri kabul ederiz, böylece ortada bir yerde durmadan başarı yolunda yürüyebiliriz. Bu sebeple tüm bu adları ve Partzufim'i özünde edinemeyiz, çünkü bunların hepsi maneviyat ve Tanrısallıktır, şöyle yazdığı gibi, "Ben Yaradan değişmem." tersine her şey bireyin edinimine bağlıdır.

Bu uzakta uçan bir uçağa durup bakan on kişinin durumuna benzer. Çıplak gözle bakan için uçak küçük bir nokta gibi görünür. Fakat dürbünle bakan biri uçağı daha büyük görür. Ancak her birinin farklı bir dürbünü vardır. Öyle anlaşılıyor ki, biri uçağı dört metre uzunluğunda görürken, bir başkası üç metre, bir diğeri iki metre görür. Hepsi gerçekte ne gördüğünü söyler ve aralarında farklılıklar vardır. Yine de bu farklılık uçağın kendisinde farklılık yaratmaz tüm değişim sadece onu algılayanların gözündedir.

Maneviyatta da bu böyledir. Tüm değişiklikler yalnızca aşağıda olanın niteliğinin ölçüsüne göredir. Bununla, ruhun yukarıdaki Tanrı'nın bir parçası olduğu sözünü anlayabiliriz. Bu demektir ki, ruhun edindiği şey Tanrısallıktır fakat o sadece bir kısmını edinir. Dolayısıyla Tanrısallığı edinse bile, bu kendi niteliğine bağlı olduğundan sadece bir kısmını edinir. Ancak, edinilen kısım Tanrısallıkta bir değişime sebep olmaz.

Bu sebeple aşağıda olanın sadece Yaradan'ın edinmesini istediği kısım, yayılan ışığı edineceğini söyleyebiliriz. Bu sebeple Yaradan'ın edinmesini istediği kısım haricinde, kişinin edindiği ışık ve O'nun özü arasında fark yoktur.

Bu mektup sorduğunuz soruları açıklığa kavuşturacaktır,

Dostunuz

Mektup No. 20

15 Haziran 1956, Manchester

Öğrencilerime, ömürleri uzun olsun,

Yakın zamanda ...'nın mektubunu aldım, tüm mektupları özetleyerek cevaplayacağım. Böylece grupta ileri yaşta olanlar, sorusunu yazıya dökemeyenler için tatmin edici cevaplar vermiş olacağım. Baal HaSulam'ın ona yazmayı nasıl öğrettiğini hala hatırlıyorum, eminim o da hatırlayacaktır.

Yazmayla ilgili Baal HaSulam şöyle der, "Tanrım yaşamı arzulayan bizleri yaşam kitabına yaz." Yazma daima beyaz kâğıt üzerine siyah mürekkeptir. "Beyaz," Tora ve çalışma zamanıdır, "siyah" kişinin kendisinde hissettiği kötülük ve bayağılıktır. Her bir siyah harf beyazla çevrilmelidir. Diğer bir deyişle, kişinin Tora ve çalışma için harcadığı saatler dışında, gerçeği olduğu gibi görmesi mümkün değildir.

Dolayısıyla, özellikle çoğalma ile yani sağ ile kişi "karanlık" denilen sol aşamasına gelir. Bu sırada yazı olması gerektiği gibidir. Fakat saf karanlıkta kişi Tora ve Mitzvot için çaba sarf etmediğini ve kötü olduğunu söylerse, bu kötülük Klipot yerinden uzanır ve orada tek otorite için yer kalmaz.

Bizler daima sağ ve sol zamanının düzenini ters yüz etmemek için dikkatli olmalıyız. Bu atalarımızın söylediği şeydir, "Tanrı'nın gözleri yılın başından sonuna kadar, iyi zamanlarda ve kötü zamanlarda daima onun üzerindedir." "İyi zamanlarda" nasıl olur? İsrail yılın başında tam kötülük içindedir ve az miktar yağmura mahkûm edilir, fakat sonunda tövbe eder. Hüküm önceden verilmiş olduğundan, buna ilave yapmak imkânsızdır, fakat Yaradan onları zamanında onlara ihtiyaç duyan toprağa indirir. Her şey toprağa göredir. "Kötü zamanlar" nasıl olur? İsrail yılın başında tam erdemlidir ve pek çok yağmura mahkûm edilir, fakat sonunda hepsi kötü yola düşer. Hüküm önceden verilmiş olduğundan, bunu hafifletmek mümkün değildir, fakat Yaradan onları, zamanı gelmeden onlara ihtiyaç duymayan toprağa indirir.

Bunu iki şekilde yorumlayabilirim: 1) Bazıları doğduklarında yukarıdan onlara çok az güç verildiğini, yani ne güçlü bir zekâ ve idrake, ne de iyi bir hafıza ve enerjiye sahip olmadıklarını söyler. Daha ziyade akılsal kapasiteleriyle ilgili iyi konuşmaz ve yılın başında, yani yaratıldıklarında buna mahkûm edildiklerinden, bunun önceki reenkarnasyonlardaki günahlarına bağlı olduğunu söylerler.

Ancak, tövbe ettiklerinde, bu az miktar yağmur, yani az miktar akılsal kapasite yeryüzüne inecek mi bilmek isterler. Bu demektir ki, sahip oldukları tüm enerjiyi olumlu kullanırlar ve bu yeryüzü, yani kalbin ürün vermesi,—Tora ve Mitzvot çoğalması— için yeterli bir ölçüdür.

Ödüllendirilmediklerinde ve pek çok yağmura mahkûm olduklarında, "pek çok yağmur" denilen tüm dünyasal güçleri yeryüzünün onlara ihtiyaç duymadığı anda yere iner. Bu demektir ki, tüm enerjilerini ve akıllarını kutsallık toprakları için değil, kötü hayvanların olduğu çöl için kullanırlar. Fakat ürün verecek yeryüzü için artık yağmur olmayacaktır. Bu şekilde arı ve düzgün bir çalışma içinde olanların akla, enerjiye ve güce sahip olmadığını görürler.

Kişi yağmurun nerede ihtiyaç varsa orada olacağını aklına ve kalbine koymalıdır. Bu ürün vermesi için yeterlidir ve buna "iyi zamanlar" denir.

Bu atalarımızın söylediği şeyi açıklar, "iyi zamanlar" özellikle yılın başında tam kötülük içinde oldukları zamandır. Neden erdemli olduklarını ve erdemli kalacaklarını söyleyemezler? Daha ziyade insan aklına ne güç verilmiş olursa olsun, kişi onların küçük olduğunu söyler. Yaratılışlarının başında, yani yılın başında tam kötülük içinde olsalar, yani az miktar yağmura mahkûm olsalar bile bu yeryüzü için, yani arzularının Keduşa meyvesi vermesi için yeterlidir.

Tüm bunları bazı zeki dostların eylemlerini açıklamak için kullandığı mazeretlerini bertaraf etmek için açıkladım.

Eğer kişi arı olması için çalışmasını düzeltme ile ödüllendirilmezse, kralın evine paçavralarla girmemesi gerektiğinden, kutsallığın canlılığından biraz verilmiş olsa bile—kendinde birazcık bütünlük hissetmek ve Yaradan'a şükredebilmek için— bu canlılıkla Tora ve Mitzvot'u yerine getirmelidir.

Kişi ödüllendirilmediyse, boş şeylere bağlandığında bütünlük hisseder, örneğin yerken, içerken ve diğer şeylerde. Fakat Tora ve Mitzvot yerine getirmeye yaklaştığında bayağılığını hisseder. Bunu takiben özellikle kralın kapısında bayağılık çuvalı giyinir ve dolayısıyla kutsanmış meyveler veremez çünkü lanetlenen kutsanmışa tutunamaz.

Daha ziyade bunun tersi olmalıdır—özellikle Mitzvot yerine getirdiğinde, kendini bütün hissetmelidir. Bununla kendini Yaradan'a yakışır hale getirir ve üst hazzın tatlılığı ve hoşluğuyla ödüllendirilir. Sonunda yukarıdan ona acınır ve kendini O'nun ebediyetine yapıştırır.

Fakat temel şey "kim" ve "ne" sorularının baş gösterdiği inanç konusunda kendimizi güçlendirmektir.

Bununla Raşi'nin "Bu yasanın hükmü," ayetiyle ilgili söylediğini anlayabilirsiniz. Bunlar onun sözleridir: "İblis ve dünya ulusları 'Bu emir de nedir, bunun anlamı nedir' diyerek İsrail'den bahseder. Bununla ilgili bir hüküm vardır: 'Bu Ben'im önümdeki bir hükümdür ve senin bundan şüphe etme iznin yok.'" Bu demektir ki, onun nedenlerinin yazılmamasının sebebi budur.

Fakat bunun tersinin olması daha akılcı görünür, yani soracak kimse olmadığında, mantığa gerek yoktur. Fakat biri sorduğunda orada mutlaka bir mantık olmalıdır. Ancak yasanın hükmünün anlamı inancı işaret eder ve bu özellikle soruların olduğu yerdir ve cevap mantık ötesi olmalıdır.

Bununla "Bırak anne gelip oğlunu temizlesin," sözünün manasını anlayabilirsiniz. Kırmızı inekle, buzağı arasındaki bağlantı nedir? Bir yerde "inek," bir yerde "buzağı" dediği kelime-oyunu nedeniyle bu böyledir ve aralarındaki tek bağ bu mudur? Yukarıda bahsedildiği gibi, buzağının günahı Zohar'da yazıldığı gibidir, "Bunlar senin tanrıların, İsrail," yani inanç, Hassadim değil. Mantık ötesi inanç olan inekle ilgili hikâyenin sebebi budur ve bununla buzağının günahı için kefaret ödersin.

Dostunuz Baruh Şalom

Baal HaSulam'ın oğlu

Mektup No. 21

7 Temmuz, 1956, Manchester

Öğrencilerime, ömürleri uzun olsun,

Sizden her hafta mektup alamadığıma şaşırıyorum; Ben İsrail'deyken Tora çalışmasına gelirken yaptığınız bacak çalışmasını şimdi kol çalışmasına döndüreceğinizi, yani mektup yazacağınızı düşünmüştüm ama belli ki hala o noktaya gelmemişsiniz. Aranızda bunu tek başaran… Benim cevap vermemi beklemeden ne yapması gerekiyorsa yapıyor, umarım nasıl davranması gerektiğini anlar.

Ve Rabbi… Sorularının bazen yazıyla aktarılmasının, bazen de düşüncede tutulmasının yeterli olduğunu düşünüyor. Fakat bilmeli ki, "düşünce, konuşma ve eylem" olduğundan, ihtiyacımız olan eylemdir, düşünce eylemin içinde olmalıdır. "Konuşma" "her nesil için bir konuşmacı" yani lider, kelimelerinden gelir, çünkü her şeyin kendi ıslahı olduğundan, eyleme dönüşecek düşünceye ihtiyacımız var.

Rabbi… Yazmaya başladı ama durdu, Rabbi…'dan tek satır alma ayrıcalığına henüz ulaşamadım. Rabbi… 'ye gelince ben İsrail'deyken ondan iki haftada bir mektup alıyordum. Eminim iyi hatırlayacaktır geçen yıl Londra'ya bir mektup gönderdi, fakat adres belirgin olmadığı için mektup ona geri döndü. Belki de yazmak ve göndermek için kendini zorladığında, verdiği emeğin boşa gideceğinden korkuyordur. Bu onun mazereti olmalı.

Fakat gerçek böyle değildir, insanların "Acı yok, kazanç da yok" dediği gibi. Ve Rabbi… Gizlilik yolunu izliyor olmalı, bu konuda söyleyecek bir şeyim yok. Bahanelerle gelen… İse mutlaka bahane bulacaktır. Hocamız Rabbi…'nin ise dost sevgisine ihtiyacı var, yani onun için yazacak birine.

Ama yine de çabalamalı, ilerlemeli ve Yaradan'ın yardımıyla istenilen amaca ulaşmalıyız. Bizden istenilen en önemli şey duadır. Duanın neden verildiğini anlamak zorundayız. Dua olmadan Yaradan bize bereketinden vermez mi? Baal HaSulam, arzu ve "özlem" denilen iştah olmadan her şeyin tatsız olduğunu söyler.

Kişi çalışma yolunda yürüdüğünde, kabını Yaradan'ın ödülünü almaya hazırlarsa, Yaradan ona arzusunu arttıracak yer açar. Bu özellikle dua vasıtasıyla olur. Kişinin O'ndan aldığı gizlilik ve her seferinde ilerlemek için gösterdiği çaba—geri geri gittiğini görse bile—Yaradan'ın ihsanını alma ihtiyacını arttırır.

İnsan doğası böyledir—özlem duyar ve otoyolda yürüdüğünü hayal eder. Sonra birden geldiği yere, geriye dönüp bakar ve yolu terk edip, eğitimsiz insanlara tekrar bağlanır ve onları izler. Eğitimsizler arasında, yani sapkınlık içinde olduğunu gördüğünde, bir kez daha inanca özlem duyar. Sonra dua vasıtasıyla özlemi büyür ve genişler, ta ki Yaradan'ın kabının (Kli) kurtuluşu almaya hazır olduğunu söylediği seviyeye ulaşana kadar. Sonra kişi Yaradan'ın duasını duymakla ödüllendirilir.

Her dua alma kabını genişlettiğinden, ıslah yoludur. Bu "Yaradan erdemlinin duasına hasret çeker," sözünün anlamıdır, yani dua vasıtasıyla kişinin arzusu genişler ve ettiği her duada hala daha cevap almamış olmasının Yaradan'a olan ihtiyacını arttırdığı görür, çünkü tüm bedeniyle sadece Yaradan'ın ona yardım edeceğini hisseder.

Tüm yukarıda söylenenlerle öyle anlaşılıyor ki, en aşağı seviyede bile Yaradan'ın onu bayağılıktan kurtarması için duaya yer vardır. Fakat kişi bayağılığını hissettiğinde ve bundan kaçtığında, bu demektir ki O'na yaklaşmayı reddederek daha uzağa düşüyor. Dolayısıyla, bunun üstesinden gelmek özel bir kalbin duasını gerektirir.

Fakat bilmemiz gereken esas şey, insana çalışma gücü veren kalpteki noktanın varlığıdır. Bu gücü "otomatik" olarak kullandığında, esas amaç için çalışma enerjisi kalmaz, çünkü beden zaten Tora ve Mitzvot için çalıştığını ve diğer şeyler için fazla enerjisi olmadığını söyler.

Bilmeliyiz ki, ister alışkanlıktan yapılan Mitzvot, ister inançla yerine getirilen Mitzvot olsun eylemlere ilave yapamayız. Bu böyledir, çünkü gerçek erdemli biri giysisine dört Tzitziot'dan (püskül) daha fazla koyamayacağını ve Tefillin giyinemeyeceğini ya da kapısına iki Mezuzot koyamayacağını bilir.

Sadece çevre ve inanç, yani çevreden edindiği alışkanlıklar ya da Yaradan'ın emirleri nedeniyle yükümlü durumda olanın niyetinde farklılık vardır. Bu, "kişi Efendi'sinin önünde söz sarf ettiğinde, bu yoksul için dua olur," sözünün anlamıdır.

Kutsal kitaplardan bilinir ki, yoksulun duası yukarıdan kabul edilir. Yoksulun duası ne demek bilmek zorundayız. Kişi ne istiyor? Yaradan'ın önünde sözlerini sarf etmek, çünkü edilen sözler çevrenin değil, Yaradan'ın önünde olmalıdır.

Kural şudur ki, insan yalnızca bir sebep olduğunda çalışır ya da çevre onun çalışma sebebidir. Öyle anlaşılıyor ki, kişi Yaradan'ın önünde değil, çevrenin önünde çalışıyor. Kişi bunu silmelidir. Neden Yaradan'ın önünde olmasın? Yaradan'ın ona merhamet göstermesini istemelidir.

Bu Zohar'da yazılan "Yoksul için dua," sözünün anlamıdır. Zohar şöyle yorumlar, "Ben'im kızgın olduğum gibi insan da tüm canlılığını çevreden almaktan kızgın olmalıdır. Fakat inançla çalışmaya başladığında kesinlikle canlılığı yoktur ve çalışma ona bir yük haline gelir."

Baal HaSulam bize güvercinin Nuh'a "İnsan toprağından geleceğine, yiyeceğimin zeytin kadar acı olmasını tercih ederim," sözünü hatırlatır. Bu böyledir, çünkü öncelikli amaç O'na yakınlaşmaktır ve inanç yeterliyse gerçek yolunu gösterir.

Dolayısıyla, kişi Tora ve Mitzvot Lişma elde etmeyi istediğinde bunda bir canlılık bulamazsa, bu Yaradan'a inancı olmadığının işaretidir, eğer O'na inancı yoksa nasıl çalışacak? Dolayısıyla çaba harcamamız gereken nokta budur, çünkü kalpteki nokta çalışma gücü verir.

Bununla atalarımızın söylediğini anlayabiliriz, "Bilgisi olmayan bilge bir öğrenciye kıyasla bir leş daha iyidir." Bunu anlamalıyız: Eğer bilgisi yoksa neden ona "bilge öğrenci" deniyor? O çevreden öğrendiği için bilge öğrenci ama Yaradan'la Dvekut denilen "bilgi" ye sahip değil. Görür ki, çalışma gücünü çevreden değil, ihsan etme niyetinden alırsa, çalışması onun gözünde leş gibi yük olacak çünkü "bu Tora'nın yoludur—acılı bir hayata yol açar." Bu demektir ki, çalışmasında mutluluk değil, acı hissediyor tıpkı güvercinin "İnsan topraklarından geleceğine yiyeceğimin zeytin kadar acı olmasını tercih ederim," demesi gibi.

Gerçekte neden acıdır? Çünkü Lişma çalışması, hem akla hem kalbe almak olan doğamıza karşıdır. Kişi duasını ifşa etmeden önce Yaradan onu kurtaramaz, şöyle denildiği gibi, "Yakup için sıkıntı zamanı ve o bundan kurtarılacak." Çünkü ancak ızdıraptan sonra Yaradan için özlem duyar. Bu "Eğer Yaradan yardım etmezse, üstesinden gelemez," olarak kabul edilir ki bu doğamıza karşıdır.

Fakat çevre ona yiyeceğini verirse, yani Tora ve çalışmada alma hissederse, doğal olarak canlılığı olur. Bu sırada Yaradan'a ihtiyacı yoktur ve "bugünü bil ve kalbine karşılık ver," olan bilgiyi talep etmez. Karşılık, kişi Yaradan'la Dvekut ile ödüllendirildiğinde kalbin duyacağı cevaptır.

Bu "bir leş bilgisi olmayan öğrenciden daha iyidir," sözünün anlamıdır. Bu, bir leş gibi olan çalışma yükünü kişinin üzerine alması iyidir demektir. Bu aynı zamanda "Deri sokaktaki leştir ve insanlara ihtiyacı yoktur," sözünün anlamıdır, yani eğer sokakta, yani çevrenin içindeysen basit bir işi üstüne al ve insanlara güvenme, yani "insanlar" denilen çevreden gıdanı alma.

Bu aynı zamanda "Şabat'ını normal bir gün yap ve insanlara ihtiyaç duyma," sözünün anlamıdır. Kutsallık hissetmesen, yani canlılığın olmadığında bile kalple uzlaş ve yiyecek vermesi için insanlara güvenme. Daha ziyade canlılığının olmadığı her an merhamet vermesi ve bizi karanlıktan aydınlığa çıkarması, kölelikten kurtuluşa getirmesi için Yaradan'a dön.

Kişi yapabildiğince Yaradan'ın yolundan gitmede ısrarcı olmalı ve çevrenin yolunu izlememelidir. Bu atalarımızı söylediği şeydir, "Çelik kadar sert olmayan her bilge öğrenci, bilge bir öğrenci değildir." Bunu açıklamalıyız: Bilge bir öğrenci Mitzvot ve Gemarah'ı idrak etmede yetenekli olsa bile, neden bilge bir öğrenci olarak kabul edilmez? Ancak yukarıda bahsedildiği gibi, çelik gibi sert durmalı ve çevreden güç almamalıdır ve sonra "Ve İsrail oğulları çalışmada iç geçirdi" aşamasına gelir.

Buna verilecek tek tavsiye duadır. Her biriniz duaya zaman ayırmalısınız, özellikle Baal HaSulam'a hizmet edenler, dileyelim onun fazileti bizim için inşa ettiği çalışma yolunu izlememize yardımcı olsun.

"Erdemliler yaşarken olduklarından daha fazla, öldüklerinde yücedir." Bu demektir ki, erdemliler öldüklerinde, yani kişi yaşarken erdemlinin yüceliğini görmediğinde yüce olur. Bu böyledir, çünkü erdemlide küçüklük gördüğünde bu onun yararınadır, çünkü bazen kişi dünyada tek kaldığını görüp kendini duaya açmalıdır, şöyle yazdığı gibi, "Kimse bu dağı seninle beraber tırmanmayacak." Bu demektir ki, kişi Efendi'sinin dağını çıkmak zorunda olduğunda, destek alabileceği kimseyi görmez. Bu konuyu Baal HaSulam'dan duydum.

İnanç yolunun dışındaki yola, "kutsal cansız" denir. Baal HaSulam'ın dediği gibi "cansız," genel hareket demektir. Yani yeryüzü bir bütün olarak hareket eder fakat bireysellikte cansız olmak, hareket ve gerçeğin hissiyatı yok demektir. Bireysel harekete "bitkisel" denir. Bununla gerçeğin yolunu izleyenler ödüllendirilir, şöyle yazdığı gibi, "Doğru okuyan kimse yoktur ve inançlı bir cümle yoktur. Kaos kesindir ve boş söz çabayı (hataya sebep olur) gerektirir.

Yukarıdaki açıklamayla TES'te anlatılan şeyi anlayabiliriz: Holam, Şuruk ve Hirik denilen üç aşama vardır. Holam'a "Eynaim'deki (gözler) alt Hey," denir ve üst olanın kabı (Kelim) aşağıda olandadır. Bu demektir ki, aşağıda olanlar Kutsal Şehina'yı tozun içinde görür, yani gizli olmayan (açık) İlahilik, Eynaim'de engel vardır.

Bu demektir ki, üst olan Kendini kısıtlar ve Kendi Katnut'unu (küçüklük/çocukluk) gösterir, böylece aşağıda olan özgür seçimi üzerine alır. Bu böyledir, çünkü özellikle gizlilik zamanında seçim için bir yer vardır. Fakat açık İlahilikte kişi üst olanın yüceliğini gördüğünde, buna "inanç" değil "bilmek" denir ve burada çalışma yoktur. Bunu takiben üst olan aşağıda olan adına Kendini indirir. Ve sonra aşağıda olanın bir şansı olur ve sonra orada kirlilik olur.

Aşağıda olan dua, çaba ve inanç ile çalışmayı üzerine alırsa, üçü genel olarak sadece inanç formunda bir arada çalışır. Sonra yukarıda olanın Gadlut'unu (yetişkinlik/yücelik) görmekle ödüllendirilir ve buna "üst olan AHP'ını aşağıda olandan yükseltiyor," denir, yani o aşağıda olanla beraberdir ve aşağıda olanın formunda görünür (tıpkı "Sürgündeki öğrenciyle beraber hocası da sürgündedir." sözündeki gibi. Baal HaSulam der ki, eğer kişi Katnut'ta ise, ister Yaradan ister dostları olsun nereye bakarsa baksın, her şey gözünde aşağıda olan formundadır.)

Yaradan aşağıda olanın duasını duyduğunda, açık İlahilik, Eynaim'den en alt Hey'i indirerek AHP'ını yükseltir, sonra kişi üst olanın Gadlut'ta olduğunu görür. Öyle anlaşılıyor ki, aşağıda olan üst olan vasıtasıyla yükselir—eğer üst olanın yüce olduğunu görürse yüce olur. Bu özellikle AHP'ın aşağıda olanla beraber olmasıyla gerçekleşir, yani aşağıda olan üst olanın Katnut'ta olmasına kederlenir. Buna "Kutsallık tozun içinde" denir ve bu Şuruk'tur.

Ancak, bu aşağıda olanın çalışma yerini kaybetmesine neden olur ve sonra aşağıda olan GAR de Hohma olarak kabul edilen onun Gadlut'unu almak istemez. Bu sırada üst olan aşağıda olan için kendini eksiltir, bu üst olan aşağıda olanın GE'sine karıştı olarak kabul edilir. Bu sırada aşağıda olan üst olanın bir kez daha kendini Hirik'e eksiltmesine sebep olur. Aşağıda olmanın sebebi budur ki aşağıda olan bu bilgiyi yalnızca Hassadim kıyafetindeki ZAT olarak alır. Diğer bir deyişle inanç yolunda yürümesi ölçüsünde bilgiden fazlasını alamaz. Aksi takdirde seçim için yeri olmaz.

İçinizden biri daha fazla yorum istemedikçe yorum yapmaya niyetli değilim. Bana sorarlarsa, eğer ödüllendirildiysem cevap verebilirim.

Kurtuluşu bekleyen dostunuz,

Baruh Şalom HaLevi

Baal HaSulam'ın oğlu

Mektup No. 22

7 Temmuz 1956, Manchester

Dostuma,

Karanlık ve aydınlık zamanlarından bahsettiğin mektubunu okudum. Bil ki dostum, bu yol Tora'nın yoludur, şöyle denildiği gibi, "Acı dolu bir yaşamın olacak."

Üç çeşit yaşam vardır: 1) Günahkârın "ölüm" denilen yaşamı. 2) "Acı dolu yaşam" denilen Yaradan'ın yolunu izleyenlerin yolu. 3) Erdemlinin, yani Tora ile ödüllendirilmiş gerçek yaşamı tadanların yaşamı, atalarımızın dediği gibi, "Tora Lişma öğrenen için tüm dünya değerlidir."

Dolayısıyla, acı dolu bir yaşamın olduğunu yazdığında bu senin Tora yolunda yürüdüğünün işaretidir. Karanlıkların ve aydınlıkların var, çünkü bu Tora yazmanın— beyaz üzerine siyah—yoludur. Ancak, beyaz ateş üzerinde siyah ateş olması için özlem duyman gerek, yani hissettiğin her şey yanan ateş gibi olmalı.

Çalışma düzeni ile ilgili sorduğun soruyla ilgili olarak, bil ki çalışmaya başladığın an benden ve Baal HaSulam'dan duyduğun her şeyi hatırlayacaksın. Unutuyor olman senin iyiliğine ve sadece çalışmayla ihtiyacın olan Tora önünde belirir. Ama yine de sana birkaç şey yazacağım.

Kişi gözlerini açar açmaz kitabı eline almaya, kutsama yapmaya ya da "Şükran doluyum." demeye zaten alışmıştır. Bunlar hazırlıktan önce, yani alışkanlıklara göre gitmemek için yapılması gerekenlerdir. Daha ziyade "Şükran doluyum," demeye başladığında, bunu kimin ona söylettiğini bilmeliyiz—bu alışkanlık mı yoksa söylemenin bir sebebi mi var. Şükran çekişme olduğunda söylenmelidir, tıpkı atalarımızın dediği gibi, "Rabbi Yehoşua Letan şükreder." Özellikle orada siyah olduğunda beyazdan bahsedebilirsin. Bu sırada gerçek sebebi, kimin borçlu olduğunu görmek zorundasın.

Kesinlikle senin borçlu olduğunu bilmen senin için iyidir, yani tüm kalbinle çalışma nedenin Baal HaSulam'dan duyduklarımız olmalıdır: kişi inanç yolunda yürümeli, Yaradan'ın onun duasını duyacağına inanmalı, Yaradan'ın erdemlinin, yani erdemli olmak isteyen fakat içindeki kötülük yüzünden olamamış olanın duasına özlem duyduğunu bilmeli ve yukarıdan yardım göndermesi için Yaradan'a yakarmalıdır.

Atalarımız şöyle der, "Eğer Yaradan ona yardım etmezse, kötülüğünü yenemez" ve "Arınmaya gelen yardım alır" ve Kutsal Zohar'da yazdığı gibi, "Neyle? Kutsal bir ruhla."

Yaradan Tora'yı almamızı arzular. Dolayısıyla Tora eksikliğini hissetmeliyiz, çünkü güzellikler yukarıdan verilmez, sadece gerekli olanlar verilir, çünkü kişi gerekli olanı ihtiyaç hisseder (çünkü kap (Kli), yani arzu olmadan ışık olmaz). Oysa kişi güzellikler için eksiklik, yani Yaradan'a ihtiyacı olduğunu hissetmez.

İnsan için tek fayda Yaradan'a, yani Tora'yı verene ihtiyaç duymasıdır. Dolayısıyla kişi bayağılığını hissettiğinde, bu Yaradan ihtiyacının sebebidir. Fakat kendine yardım edebileceğini hissettiğinde—Yaradan'a ihtiyacı olduğunu—kötülüğünden ayrı düşer.

Temel şey Yaradan'la Dvekut ile ödüllendirilmektir, çünkü kişinin Yaradan'a inanmaya başlaması ıslahın özüdür ve bu en temel şeydir.

Bu insanın gerçek yolda yürüdüğünün işaretidir. Gerçek aşamasını gördüğünde kolektif şükretmek için bir sebep görmese de, o şöyle demelidir, "Şükrediyorum."

Konuştuğumuz dört saatle ilgili olarak, çalışmanı düzenlemelisin. Bu demektir ki, 1) Şehina'nın sürgünü. Bu Şehina'yı tozun içinde ve İlahiliğin gizlilikte olduğunu gören herkese Yaradan iyi ve iyilikseverdir demektir. Gizliliği yapan Yaradan'dır böylece Tora ve Mitzvot kişiye çalışma yeri açmak için toz gibi olur.

Bu böyledir, çünkü seçim olduğu yerde inanç olur. Fakat bilme olduğu yerde, yani açık İlahilikte seçim, yani inanç için yer yoktur. Öyle anlaşılıyor ki, tüm bunlara sebep olmuş insan inançla ödüllendirilmemiş olduğundan, kutsal Şehina ona toz gibi görünmelidir. Kişi bundan pişmanlık duymalıdır ve "Eğer ödüllendirilirse, kendini... Mahkûm eder."

2) İnsanın amacı yalnızca Yaradan içindir, yani eğer bu amaç için değilse bu dünyada yaşamak istemez. Yalnızca kötülükten çıkmasının değerli olduğunu gördüğünde ve ödün vermeden gerçeği görmek için gerçek aşamasını incelemek istediğinde, Yaradan'a dua için yer açılır. Bu bayağılığını gördüğü zamandır.

3) Tora'nın sözlerine bağlan. Bu bütünlükte olmalıdır, Baal HaSulam'ın dediği gibi, "Lanetlenmiş kutsanmışa tutunamaz." Dolayısıyla Tora'ya bağlanırken kişi ışığı çekmelidir, sonrası bütünlük zamanıdır.

Atalarımızın dediğine inanmalıyız, "Mattanah'tan Nahaliel'e." Tora'ya Mattanah (armağan) denir. Bu demektir ki, kişi öğrenmeye ve duaya, Mitzvot'u günde bir dakika olsun idrak etmeye hazırdır ve bu Yaradan'dan armağandır, çünkü dünyada yılda bir dakika bile olsun Yaradan'ı düşünme şansı verilmeyen yedi milyar vardır. Dolayısıyla Tora'ya bağlanırken, kişi mutlu olmalıdır, çünkü sadece coşku vasıtasıyla kişi Tora ışığını çekme ile ödüllendirilir.

Tora iki zamana bölünür: 1) İnsanın basit bir şekilde anlayacağı şekilde. 2) Mümkün olduğunca derine inmek, Yaradan'ın içselliği anlamanıza yardım edecek şekilde. Anlamak için konuyu özümsemekle kendinize içselliği alabileceğiniz bir kap inşa edersiniz.

Dileyelim Yaradan gözlerimizi açsın ve O'nun öğretisiyle—kölelikten nasıl çıkacağımızı— ödüllendirilelim.

Dostunuz, Baruh Şalom HaLevi

Baal HaSulam'ın oğlu

Mektup No. 23

Ağustos 1956, Manchester

Dostlarıma, ömürleri uzun olsun,

Yeni yılın yaklaşmasıyla dostlarıma da yakınlaşmak istiyorum. Kendimizi genel kurtuluşla, O'nun krallığının ihtişamının tüm yeryüzüne ifşasıyla ve uzakta olanların duyup geleceği şekilde ödüllendirilmek için güçlendirmeliyiz. Kutsallıktaki çalışmadan uzak olduğunu hissedenler duymakla ödüllendirilecektir, şöyle yazdığı gibi "Zavallıyı tozdan yükseltir, sefili çöpten kaldırır."

Bilinir ki, iki genel anlayış vardır: 1) akıl, 2) kalp. Kişi çalışması sırasında "Bir yılan, tek yediği toz" sözündeki gibi, yani Tora ve Mitzvot'un tadı, toz gibi olduğunda inanç eksikliğindedir. Ayrıca alma arzusu "çöp" denilen dünyasal arzuyla dolduğunda, sefil durumdadır.

Bundan pişmanlık duyduğunda, yani Yaradan'a dua edip ağladığında ne der? Zavallı olduğum, tozu tattığım, çöpün içinde yatan sefil biri olduğumdan ve tüm bunlar yüzün gizliliği nedeniyle başıma geldiğinden, "Zavallıyı tozdan çıkart." Bu sırada Yaradan'ın bizi kölelikten özgürlüğe getirmesi için yakarırız.

Bu, her kim dua ederse direğin yanında dua eder sözünün anlamıdır. Baal HaSulam, direği aşağıda olanın GE'si içine düşen üst olanın AHP'ı olarak yorumlar. Üst olan AHP'ını yükselttiğinde, aşağıda olanın GE'si de yükselir. Ayrıca yazılıdır ki, özellikle direk vasıtasıyla ruhlar dünyadan dünyaya yükselir ve bu üst ve alt arasındaki bağdır.

Bunu kendi yolumuza göre yorumlayabiliriz, yani üst olanın Kelim'i aşağıda olana inmesi, yani eğer aşağıda olan üst olanın Katnut'unu hissederse, bu "Kutsallık sürgüne giden İsrail'in içinde," sözünün anlamıdır. Bu demektir ki, Şehina onlarla beraber sürgündedir ve buna "Şehina tozun içinde," denir, yani Tora ve çalışma toz gibi olur.

Kişi Şehina sürgününe itiraz ederse, yani Şehina sürgünde değil de, İsrail'den gizli olduğunda kalbinin derinliklerinden Şehina'yı tozdan kurtarmak için dua ederse, bununla üst olan kendini aşağıda olana tüm Gadlut'tuyla ifşa eder. Bu sırada aşağıda olan yükselir.

Öyle anlaşılıyor ki bu yukarıda bahsedilen direktir, yani özellikle direk vasıtasıyla dualar dünyadan dünyaya yükselir. Bu nedenle direğin yanında dua etmek zorundayız.

Bununla Roş Haşanah (yılın başlangıcı) ve Yom Kippur'un orada yargı olmasına rağmen neden iyi günler olarak kabul edildiğini anlayabiliriz. Yargılar öncelikle bu zamanlarda ortaya çıkan bütünlükle ilgilidir. Burada dışsallıkta olanların kalpte ve akılda kendisi için alma korkusu vardır. Bu nedenle tövbe uyanışını arttırmalıyız.

Tövbe, alma arzusunu ihsan etme arzusuna döndürmek demektir. Bununla üst kaynakla birleşmeye ve ebedi Dvekut ile ödüllendirilmeye döneriz. Bu sırada sıkıntılı günlerde (Roş Haşanah ve Yom Kippur arasındaki tövbenin on günü) ortaya çıkan bütünlüğü edinebiliriz, çünkü Roş Haşanah'a aydınlık verilmiştir, yani orada Hohma ışığı ve bütünlük ortaya çıkar.

Ancak, kabımızı almaya hazır hale getirmeliyiz, yani Hasadim ışığını çekmeliyiz. Bu tövbe ve Rahamim'in uyanışıdır, tıpkı tüm bütünlüğü arınmışlıkta alabildiğimizden, "O merhametli olduğundan, sen de ol," sözündeki gibi.

Bu nedenle bütünlüğün görünmesi açısından bunlar iyi günler olarak kabul edilmiştir. Bu aynı zamanda "Şofar'ı yeni ayda, dolunayda ve bayram gününde üfle," sözünün anlamıdır. Ayın üzerinde örtü, yani gizlilik olmadığından, Şofar kelimesi Shapru (geliştir), Maaseihem (çalışmanı) kelimelerinden gelir.

Yaklaşan bayram nedeniyle daha fazla yazamıyorum.

Size sevgilerini ve iyi dileklerini gönderen dostunuz,

Baruh Şalom HaLevi Aşlag

Mektup No. 24

7 Kasım, 1956, Manchester

Merhaba, en iyi dileklerimle,

Dostuma,

Pek de uygun bulmadığın dostların kalbindeki sevgiyi uyandırmak ve onu korumakla ilgili 27 Ekim'deki mektubunun ilk sorusuna cevap olarak diyebilirim ki, bunun senin için gerekli olduğunu görüyorum. Baal HaSulam'ın insanla Yaradan arasındaki ilişkinin, insanla insan arasındaki ilişkiyle başladığıyla ilgili söylediklerini biliyorsun.

Bu böyledir, çünkü üst ışık durağandır ve daima "Düğünümüzün sevgisi mutlu edene kadar" sevgiyi uyandırmak gerekir. Diğer bir deyişle, yukarıdan daima bize O'nun adının sevgisini uyandırmamız gerektiği gösterilir.

Bu demektir ki, dost sevgisini olduğu gibi görme şansın var, yani bu sana yukarıdan gösterilir. Sen uyandıransın (gerçek böyle olmasa da; dostlara sorarsan sadece senin onları sevmenle hemfikir olacaklarından emin değilim).

"Bir yargıç yalnızca gördüğünü yargılar" denmesinin anlamı budur. Bu demektir ki, yargılarken sadece delillerinize dayanarak yargılamalısınız. Bu, Yaradan sevgisinin farkındalığını bu yolla korumak zorunda olduğunuzun, tüm gün ve gece, gün veya gece aşamasını hissettiğinizde, daima tetikte olmanız gerektiğinin size yukarıdan bildirilmesinin sebebidir.

Yaradan'a şöyle deriz, "Seninkiler hem gün, hem gece." Bu nedenle, gece de, gecenin karanlığı da insanın iyiliği için Yaradan'dan gelir, şöyle yazdığı gibi: "Günden güne konuşmayı ifade eder ve geceden geceye bilgiyi tanımlar."

Öyle anlaşılıyor ki, alevler kendi kendine yükselene kadar dostların kalplerini uyandırmalısın, atalarımızın bununla ilgili şöyle söylediği gibi, "Mumları yaktığın zaman." Bununla Yaradan'ın sevgisinin farkındalığı ile ödüllendirilmiş olursun.

Çalışmanın önemini görmekle ödüllendirilmiş olmalarına rağmen, derslere saygı göstermeyen dostların dost sevgisini uyandırıyor olmanla ilgili ikinci soruna cevaben diyebilirim ki bu da senin erdemliğin.

Diğer bir deyişle, Yaradan'ın size pek çok defa O'na yaklaşma izni verdiğini görmek zorundasınız. Bu dünyada O'na sonsuza kadar bağlı kalmaktan başka ilgilendiğiniz hiçbir şey olmadığını hissettiğiniz pek çok zaman oldu, en basit işlerde bile Krala hizmete layık olmamanız neden sizi çağdaşlarınızdan daha fazla ayrıcalıklı kılsın ki?

Yine de, Yaradan'ın seni çalışma için uyandırmasını bekle, sonra dersleri çalışmaya başlayabilirsin.

Tıpkı öğrencileri uyandırmak zorunda olduğun gibi, Yaradan'ın da seni uyandırmasından bahsediyorsun. Bu demektir ki, eğer Yaradan sana çalışmada iyi bir tat ve sebep verirse, çalışmaya hemfikir olursun. Bundan önce değil. Sonra, yukarıdan öğrencilerin ne kadar aşağıda ve düşük olduğu gösterilir.

Ve grubu büyük bir çabayla korumakla ilgili üçüncü soruyla ilgili olarak, bu böyledir çünkü insanlar bir bebek yalnız başına gece vakti evden çıktığında korkup bu şekilde davranır. Bebek başka türlüsünü anlamayacağından, ona şöyle söylerler, "Dışarıda bir ayı ve başka vahşi hayvanlar var." Diğer bir deyişle, eğer bebek dışarıda aslan ya da ayı olmadığı gerçeğini biliyor olsaydı bile, gerçeği kabullenmesi zor olacağından, onun için en iyisi uyumak, en önemlisi de içerde kalmaktır.

Dolayısıyla, gerçeğin yolunu ve Baal HaSulam'ın sözlerinin gerçeğini kabul etmek için bilmelisiniz ki dostlarım, gerçeğin sözlerini duyacak çok fazla insan yok, çünkü siz etrafta bol bol çocuk görüyorsunuz. Kendinizi anaokulunda gibi hissedip onların neşe içinde olduğunu yazdığınızda size ne söyleyebilirim? Aslında, bebeklerin yolu budur - neşeli ve mutlu olmak. Fakat bilinir ki, bir bebek mutluyken ya da ağlarken ciddiye alınmaz, çünkü onun heyecanı ya da hisleri önemsiz meselelerle ilgilidir.

Ve bir bebeğin ağladığını, mutlu olduğunu ve dans ettiğini gördüğünüzde etkileniyor ve çocukların mutlu ve neşeli olmasına imrendiğinizi yazıyorsunuz. Peki, ne istiyorsunuz? Tekrar sil baştan bebek olmak mı? Bilmelisiniz ki, dostlarım, Baal HaSulam'ın odasına girmeden önce tıpkı onlar gibi dans ediyordunuz ama artık çocukluk günleriniz bitti.

Umalım Yaradan bize maddesellikte ve maneviyatta eşlik etsin.

Dostunuz, Baruh Şalom HaLevi Aşlag

Baal HaSulam'ın oğlu

Mektup No. 25

23 Kasım 1956, Manchester

Dostlarıma, ömürleri uzun olsun,

Sizinle beraber olsaydım çok mutlu olacaktım, fakat zaman buna sebep olduğunda ne yapabilirsiniz? Ancak zamanın engel olmadığı yerine getirmemiz gereken Mitzvot (emirler) var, yani zamanın ötesine geçen şeyler. İnsan zaman ve mekânla sınırlıdır. Fakat kişi Yaradan'a yakınlaşmaya özlem duyarsa, zaman ve mekânın ötesinde kendini O'nunla eşitlemelidir.

Bilinir ki, mekâna, yani belli bir alma arzusuna Kli denir. Kişi çabasını sadece "kendi mekânı" için kullanmak istemeyip, Yaradan'ın mekânı "Kutsanan yer" için kullanmak istediğinde, buna "Mekân ötesi" denir, yani tüm çabası sadece ihsan etmek için ve zamanın ötesinde olmalıdır, çünkü zaman sadece akılla ilişkilidir. İnsan aklı kişiyi daima O'nun çalışmasını, O'nun için kabul etmek için şimdinin doğru zaman olmadığını düşünmesine sebep olur. Bu nedenle daima zaman ötesi gitmeliyiz. Bu nedenle önceki günlerinizin bugünden daha iyi olduğunu söylemeyin, bizim daima gücün yenilenmesine, yani Şehina'nın daimi işleyişiyle ödüllendirilene kadar tüm çalışmayı inşa edeceğimiz temeli yenilemeye ihtiyacımız var.

Ayrıca daima birbirini inkâr eden iki yolda, yani dua, övgü ve şükrana olan eksiklik ve bütünlükte yürümeliyiz.

Zohar'da şöyle yazılıdır, "Böylece beden ve arı ruh ayrılır ve bu nedenle Yaradan erdemlinin bu dünyada ızdırap çekmesini sağlar, bizler her şeyden arınacak ve sonraki dünyanın yaşamıyla ödüllendirileceğiz. Bununla ilgili şöyle yazar, 'Tanrı erdemliyi test eder.'" 38. madde de ise "Ve ay lekelendiğinde," yani ay kusurluyken ruh doğar ve ruh bedeni lekeler.

Sulam'da şöyle yazılıdır: "Ruhun bedeni lekelediği nasıl söylenebilir?" Baal HaSulam bunu şöyle açıklar, ruhun lekelenmesi Bina'nın eksilmesinden kaynaklanır. Malhut, "Anne kıyafetlerini kızına ödünç verir," sözündeki gibi eksiltmeyi alır ve beden Gadlut'u almaya uygun hale gelir. Bu nedenle ruhlar bedeni ıslah etmek ve onu Gadlut ışığını alabilecek niteliğe getirebilmek için bedene zarar verir. Bunlar onun sözleridir.

Kralın sarayına girmek için hazırlık aşaması sırasında bedenin kendine göre bütün olduğunu söyleyebiliriz. Bu demektir ki, kendisiyle ilgili bir eksiklik hissetmez. Elbette kişi çaresizlik içinde tembel tembel oturmaz ama eksiklik hissi insanda taktik ve hileyi uyandırır ve kişi asla çaresizliğe düşmez. Bu özellikle eksiklik hissiyatının derecesine göredir. Yani eğer özlem duyduğu şeyi lüks olarak görürse, lüks olana karşı eksiklik hissi çok güçlü olmadığından ondan kolayca vazgeçer.

Ancak lüksü elde etmesi güç olduğundan, durumu kabullenip, "Elimden geleni yaptım ve istediğim şeyi nasıl elde edeceğimle ilgili hiçbir fikrim yok," diyerek aklını başka şeylere verdiği için bu böyle değildir. Daha ziyade bu istediği şey ona gereksiz geldiği için ve bu nedenle eksiklik hissi içinde olmadığı için böyledir. Aslında gereklilik söz konusu olduğunda kişi durumu asla kabul etmez ve gereklilik bulmak için taktik arar, yani bu insanın vazgeçmesine izin vermeyen itici gücüdür ve her seferinde yenilenir.

Bu eksiklik ölçüsüne bağlıdır ki bu ızdırabın ölçüsüdür. Büyük gereksinim demek, eğer istediği şeyi elde edemezse büyük acı çekecek, küçük gereksinim ise istediği şeyi elde edemezse bu ona acı vermeyecek, fakat elde ettiğinde de kendini daha bütün hissedecek demektir.

Gereklilik ve fazlalık ile ilgili bu ölçüye her insan kendisi karar verir. Atalarımız bununla ilgili şöyle der, eğer kişi etrafında dolaşan bir hizmetkârla yaşamaya alışmışsa, bu onun için gerekliliktir. Bu nedenle, her insan neyin gereksiniminde olduğuna kendi karar verir.

Ruhun bedeni suçlamasının anlamı budur. Bu demektir ki, kişi bir ruha sahip değilse, tam bir bedene sahiptir. Bu demektir ki, arınmışlıkta çalışma gerekliliği hissetmiyor. Fakat Tora ve Mitzvot'a bağlandığında onun içindeki ışık kişiyi ıslah eder. Bu demektir ki, içindeki ışık yani kişinin edindiği ruh bedeni kırar, yani bütün olmadığını gördüğünde beden kırılır.

Bu demektir ki, önceden lüks olarak kabul edilen bütünlüğü elde etmek için arınmışlığa bağlanması gerektiğini biliyordu ama şimdi lüksten vazgeçebilir. Fakat beden kırıldığında yani eksiklik içinde olduğunu gördüğünde—yani İlahiliğe ilişkin

Bina denilen üst Behina'daki eksikliği görür— yukarıdan ona acınıp, Şehina'nın yüzüyle ödüllendirilene kadar huzur bulmayacak olan motive edici güç içinde uyanır.

Dileyelim Yaradan zaman ve mekânın ötesinde cennetin krallığının yükünü üzerimize almamıza ve O'nun ebediyetine tutunmamıza yardım etsin.

Dostunuz, Baruh Şalom HaLevi Aşlag

Baal HaSulam'ın oğlu

Mektup No. 26

7 Aralık, 1956, Manchester

Erdemlik ve merhametle taçlandırılmış tüm dostlara,

Bu sabah mektubunuzu yirmi şekel ile beraber aldım. Size Hanuka ile ilgili atalarımızın "Hanuka nedir? Hanu Ko (oraya kadar (burası) mola)" sözüyle ilgili Baal HaSulam'ın açıklamalarını yazacağım. Baal HaSulam der ki, iki derece vardır: 1) Ko, 2) "Bu". Atalarımız der ki, "Tüm peygamberler Ko'da iken kehanette bulunmuştur, Musa ise "Bu" iken." Hanuka, Ko olarak kabul edilir.

Baal HaSulam'ın sözlerini bir alegoriyle açıklayalım. Askerler savaşa gittiğinde bir süre savaştıktan sonra onlara pek çok yiyecek ve içecekle dolu dinlenme molası verilir. Komutanın niyeti bir kez daha savaşmaları için güç toplamalarını sağlamaktır. Fakat bunun farkında olmayan askerler savaş bittiği için bu molanın verildiğini düşünür. Fakat gerçek şudur ki, savaş bitmemiş ve mola onlara güç ve cesaret toplamaları için verilmiştir.

Hanuka konusu da böyledir. Hanu'nun (bekleme/mola) anlamı budur, bekleme bütünlük, yani parlayan ayna nedeniyle değildir. Daha ziyade bekleme Ko'dur (oraya kadar/burası), yani parlamayan ayna, bütün olmamak. Diğer bir deyişle, eğilim savaşı henüz bitmemiştir ama gerçek bütünlüğe gelmemiz gerekir. Bu Hanu-ko'nun anlamıdır, Ko, moladır, yani eğilim savaşında daha çok ilerlememize yardım edecek gücü toplamak için üst ihsandan almak.

Kişi Yaradan yolunda yürüdüğünde, ona yukarıdan pek çok uyanış verilir—duanın ortasında, Tora çalışırken ya da Mitzva yerine getirirken. Bu uyanış kalbe girer ve kişi kutsallığın ihtişamını ve tadını hissetmeye başlar.

Ancak, bilmelidir ki, bu bereket ona sadece eğilim ile savaşında yeni güç elde etmesi ve çalışmada daha çok ilerleyebilmesi için verilmiştir. Her sefer geçici bir mola, üst bereket verilir çünkü yukarıdan uyanış geldiği zaman kişi artık savaş olmayacağını düşünüp, kutsallığın güzelliğini ve dünyasal meselelerin bayağılığını hissetmeye başlar, ta ki yalnızca Yaradan için çalışana kadar.

Fakat kişi çalışmasını henüz bitirmediğinden, ona verilmiş olan uyanış ondan alınır ve güzellik ve ihtişamı sadece maddesel meselelerde hissettiği bir önceki aşamasına düşer. Bu sırada Tora ve Mitzvot'a uyanıştaki gibi arzu ve coşku için değil, zorunluluk nedeniyle bağlanır.

Uyanış Hanuka mumudur. Dolayısıyla eğer akıllıysa gerçek bütünlükle ödüllendirilmek için yukarıdan yardım alana kadar çabalamalıdır.

Yaradan'ın gözlerimizi açmasını ve kalplerimizi hoşnut etmesini umalım.

Size ve ailenize iyilikler dileyen dostunuz,

Baruh Şalom HaLevi Aşlag

Baal HaSulam'ın oğlu

Mektup No. 27

18 Aralık 1956, Manchester

Dostlarıma, ömürleri uzun olsun,

Sizden …'dan kısa bir mektup haricinde mektup almayalı uzun zaman oldu.

Her gün çalışmamızı yenilemeli, geçmişi unutmalıyız. Bu demektir ki, eğer daha önce başaramadıysak, yeniden başlamalıyız. Bu bir tüccarın durumuna benzer: Eğer başarılı olmayan bir işi varsa, işini kapatır ve önceki başarısızlığına rağmen umutla başarılı olacağı yeni bir işe başlar.

Biz de öyle. Geçmişte başaramamış olsak bile, gelecekte kesinlikle başaracağımızdan emin olmalıyız. Tembel tembel oturamayız, çünkü iş yapmadan başarılı olmak mümkün değildir. Daha ziyade, hakikat yasası, O'nun yasasının ışığıyla ödüllendirileceğimizden emin olmalıyız, gerçek bizi koruyacaktır ve bizler O'nun ışığını kendimize çekip, O'nun adına sonsuza kadar tutunmayla ödüllendirileceğiz.

Atalarımız şöyle der, "Rabbi Yohanan der ki, 'Yakup ölmedi. O sorar, 'Mumyacıların mumyalaması ve cenazecilerin gömülmesi boşuna mıdır?'' Daha ziyade Yaradan şöyle der, 'Korkma ey Yakup, Ben'im hizmetkârım' ve 'Korkma ey İsrail, seni ve oğullarını uzaktaki esaret topraklarından kurtaracağım,' Soyunun canlı olması gibi o da canlıdır." RASHİ bunu şöyle yorumlar; yaşayanlar arasında esaretten bahsedebilirsin, ama ölülerle ilgili esaretten bahsedemezsin.

Yorumculara sorulur:

1. Maharşa şöyle yorumlar; beden ölür, ruh kalır, öyleyse neden özellikle Yakup ölmedi? İbrahim ve İzak İsrail topraklarında öldü fakat Yakup uzakta öldü, bu nedenle Yakup'un da ölmediğini söylemek zorundayız.

Şimdi bunu kendi yolumuza göre yorumlayacağım ve bu "Böylece ağabeyleri Yusuf'a dedi ki, 'Baban ölmeden önce, 'Sana yalvarıyorum ağabeylerinin günahını affet,' mesajını sana iletmemizi istedi,'" ayetiyle ilgili olacak.

Bu kafa karıştırıcıdır:

2. Yakup'un ölmeden önce böyle bir emir verdiğini nerede bulacağız? Ayrıca burada Midraş'ın "Ve oğlu Yusuf'u çağırdı ve gömülmesi emrini ona verdi," ayetiyle ilgili bir soru söz konusu.

3. Neden büyük olan oğlu Ruben veya kral olan Juda'ya emretmedi?

Yorumculara sorulur:

4. Yakup'un Yusuf'a "benimle merhametle ilgilen," demesiyle ilgili olarak, merhamet ölü olanla yerine getirilir—merhamet için ne ödül ne de karşılık verilir. Fakat sonrasında Yusuf'a şöyle der, "Fakat ben sana ağabeylerine verdiğimden daha fazla pay verdim." RASHI şöyle yorumlar; Yusuf babasını gömmek için kendini zora soktuğundan, bu gerçek merhamet olmaz.

Başka bir kafa karışıklığı:

5. Yusuf ona der ki, "Ben senin dediğin gibi yapacağım." Burada "Ben" gereksizdir, (Bu ayette "Ben" kelimesi iki defa kullanılmıştır). Oysa şöyle demeliydi, "Ben senin dediğin gibi yapacağım," ("Ben" kelimesi tek olarak kullanılmalıydı).

Yukarıda söyleneni, Yakup niteliğini, hakikat niteliğini anlamak zorundayız. Şöyle yazılıdır, "Bırakalım hakikat Yakup'a verilsin." Baal HaSulam hakikat konusunu şöyle yorumlar; İki meleğin kavgası Yaratılışı karaladı ve ikisi savundu.

Hakikat melekleri dedi ki dünya yalandır, yani dünyaya "alma arzusu" denir, hakikat ise O'na memnuniyet vermektir. Peki, bunu nasıl başaracaklar? Merhamet melekleri der ki, "O merhametlidir" ve bu merhamet vasıtasıyla onlar Dvekut'u elde edecek. Tüm meseleye "Ve yeryüzünü yere savur," olarak bak, yani LoLişma'dan Lişma'ya gelececk ve gerçeğin niteliğini elde edeceğiz.

Hakikat niteliği Yakup'un ölümünden önce verildi, yani o Yusuf'un merhamet içinde olmasını istedi, yani bununla Yusuf hakikat niteliği, ihsan ile ödüllendirilecekti. Tüm oğulları için bu böyledir, fakat özellikle Yusuf'a emir verdi, yani ölümünden sonra Yusuf ağabeyleri tarafından satılamayacaktı.

Yusuf ağabeylerinin onu satarak lekelendiğini görmesine rağmen, yine de sadece hakikat niteliğine, ihsana ve Yaradan'a bağlanmak zorundaydı.

Yusuf şöyle dedi, "Ben senin dediğin gibi yapacağım," yani ben kendim de senin dediğin gibi olacağım—sadece ihsan yolunda yürüyeceğim. Böylece neden özellikle Yusuf'un bunu söylediğini ve neden özellikle "Ben" kelimesini kullandığını anlayabiliriz.

Bu aynı zamanda sorduğumuz ikinci soruyu da açıklar, "Ölümünden önce Yakup'un satılmaması için Yusuf'a ihsan, hakikat yolunu izlemesi emrini nerede bulacağız?"

Ayrıca Yusuf "Ben senin dediğini yapacağım," yani ihsan edeceğim dediğinde, Yakup'un Yusuf'a "sana ağabeylerinden daha fazla pay vereceğim," demesi nedeniyle ödülü şimdi alması hakikati bozmaz, çünkü kendisi için almaya ihtiyaç duymadığından ihsan etmek için almaktadır ve tüm eylemleri Tora ve Mitzvot'a göredir.

Bu dördüncü soruyu cevaplandırır: Hakikatin kabulünden sonra onu ödüllendirebilirdi, fakat bu ihsan olarak kabul edilecekti. Bu sebeple Rabbi Yohanan, Yakup ölmedi dedi. Bu demektir ki, Yakup niteliği ölmedi, çünkü o bu niteliğini oğullarına vasiyet etti. Bu sebeple Rabbi Yohanan özellikle Yakup dedi, çünkü hakikat en önemli şeydir; eğer hakikat içindeyse kişi Hasadim ve Gevura olan İbrahim ve İzak'la ödüllendirilir.

Öyle anlaşılıyor ki, Yakup ölmedi, fakat onun yasası, gerçeğin yasası bizim için parlayacak ve bizler onun ayak izlerini takip etmek ve daha fazla çaba gösterip güçlenmekle ödüllendirileceğiz. Bize umutsuzluk kıvılcımları getiren mal sahiplerinin fikirlerini önemsememeliyiz, atalarımızı dinlemeliyiz, "Davut'un oğlu istemeyerek gelir." Bu demektir ki, "Davut'un oğlu" denilen kurtuluş, özellikle mal sahiplerinin aklından uzaklaştığımızda gelir.

Bu RASHI'nin "yaşam esarettir, yani sadece kişi "canlı" olarak kabul edildiğinde esaret içinde ve bu hapishaneden çıkmak zorunda olduğunu hisseder," demesinin anlamıdır.

Yakup niteliği esaretten bize parlayacak, şöyle yazdığı gibi "Ve senin soyun esaret topraklarından çıkacak," yani tüm çalışma arzuların esiridir. Bu aynı zamanda "Korkma hizmetkârım Yakup… Çünkü seni uzaklardan kurtaracağım," sözünün anlamıdır. Onlar Yaradan'dan mutlak uzak olsalar da, Yaradan bizi kurtaracağına söz verir, atalarımızın dediği gibi, "Eğer Yaradan ona yardım etmezse, kişi bunun üstesinden gelemez."

Dolayısıyla, rehberimizin ne kadar muktedir olduğunu bilmeliyiz, şöyle yazdığı gibi, "Tanrı savaş adamıdır." Ve kişi kurtuluş için O'nun çok ya da az yardım edecek olmasına aldırış etmez. Daha ziyade "Seni uzaktan kurtaracağım." Mutlak uzaklıkta olsak bile, O bizi kurtaracak.

Bugünden sonra, yani her an ebedi bütünlük ile ödüllendirileceğimizi umalım ve gerçeğe tutunalım.

Dostunuz, Baruh Şalom HaLevi Aşlag

Baal HaSulam'ın oğlu

Mektup No. 28

2 Ocak 1957, Manchester

Dostuma,

Aralık ayında gönderdiğin mektubunu okudum, kısa ve öz cevaplayacağım.

Daha önce yazdığım gibi hafifletilmiş yargılar vardır. Yaradan'ın sarayına girmeye hazırlanırken anlamamız gereken şudur ki, kişi bazen bayağılık aşamasında olduğunu hisseder, yani Tora ve çalışmayı yerine getirmez ve dünyasal düşüncelere dalar. Bu sırada kişi çaresiz kalır ve şöyle der; "'Ben Efendi'me hizmet ederim' bir başkası için söylenmiş olmalı.

"Oysa yüksek bir akıl ve düzgün niteliklerle doğan ve Tora çalışmasına daima arzu ve özlem duyan insanların dünyaya geldikleri andan itibaren akılları ve kalpleri sadece Tora ve çalışmayla doludur. Oysa ben farklıyım, 'Bu senin için boşuna olmadığı ve senin tüm hayatın olduğu için,' ayeti benim için söylenmedi."

Bazen bayağılığın uyanışı sırasında bir hafifletilme olur ve kişi görür ki, "Geçici konulara ve boş şeylere nasıl daldım bilmiyorum. Olması gerektiği gibi bir kul olmaya özen göstermiyorum. Ayette ki gibi, 'O, beni arzuladığı için içimde kutsallaşacak,' Ben de bu ayeti söylemeliyim çünkü tüm İsrail sonraki dünyada yer alacak, tıpkı 'O, durdu ve erdemli için bunu gizledi,' sözündeki gibi.

"Fakat şimdi her şeyden uzak olduğumdan, çaresizliğe düşmemeli ve sadece Yaradan'a güvenmeliyim, öyle ki, 'Sen her ağzın duasını duyarsın.' 'Her,' demek, ağzım olması gerektiği gibi olmasa da, merhametin on üç niteliği bende bir araya gelir demektir.

"Bugünden sonra, ilerliyor olmayı umuyorum, bunu pek çok defa söyledim ama sonunda kaldım." Bu sırada cevap verir, "dünya," "yıl," "ruh," vardır ve bu üçü aynı zamanda, yerde bayağılığımda ve ruhta bir araya gelmelidir.

Böylece kişi, "Şimdi benim için tüm bu kötü aşamalardan çıkma zamanı ve 'arınmaya gelen yardım alır,'" der ve yenilenmiş bir canlılık ve güçle çalışmaya başlar.

Bu pazarlık sırasında bayağılığından dolayı ızdırap çekmez, çünkü gördüğü şey tüm hayatı boyunca zaten bayağılık içinde olduğudur. Tersine bu sırada hoşnutluk ve sevinç hisseder çünkü şimdi daha sonra ödüllendirileceği yücelik onun için parlamaya başlamıştır. Bu saran ışığın uzaktan kişiye parlaması olarak kabul edilir.

Bu demektir ki, kralın sarayından çok uzakta olmasına, yani Kelim'ini (kaplar) arındırmakla henüz ödüllendirilmemiş olmasına rağmen, sonunda onun içinde kıyafetlenmesi gereken ışıkla aydınlanmaya sahip olur. Bunu takiben bayağılık aşaması ona acı vermez tersine haz verir.

Bu "yargıların hafifletilmesi" olarak kabul edilir, yani durum o kadar da kötü değildir. Bu böyledir, çünkü o geçmişe değil, önüne, elde edeceği ışığa bakmaktadır. Öyle anlaşılıyor ki, saran ışıkla Yaradan'a tutunmuştur.

Ancak, yukarıdaki her iki aşama—hangi aşamayı kabul edip izleyeceğiyle ilgili olarak kendini yargılayan ve inceleyen insan için— zordur. Genellikle kişi çalışmada eğitimsiz olduğunda bir gölge gibidir. Bazen yukarıdan ona çaresizlik aşaması, bazen de bayağılığın eksiltilmesi gösterilir.

Fakat her durumda, kişi alması gerekeni kendisi için seçemese bile çaresizlik aşamasının hakikat olduğuna inanmalıdır. Tersine çalışma için nitelikli olmadığını fakat aşamadan aşamaya atılıp duruyor olduğunu söylemelidir.

Eğer insan "çaresizlik" denilen ilk aşamaya düşerse o zaman gerçekten ölüdür. Ve bazen kişi kendini ölüme getirir, yani tehlikeli bir yere gider. Buna "kendini tehlikeye atmak" denir. Çoğu zaman çevre "ölüm" denilen böyle bir aşamaya sebep olur. Ve sonra ölü bir insan Mitzvot'tan ayrı kaldığından "ölüler özgürdür" aşamasına gelir. Bu demektir ki, hocalarından aldığı tüm Mitzvot ona anlamsız gelir ve bu nedenle onların peşinden koşmak istemez.

Buna verilecek tavsiye yalnızca canlı insanların çevresine geri dönmek olacaktır, yani hocalarından öğrendikleri Mitzvot'u halen daha sürdürenlerin arasına. Bu aşamada bile grubunda bu tip insanlar olduğuna inanmak istemez, daha ziyade ona öyle gelir ki, dünya karardı ve nereye baksa yalnızca etrafını saran kemik yığınını görecek, aslında çaba göstereceği tek şey vardır— eğer grubu her şeye karşın hocalarının emirlerini devam ettiriyorsa.

Bazen kişinin bunu bile görmesine yukarıdan izin verilmez. Bu zamanda doğru yolda yürüyor olmakla kendini kandıran kurnaz birini görür.

Grupla ise böyle değildir. Ya gerçek durumlarını görmezler ya da bayağılıklarını görme fırsatları yoktur, bu nedenle de huzur dolu bir yaşamları vardır. Oysa o acı yolundadır.

Böyle bir zamanda kişi bazen dünyasal yaşamdan haz almaya özlem duyar, fakat o bile onu tatmin etmez. Ve diğerlerinin hayattan zevk aldığını gördüğünde, neden kendisinin onlar gibi mutlu olmadığını sorar. Etrafta dolaşır, işine giden, alışveriş yapanları görür, hiçbiri ona ızdırap içindeymiş gibi görünmez. Tersine hepsi mutlu ve neşelidir. Öyleyse ben neden bunda kazanç ve tatmin olma nedeni bulamıyorum, der.

Diğer bir deyişle, kendisinden daha az şeye sahip insanlar bile yaşamdan zevk almadıklarını söyleyecek kadar sıkıntı çekmiyordur. Fakat onun için hayat tatsızdır, yani tüm dünyasal hazlar onu mutlu etmez.

"Eğer dünyasal hazlar arzuladığım kadar beni mutlu etmiyorsa onlardan vazgeçerim demiyorum çünkü bir paralık değeri olmayan bir şeyi bile insan fırlatıp atamıyor. Fakat endişem şu ki, onlar kadar haz hissetmiyor, onlar kadar tatmin olamıyorum."

Eğer dünyasal hazların yüzde kırk mutluluk taşıdığını söylersek, bu yüzde kırklık pay, bunu kabul edenler için tatmin edici olabilir. Fakat yüzde altmışlık bir mutluluğa sahip olduklarını söyleyebilen manevi tadı tatmış olan insanların sadece yüzde kırklık bir gıdayla yaşaması onu şaşırtır. Onlar mutlu ve neşelidir, fakat onun yüzde altmışlık hazza ihtiyacı olduğundan, ızdırap içinde yaşar. Ancak, yüzde bir bile olsa bu hazzı bir kenara atamaz.

Bu sebeple "Açgözlü olan öfkelidir." Bu demektir ki, başkaları kadar haz alıyor olsa da öfkelidir. Bu demektir ki, manevi tatta alışmış olduğu yüzde altmışlık hazzı bulmak istiyor. Fakat kutsal Zohar'da yazdığı gibi, başlangıçta dünyasallıkta en küçük ışıktan sınırlı haz alabilirsin. Dolayısıyla kişi öldüğü zaman, yani manevi yaşamın tadını kaybettiğinde, maneviyatta dünyasal hazlardan daha yüksek bir yüzdenin tadına alıştığını hatırlayarak üzülür ve mutsuz olur.

Bu, "Delice bir arzu, ölüye, canlı olana iğnenin acı vermesi kadar acı verir," sözünün anlamıdır. Bu demektir ki, ölüyken maneviyatta hissettiği hazzın tadını hatırlar, buna "delice arzu" denir, yani canlıyken tüm mutluluğu Tora ve çalışmaydı, böylece onu yapana memnuniyet ihsan etme çalışmasının tadını aldı. Ve eğer içinde günah, yani alma arzusu özlemi uyanırsa bu ona acı verir.

Bu "yaşayana iğne gibi" sözünün anlamıdır, yani yaşama tutunduğunda. Fakat şimdi ölü olarak kabul ettiği arzuyu hatırlar ve bu ona acı verir.

Ancak kural şudur ki, kalp unutur. Yani, bir zamanlar canlı olduğunu unuttuğundan şimdi ölü aşamasındadır. Canlılığı halkın yaşam akışıyla akıp gitmiştir ve artık hüzün dolu bir yaşam sürdürmektedir. Diğer bir deyişle her şeyi unuttuğu bir aşamaya gelir.

Bu sırada "ölü özgürdür" aşamasına gelir, yani hocasından aldığı tüm emirlerden ayrı kalmış ve unutkanlık, bir zamanlar çalışmaya sahip olduğunu unuttuğu bir aşamaya gelmiştir. Ona öyle gelir ki, tüm hayatı boyunca her şeyi unutup, dünyanın akışına kapıldığı bu aşamadaydı.

Dolayısıyla, kişinin tüm ruhların içinde olduğu yaşam boru hattını idrak ettiği aşamaya gelmeden önce geçirmesi gereken pek çok aşama vardır:

1. Şimdiki aşamasıyla ilgili çalışma yapmayı unutur.
2. Ölü olduğunu görür, inceler ve delice arzular aşamasını hatırlar. Bu sırada acı hisseder, şöyle yazdığı gibi, "Yaşayan canlıya bir iğne gibi" ve çaresizliğe düşer.
3. Ölü olduğunu görür ama bu sırada güven ışığı onun için parlar ve güçlenir, bundan böyle eksiltme içindeki çalışma yolundan yürümeye karar verir.
4. Çalışma sırasında, "Elinden ne geliyorsa, yap," sözündeki gibi aklın ve kalbin hükmü altında çalışırken, manevi konuların içeriğini tam anlamasa da Kabala çalışmasının lezzetini hisseder. İçindeki ışık vasıtasıyla çalışma onun için parlar. Ayrıca mantık ötesi çalışmanın tadını ve alma arzusunun sebep olduğu uzaklığı hisseder ve Yaradan ona acıyıp, onu karşılayana kadar ihsan çalışmasına bağlanmaya özlem duyar, şöyle yazdığı gibi, "Tanrı'nın ne dediğini duyacağım, çünkü O Halkına ve O'nu izleyenlere barıştan bahsedip, aptallığa geri dönmelerine engel olacak."

Aslında şu zor soruyla karşı karşıyayız: ARI ve Baal HaSulam'ın ağzından Tanrı sözlerini duyma ve O'ndan hiçbir şeyin gizlenmediğini görüp, kalplerimiz ve ruhlarımızla, bu dünyanın zevklerinin ötesindeki manevi havayı hissederek, O'na teslim olmakla ödüllendirildikten sonra, nasıl olur da şimdikinden daha yüksek derecede, olması gereken yerde değil de, şimdiki aşamada kaldık?

Bu konu Tora'da açıklanmıştır. İsrail'in Firavun'un topraklarından çıkışının anlamını size açıklamıştım, Yaradan İsrail'i Mısır'dan çıkarmak isteğinde, neden Firavun'un onayını almak zorundaydı? Firavun'un beden olduğunu ve bedenin "Efendi'ni tüm kalbinle sev," idrakine ihtiyaç duyduğunu ve sevginin zorlanamayacağını açıklamıştım.

Bu sebeple, şunu sormalıyız, "Bilinir ki, çalışma mantık ötesi olmalıdır, öyleyse neden Yaradan Firavun'a işaretler gösterdi?" Diğer bir soru: "Ben, Ben'im işaretlerimi içine yerleştirebilmek için onun kalbini sertleştirdim." Yaradan'ın ona seçim bırakmaması anlamlıdır. Bu demektir ki, insanın kalbindeki eğilimin gençliğinden beri kötü olması unsuruna rağmen, O, iyiyi seçip kötüyü reddetmekten başka çaresi kalmasın diye insana sürekli olarak kalbin sertleşmesini vermiştir.

Aslında, bunu Baal HaSulam'ın bize öğrettiği şekilde anlamalıyız: Çalışmamızın temeli ihsan etmek arzusu olmalı. Ancak bir işaret olduğunda, Lişma'da çalışmak zordur ve ana unsur "Ben'im işaretlerimi onun içine yerleştirdim," olmalıdır. Bu demektir ki, özellikle mantık ötesi Lişma'da çalışmak zordur.

Fakat esas konu şudur ki, "Kim" sorusu olduğu yerde "bunlar" ile bağ kurma yeri açılır ve "Bunlar," "kim" olmadan olamayacağından, ikisi vasıtasıyla Tanrı orada görünür.

Ve en önemlisi Tora'nın harflerinin görünmesine ihtiyacımız vardır, çünkü "eğitimsiz, dini bütün değildir," yani ihtiyacımız olan özellikle Tora öğrenmiş olandır. Aksi takdirde bu "kızını eğitimsiz birine veren, onu aslanın ağzına atmış biridir," olur. Diğer şekilde eğer kişi Tora'da cahilse bu kesinlikle ölümdür. Beraberce Elokim (Tanrı) adını oluşturan "kim" ve "bunlar" kelimelerini içeren Tora'ya orta çizgi denir.

Buna göre eğer kişi hakikat yolu çalışmasına girmeye başlar ve çalışmanın tadını alırsa, alma arzusunun başarısızlığa uğraması mümkündür. Bu demektir ki, kişinin Tora ve çalışmaya bağlanma temeli vardır, çünkü bu ona, dünyanın tüm zevklerinden daha fazla lezzetli gelir.

Bu aşamada mantık ötesi inanca artık ihtiyacı kalmaz, çünkü hissettiği haz onun için Yaradan'ın hizmetkârı olmaya değer olduğunun açık bir işaretidir. Fakat eğer çalışmada tat ona verilmezse, mantık ötesi çalışmaya başlamak zor olduğu için çalışmaya devam edemeyebilir. Bu nedenle kişi LoLİşma'da başlar ve sonra Lişma'ya ulaşır.

Düzen, çocuklara yürümeyi öğretmemiz gibidir: Ellerini tutar ve onları yönlendiririz. Yürümeye başladığında onları yalnız bırakırız. Düştükleri anda tekrar yardım ederiz ve gene düşerler. Yardımsız yürüyene kadar düzen bu şekildedir. Bu Lişma çalışması olarak kabul edilir.

Kişi sonrasında pek çok şeyle ödüllendirildiği ve Tora'ya bağlandığı için pek çok şey elde ettiğinden, kendini ihsan etme düzeninde nasıl yöneteceğini bilir. Bu ona Yaradan'ın hizmetkârları üzerine yağan bereketin, Tora'nın sırlarının gösterildiği zamanın başlangıcıdır.

Yukarıda tüm söylenenlerden Yaradan'ın Musa'ya vaat ettiği kalbin sertleştirilmesi konusunu anlayabiliriz. Bu demektir ki, tüm mucizelerden sonra, yani hem Tora'daki yenilikler, hem hissedilen sevinç açısından pek çok çeşit Gadlut (büyüklük/yetişkinlik) aldığımızda bu bize eylemde büyük ilham verse de, O'ndan başkası olmadığı kararını verdiğimiz noktada kendimizi sadece Yaradan'a hizmete adamalıyız.

Dolayısıyla, kişi hocalarının önünde iptal olduğu ve seçmesi gereken şeyi seçmek için yer kalmadığı için bunun çalışmasını iptal edeceğini düşünmemeliyiz.

Bu bağlamda Yaradan vaat eder, "Böyle bir şeyin realitede olduğunu anlayamayacağın bir şey yaparım. Yani kalbini sertleştiririm." Yaradan kalp sertliği verir çünkü tüm açık işaretlerden sonra kişi her şeyi unutur ve yeni baştan başlamak zorunda kalır. "Ve eğer şunu sorarsan, 'İnsan akabinde tüm işaretleri unutuyorsa neden bu işaretlere ihtiyaç var?' İnsanın Yaradan'ın hizmetkârı olmaya değer olduğu işaretini aldığı zamana 'destek' denir." Ve bu kişiye değil, sadece destek verene atfedilir. Bunun yanında kişi, kendini çocuğun yürümesi alegorisindeki gibi yürümeye alıştırır.

Dolayısıyla, Baal HaSulam'dan duyduğumuz üzere Tanrı'nın sözlerini Şehina'dan duymakla ödüllendirilsek bile, seçim yine de bizimdir. Bu nedenle Baal HaSulam bize pek çok ifşayı ifşa etmiş olsa da, bu yalnızca yardımsız yürüyebilmemize rehberlik yapmak içindir.

Yaşamlarımızı Yaradan'a adama coşkusu veren yenilikleri ifşa ettikçe kalbin sertliği gelir, tıpkı "Kalbini sertleştirdiğim için," sözündeki gibi, daha sonra kendi seçimimizi yapmamız için bir yer açılır ve buna "destek olmadan çaba," denir.

Onun niyeti arzulanan bütünlüğe bizi getirmektir. Bu nedenle her birimiz onun öğrencisi olmaya layık olmadığımız bir aşamada kalır ve kendimizi güçlendirme ihtiyacında oluruz, tıpkı Yakup Peygamberin ölmediğini, yani onun hakikat niteliğinin sonsuza kadar yaşadığını yazdığım mektubumdaki gibi. "Korkma Benim hizmetkârım Yakup," der Yaradan, "Sen de Korkma İsrail, çünkü seni ve senin tohumunu, bu esaret topraklarından kurtaracağım."

Bu demektir ki, tam bir uzaklıkta olsak da, Yaradan'ın kurtuluşu bir göz kırpması kadar yakındır, bizler hakikaten yaklaşmasıyla, yani bizi yapanın üzerine memnuniyet ihsan etmekle ödüllendirilmiş olacağız. Âmin, dileyelim öyle olsun.

Dostunuz,

Baruh Şalom HaLevi Aşlag

Baal HaSulam'ın oğlu

Mektup No. 29

17 Ocak 1957, Manchester,

Dostlarıma, ömürleri uzun olsun,

Bir süre önce size mektup gönderdim fakat henüz cevap alamadığımdan, ulaşıp ulaşmadığını bilmiyorum. Bana yazmada gevşeklik yapıyorsunuz. Bu "zamanın sebep olduğu eylem," olmalı, bununla ilgili başka sözüm yok.

Şevat'ın (Yahudi takviminin 5.ayı) 15'indeki Roş Haşanah (yılın başlangıcı) ile ilgili şöyle yazar, "Şevat'ta olmasının sebebi nedir? Rabbi Hoşia der ki, 'bu yılın en çok yağmur alan dönemi olduğu için.'" Tosfot'ta yazılıdır ki, o zamana kadar yağmurlu günlerin çoğunluğu geçmiş, durma zamanı gelmiş, ağaçlar reçine bereketi ile dolmuş ve meyveler olgunlaşmış olduğundan.

Roş Haşanah'ın Masehet'inde şöyle denir, "Bir Nisan günü dışarı çıkıp, çiçek açan ağaçları gören kişi der ki, 'Ne mutlu dünyasını hiçbir şeyden mahrum etmeyene ve onu iyi varlıklara ve insanlara haz veren ağaçlarla yaratana.'"

Anlamalıyız:

1. "O dünyasını mahrum etmez," ne demek? Hiçbir şeyin eksik olmadığının kanıtı çiçek açan ağaçlar mıdır?
2. "İyi varlıklar yaratan," yaratılışın iyi olduğunun kanıtı nedir?
3. İnsan ve ağaç arasındaki bağ nedir?
4. Bilinir ki yağmurlar bittiğinde, bu yılın başlangıcının işaretidir. Bu hem Beit Şamai ve Beit Hillel'e göre böyledir.

Önce çalışmada Roş Haşanah ne demek anlamalıyız. Bilinir ki, Roş Haşanah insanların iyiliğe veya tersine hüküm giydiği yargı zamanıdır. Roş (baş) dalların çıktığı kök olarak kabul edilir. Dallar daima kökün özüne göre büyür, portakal kökü elma dalları vermez.

İnsan kendinde inşa etmesi gereken kök ve Roş'a göre yaşamını devam ettirir. Kök, tüm yapının üzerine inşa edildiği temeldir.

Kişinin yılın başlangıcında yargılanması demek, insanın kendisinin yargıç, hakem, davacı ve tanık olması demektir. Atalarımızın dediği gibi, "Aşağıda yargı vardır; yukarıda yargı yoktur."

"Yağmurlar" demek ağaçların meyve vermesine sebep olan canlılık ve mutluluk demektir. İnsanın kış ayları boyunca, uzun Tevet (Aralık-Ocak aylarına denk gelen dönem) gecelerindeki esas çalışması budur. Tishrey'den (yılın başlangıcı) Şevat'a yağmurlu günlerin çoğunluğu geçmiş olur, yani kişi zaten Tora ve çalışmadan canlılık ve haz almıştır. Bu sırada kişi, yıl boyunca Tora ve çalışmayla devam edip etmeyeceğinin ya da tersinin kararını verir.

"Eğer kişi faziletine tanıklık etmesi için binlercesi içinden bir tane onun tarafını tutan meleğe sahipse," yani insanın bir fazileti varsa, o zaman kişi bu faziletini, yani doğru yolda yürüdüğünü ilan eder. Bu sırada "binlercesinin içinden," olur, tıpkı "Sana ilmi Ben öğreteceğim," sözündeki gibi. Düşünüp taşındıktan sonra yargıda beraat eder, yani bundan sonra sadece "ihsan etmek" denilen arı şeylere bağlanacağını taahhüt eder.

Fakat eğer fazileti, yani ihsan etme arzusu çoğunluksa bu doğrudur. Bu sırada bunu devam ettirmeye değer olduğuna karar verir ve bu masumiyet olarak kabul edilir.

Fakat manevi konulardan canlılık almayıp, canlılığını dünyasal konulardan edindiğinde, eğer "onu savunan melek" denilen fazileti varsa, o zaman da masum olarak addedilir. Bu demektir ki, geri kalan günler boyunca sadece ihsan konularına bağlanmaya karar verir.

Eğer tüm çalışma ve çabadan sonra sadece kendisi için alma arzusundan—tüm kötülüklerin ve günahın kökü— canlılık almaya devam ediyorsa, o zaman suçlu olarak ilan edilir.

Bu demektir ki, bundan böyle üzerine dünyanın geri kalanının yaptığını alır, yani sadece kendisi için alma ile ilgilenir. Kendisi için alma konusu kişiyi ebedi mükemmelliği elde etmekten ve yüce hazlarla ödüllendirilmekten uzaklaştırdığından, bu insanın suçudur. Kişi geri kalan günlerinde yalnızca ruhu mahkûm eden konulara devam edeceğine karar verdiğinde, bu "kendini mahkûm etmek" olarak kabul edilir.

Bu nedenle Tosfot'ta şöyle yazılıdır, "yağmurlu günler geçti" ve "ağaçlar reçine bereketi ile doldu ve meyveler olgunlaştı." Bu demektir ki, uzun kış gecelerini Tora ve çalışmayla geçirdiyse ve şimdi "Onun alevleri, Efendi'sinin ateşinin alevleri gibidir," sözündeki gibi kalbinde ateşin yandığını biliyor ve hissediyorsa, yoluna devam eder. Bu "ve meyveler olgunlaştı," sözünün anlamıdır yani bundan böyle o meyvelerle ödüllendirilecek.

Bu sebeple Şevat'ın 15. gününe "yılın başlangıcı" denir, bu kişinin çalışmaya devam edip etmeyeceğinin ya da tersinin hesabını yaptığı zamandır, çünkü şimdi hangi anlayıştan—kendisi için alma ya da onu yapana memnuniyet verme anlayışı—yaşam alacağını bilir. Yaradan Yarattıklarına iyilik yapmayı istediği ve yaratılış zamanında haz almamız için arzuyu verdiğinden, tüm çalışmasının sadece ihsan elde etmek için olması gerektiğini bilir.

Yaratılış alma arzusunu devam ettirir, yani eğer maneviyatın bereketini ve ebediyetini alma arzusunda elde edersek, köküne benzemek isteyen dal açısından haz tamamlanmamış olacaktır. Bu nedenle utanç ekmeği vardır. Bu, Yaratılışı eksik bırakır.

Bu sebeple, Yaradan bizim için Tzimtzum (kısıtlama) denilen ıslahı hazırlamıştır. Bu demektir ki, alma arzusunun olduğu yerde kişi gizlilik hisseder, Sulam'ın giriş bölümünde yazdığına göre bedenle kıyafetlenmiş yaşam, varlıktan varlığa geçmesine rağmen, Tzimtzum'dan dolayı asıl kökü görünür değildir.

Tora ve çalışmayı üzerimize almakla "ihsan etmek için almak" denilen ıslah ve O'nla Dvekut ile ödüllendirilmiş olacağız. Böylece her şey tamamlanmış olacak. Bu ihsan etme ıslahına atfedilen "O'nun Dünyasındaki hiçbir şeyden mahrum kalmayan," sözünün anlamıdır.

Şimdi ağaçlar ve insanlar arasındaki bağı açıklayabiliriz. Yazılıdır ki, "İnsan, toprağın ağacı olduğu için." Bu demektir ki, ağaçların meyve vermeye uygun hale getirilmesi insan için de geçerlidir. İnsan meyve vermeye hazır hale gelene kadar ağaçlar için gerekli tüm çalışmayı yerine getirmelidir.

Meyve insanın nihai amacıdır, bir keresinde Şevat'ın 15. günündeki yemekte Baal HaSulam neden meyve yeme konusu olduğunu açıkladı. Bunun sebebinin Keduşa (kutsallık) ve Sitra Ahra (diğer taraf) arasındaki farklılıktan kaynaklandığını söyledi, Zohar'da yazdığı gibi, "Diğer tanrı bereketsizdir ve meyve vermez." Bu demektir ki, bu tanrıların kaynakları tükenir ve tamamıyla kopana kadar kurur. Fakat Keduşa'da ilerleyenler çalışmalarında kutsanma ile ödüllendirilir ve "Mevsiminde meyve veren ve yaprakları kurumayan," olurlar.

Bu sebeple İsrail halkı esas meselenin meyve vermek olduğunu göstermek ister. Kutsallığın meyveleri O'nun Tanrısallığının ifşasıyla ödüllendirildiklerinde açığa çıkar.

O zaman kişi "O beni arzuladığından, benim içimde kutsallaşacak ve O bana ceylanın tacı olacak," diyene kadar dereceden dereceye ilerleyerek, hiç bitmeyen bir kaynak olur.

Ağaçlara atfedilen çalışma insana da verilmiştir. Şeviit'te Baal HaSulam ağaçların bakımı için gerekenleri yazar ve biz bundan insan çalışmasını öğreniriz.

Gübreleme— ağaçlara gübre vermek. Benzer şekilde insan kendine, bayağı nitelikleri için gübre eklemek zorundadır. Ancak kişi gübreyi ağaçlarda olduğu gibi dışarıdan değil, gizlilikten ifşaya, yani duyularına getirmelidir, böylece bu niteliklerinin bayağılığının derecesini hissedebilir. Aksi takdirde eylemlerini ıslah edemez.

Çapalama— ağaçların dibini kazmak. Benzer şekilde kişi amacını, yani bu dünyaya gelme amacını aramalı ve deşelemelidir.

Nasırları (bitkinin yaralanan kısımlarında doku oluşumu) çıkarmak— Nasır insan bedeninin dışında olan birşeydir. İnsanın yaptığı pekçok eylem vardır ve bunlar dışarıdan diğer insanlara görünür. Bu demektir ki, dua ettiğinde ya da dostuna dini sözler söylediğinde, dostu bedenin dışında olan bu çalışmayı görür. Bunlar kesilmeli ve iptal edilmelidir. Onun yerine "Tanrı'n ile ilgili alçakgönüllü ol."

Bu demektir ki, insanın Yaradan çalışması yerine getirmesinin işareti bunu insanlardan saklamasıdır. Bu amacının gerçekliğinin kanıtıdır. Eğer böyle yapmazsa, çalışmasını insanlara ifşa etmek için çabalıyor ve bedenini dışa dönük olarak arındırmaya çalışıyordur. Oysa Yaradan'ı amaçladığında, doğal olarak üstünü örtmek ister.

Ağaçtan yaprakları temizlemek kolaydır. Benzer şekilde insanın meyveye sebep olan yaprakları vardır, yani meyve yapraklardan doğar. Bu Lo Lişma'dan Lişma'ya gelmenin anlamıdır. LoLişma'ya "yapraklar" ve meyvelere Lişma denir.

Ancak bu yapraklar, Lişma'yı elde edebilmeyi kolaylaştırmak için temizlenmelidir. Aksi takdirde kişi LoLişma'yı temizleyemezse, LoLişma aşamasında kalır. Oysa Lişma ile ödüllendirildiğinde şöyle yazılıdır, "Onun yaprağı kurumayacak." Daha ziyade LoLişma'daki tüm çalışma sonunda Keduşa'ya girer.

Sulam'ın giriş bölümünde bu şöyle yorumlanır, "yapraklar" Masah'taki yargı güçleridir, yani hiçbir bereketin aydınlatmadığı alma arzusu üzerindeki Tzimtzum nedeniyle orada karanlık olacaktır. Bununla Masah doğar. Bunu takiben ayrılan ışığın yargı gücü, kişiyi ihsan etmek için alma gücü aldığı Masah yapmaya getirir.

Ayrıca hazırlık sırasında, Yaradan'ın sarayına girmekle ödüllendirilmeden önce kişi, alma arzusunun üstesinden gelme gücüne alışmaya çalışmalıdır. Yol, kişiye çok fazla haz ve mutluluk vermeyecek olan yerine getirilmesi kolay ve onlarla ilgili "Bunlar Mitzva için olmasa, yapmam," diyeceği küçük şeylerle başlamaktır.

Sonrasında onun için en önemli şeyleri yerine getirmeye kendini alıştırana kadar ilaveler yapar. Ruhuna dokunan şeylerde bile, Mitzva olmasalardı onlara bağlanmazdım der. Tüm bunlar için ondan istenen bu savaşta güçlü ve eğitimli olmasıdır, sonrasında Tanrı'nın hizmetkârları arasında olacağı Yaradan'ın sarayına girişle ödüllendirilir.

Tüm bu şeyleri yerine getirmeye onu zorlayan, kendisi için alma arzusuna batmasını engelleyen bu güç ona hükmeden ve başarısız olmaktan koruyan yargı gücüdür. Bu böyledir, çünkü kendini sevme içinde olduğunda, canlılık ve bereket derhal ondan ayrılır. Dolayısıyla, ihsan etmek için edineceği Masah'ı yerine getirmeye karar verir.

Hazırlık araçlarında da bu böyledir: yukarıda bahsedilen yargı kudreti gücünü gösterir ve bu gücün eylemleri kişi ilk ve son defa olarak Tora yasalarını asla ihlal etmeyeceğine karar verene kadar ortadadır. Fakat kişi bu nihai çözüme ulaşmadan önce, bozulamaz yasa gereği, "ileri ve geri" aşamasında olur.

Kişi manevi olarak kendini mutlu hissedip, asla düşmeyeceğini düşünse bile, kalpte ve akılda kendini-sevmede kalırsa, yargı gücü derhal üzerinde hükmeder ve manevi canlılık ondan ayrılır. Bu demektir ki, Tora ve çalışmaya sahip olduğu düşüncesini ve arzusunu inkâr etmiş ve ona hükmeden Sitra Ahra otoritesi altına girmiştir. Bunun üstesinden gelecek gücü ve taktiği yoktur ve onu bir koyun gibi izler. Sitra Ahra onu özlem duymaya ve realitedeki en düşük alma arzusundan canlılık çıkarmaya zorlar.

Bunun sebebi manevi canlılık almaya alışmış olmasıdır, bu dünyanın sıradan değerlerinde tat bulamamasıdır. Böylece manevi canlılık için biraz ödül alana kadar, en düşük dünyasal konulara belki ruhunu tatmin ederler diye özlem duyar.

Bu sırada yargı gücü onu Sitra Ahra'ya ittiğinden ve alma arzusu "alma arzusunun sadece kendine alması" denilen Sitra Ahra'yı dolduracak canlılığı alabilmek için kendini hazla doldurmak istediğinden, Tora'daki her şeyden şüphe eder. Bu sebeple bayağılık yerine düşer, belki orada aradığını bulur.

Aradığı şeyi bulup bulamayacağı şüphelidir. Ama yine de çöpün içinde tavuğun çöpü karıştırması gibi debelenir. Düşüşün başında sahip olduğu manevi aşamayı hatırlar, yani bir Reşimo (hatıra) içinde kalır. Bu sırada şimdi ölü olarak kabul edildiğini, yani ister düşüncede ister eylemde insanlardan utanmadığı bir yerde tüm bayağı şeyleri yaptığını bilir.

İnsan amacının bu olmadığının farkındadır, bu bayağılıktır. Kendini umutsuz, Sitra Ahra otoritesi altındaki Aviut'un (kalınlık/alma arzusu) iplerine bağlı bir ölü gibi hissetmesine, bilmesine ve görmesine rağmen, entelektüel olarak bu düşüş zamanının üstesinden gelmesi gerektiğini anlar.

Hatırladığı anılar ona bir daha asla göremeyeceği bir rüya gibi gelir. Bu bildiği ve hissettiği bir şeydir (şundan kesinlikle emindir ki, o zaman ki manevi aşamayı devam ettirebilmek artık imkânsız). Diğer bir deyişle önceki gibi mantık üzeri inanç ve adanmışlık gücü yoktur. Bu sebeple bu Reşimo ona acıdan başka bir şey vermez, çünkü şimdiki aşamasından kaçması kesinlikle mümkün değildir.

Çekilen acıyı unutmak insan doğası olduğundan, manevi anlarını hatırlayınca, şimdi ölü olduğunu görür ve böylece daha büyük bir düşüşe gelir. Bu demektir ki, iyi aşamasını unutmuştur, hep şimdiki, kendine-alma aşamasında olduğuna ve asla Yaradan çalışmasına özlem duymadığına inanır, yani "Ve O'na tutunan sen," sözleri onunla ilgili söylenmemiştir. Tersine tüm canlılığı sadece dünyasal meselelerden gelir.

Zaman zaman manevi aşamasını hatırladığında ise bunun gerçek değil sahte olduğuna kendini inandırır. Ve en önemlisi bu aşamadan çıkma gereği duymaz.

Sonunda şöyle düşünür, "Ruhun ıslahı da nedir?" Şimdiki değil, sonraki yaşamda ıslah olacağını söyleyerek kendini kandırır. Sonra daha büyük bir düşüşe gelir, yani ona olan her şeyi bir an bile olsun hatırlamaz. Tersine hiç hesap yapmadan dünyanın akışına kapılır ve herkes gibi vakit geçirir.

Bu insanın kendine-alması olan "düşmek ve karalamak" sözünün anlamıdır. Ve "düşmek ve karalamak," Tora yasalarını çiğnedi ve ruhunu çıkarıp hiç canlılığı olmadan kaldı demektir.

Bu cennetten ona acındığı zamana ve bir şekilde kitapların çevresine düşene kadar sürer ve birdenbire yeniden "sevdiğimin sesi kapıyı çalıyor," sözünü hissetmeye başlar.

Bazen bunun terside olabilir, bayağı bir çevreye gelir ve bayağılığını idrak edip, "Geri dönün oğullarım," müjdesini hissetmeye başlar. Sonra hemen güç kazanır ve bir kez daha mutlu olur ve tüm bayağılıktan çıkar.

Bu sırada adanmışlık gücüyle bayağılığın üstesinden gelme gücü olduğunu hisseder ve bir kez daha iyiyi seçip kötüyü lanetler. Ancak bundan sonra o seçimin, iyi düşüncenin ve yüksek koşulların yargıcı olur ve ilerleme gücü bulur.

Fakat ölüm hali sırasında, başsağlığı dilekleri kabul edilmez, şöyle yazdığı gibi, "Ölüler özgürdür," çünkü insan öldüğünde Mitzvot'tan muaf olur ve hiçbir tavsiye ona yardım etmez.

Eğer bir kez daha kendini-sevmeye düşerse, yargı niteliği ona bir kez daha vurur ve Sitra Ahra otoritesi altına bir daha düşmemesi için her türlü uyarıcıyla kendini koruyana ve sakınana ve canlı olduğu zamanki gibi "onu kalbine koyacağım" olana kadar bir mancınığın içine yerleştirilir.

"Ve o Kenite'yi gördü, söylemine başladı ve şöyle dedi, 'Senin koltuğun sağlam,'" sözündeki gibi, tutumunun değişmeyeceğini kalbine kazıyana kadar, yargı gücünden gelen korku içinde devam eder. RASHI bunu şöyle yorumlar, "Onunla işbirliği içinde olduğundan, bunu nasıl kabullendin merak ediyorum, 'Haydi onlarla bilgece ilgilenelim' ve şimdi sen, güçlü ve sağlam İsrail'e yerleştin."

Diğer bir deyişle, yargı cezasının korkusu nedeniyle Tora yasalarını yerine getirdiğinde Sitra Ahra ona şöyle der, "Senin neyin var? Sen daima kendine-almada benimle beraber yürüdün ve şimdi yerini sağlamlaştırıp manevi alanından bir santim bile kıpırdamıyorsun."

Bu "O, onu sorar ve o cevap verir," deki gibi eksiltmenin, yani düşüşler ve yükselişlerin anlamıdır. Sorular ve cevaplar vasıtasıyla Yaradan çalışmasının gerçek formuna karar verir.

Tozunu alma — tozla kaplı köklerin temizlenmesi.

"Kök" eylemin kökü olan "düşünce" olarak kabul edilir. Eğer düşünceler açığa çıkarsa, kişi hocalarının hem tavır hem yol olarak doğru olup olmadığını anlamak için her yere bakmalı, incelemeli ve sonra "Ve insan onunla yanar," sözündeki gibi bu düşüncelerle mücadele edip, onları mantık ötesi kabul etmelidir.

Bu "Onların ayaklarının tozunu almak," sözünün anlamıdır. Bu demektir ki, "Yukarı çıkmayacağız," diyen casusları olsa ve hocasının sözleri ona toz gibi gelse bile, kişi yine de hocalarının sözünü mantık ötesi kabul etmelidir.

Burada bir örnek vereceğim: Baal HaSulam onun yolundan yürüyüp, onun rehberliğini izlediğimizde, O'nun ebediyetiyle ödüllendirileceğimiz, O'na tutunacağımız ve Kralın sarayına gireceğimiz sözünü verdi. Kralın hizmetkârı olmaya layık, arı nitelikliremiz olmadığını hissetmemize rağmen, yine de miras aldığımız bayağı niteliklerimizi Yaradan içimize yerleştirdiğinden ve bizi bu bayağılıkla yarattığından, "Efendi'miz kırık-kalplerle beraberdir," deriz.

Baal HaSulam der ki, Yaradan hakikati sevdiğinden, "Yaradan yüksektedir ve aşağıda olanlar O'nu görür." Bu sebeple Yaradan aşağıda olanı yakınlaştırır. Bazen çaresizlik aşamasına gelip, düşünceye dalarak şimdiki koşulumuzdan yükseleceğimizi hissederiz. Bununla ilgili şöyle denir, "tozunu almalıyız," yani bu düşüncelerle mücadele etmeliyiz.

Ağacı tütsülemek— içindeki kurtları öldürmek için. Manna (ağaçlardan sızan koyu tatlımsı madde) ile ilgili şöyle yazar, "Sabaha kadar onu bıraktılar ve o kurtlandı ve pislendi." Baal HaSulam Manna'yı inanç olarak yorumlar. Bilinir ki, her gün inancımızı yenilemek zorundayız.

Bu "her gün biraraya getir" sözünün anlamıdır, yani onun için hala gündüz olsa da, çalışma temelini, yani çalışma amacını her gün yenilemelidir, Kişi bilmelidir ki, kişi inanç yolunu takip ederek Şehina'nın kıyafetiyle ödüllendirildiğinden, "gün" aşamasındaki varoluşu sadece inancın sonucudur.

Bu demektir ki, gün onun hedefi değildir, fakat günü inancına tanıklık etmesi için kullanır. Bu demektir ki, "Şimdi görüyorum ki, günün sonunda aldığım sonuç nedeniyle inancın yolundan yürüyorum. Öyle anlaşılıyor ki kökümde güçlenmek zorundayım." diyecektir.

Baal HaSulam şöyle yorumlar, "İbrahim'in sürüsünün çobanları," gibi; O, İbrahim'in sahip olduklarına, yani İbrahim niteliği "inancın babası" olduğundan, inanç niteliği verir. Fakat inanç niteliğini bir öz ve amaç olarak almak gerekir. Aksi takdirde kişi "güneşe baş eğen" olarak kabul edilir.

Amaç sadece inanç olduğunda kişi yoksulluk ve bayağılık aşamasındadır, şöyle yazdığı gibi, "ben bir kurtçuğum." Diğer bir deyişle, tüm çalışması mantık ötesi olduğu ve bunda gurur hissetmediği için, Anohi (ben) bir kurtçuk gibi hissetmesine sebep olan inanç olarak kabul edilir.

Fakat inancını yenilemezse, tersine şöyle yazdığı gibi "terk ettiler," olursa, gününü geçirip, bunu özü yaparsa sonrasında "o kurtçuk büyüttü," olur, yani herkesten üstün olduğunu hissettiğinden, kibir içinde olur.

Tüm bunlar mantık dâhilinde çalıştığında olur. Buradan "büyüttü," yani kibir aşamasına gelir ve kibrini uzaklara yayar, tıpkı askerlerin "uzaktan gurur kokusu geliyor," dediği gibi.

Bunun tavsiyesini bize Midraş verir, "tütsüleme". Tütsü yanmaktan dolayı olur, yani "Kim onu bütün gün korursa, O'nun omuzları arasında olur," sözündeki gibi Şehina'nın kanatlarının onu örttüğünü hissettiği aşamaya ulaşmak için, her gün dünden kalan çalışmasını yakar ve İsrail topraklarını alma otoritesinden çıkarıp, kutsal savaşın coşkusuna girmeye başlar.

Diğer bir deyişle omuzlarda taşınan bir yük olarak görülen inanç yolunu benimsediğimizde, kişi Şehina ile ödüllendirilir. Baal HaSulam, ister Mitzvot, ister günah olsun geçirdiğimiz her şeyi her gün Yaradan'a vermeli ve yeniden başlamalıyız, der. Bu ayrıca "tütsü" sözünün anlamıdır, çünkü duman mantık dâhilinde "aklın gözleri" denilen gözleri örter.

Taşları ayıklamak— Bunlar mantık dâhilinde taştan kalbe ait olan kişinin sahip olduğu anlayışlardır. Bu demektir ki, günü hissettiğinde ve çalışmada haz ve heyecan hissettiğinde kişi şöyle der, "Şimdi Yaradan'ın hizmetkârı olmaya değer olduğunu görüyorum, çünkü onda canlılık ve haz buluyorum." Bu demektir ki bir desteği var, yani tüm bu destekçilerden pek çok taş alır ve mantık dâhilinde bütün bir bina inşa eder.

Bu taşlar engeldir. Bu tıpkı Firavun'un dediği gibidir, "Doğan bebeğe bak; eğer erkekse onu ölüme mahkûm et." Bu demektir ki, "taşlar" denilen haz olduğunda bunu "kendine-alma" denilen taştan kalbin içine alma. "Eğer erkekse," yani ihsan kişide bundan dolayı uyanır demektir, tıpkı "İbrahim'in sürüsünün çobanı" sözündeki gibi, sonra "onu ölüme mahkûm et," yani bu düşünceleri yok et.

"Fakat eğer bir kızsa," yani akılda veya kalpte her şeyi alma arzusuna alan Nukva (dişi) ise, o zaman "yaşayacak." Bu canlılık almak için Firavun'un tavsiyesidir. Fakat Tora yolu bu düşünceleri çıkarıp atmaktır.

Kesip atmak— ağaçtan kuru dalları kesmektir. Bu demektir ki, kişinin alışkanlıktan ötürü çevreden ve yavan yasalardan elde ettikleri kesilip, atılmalıdır, yani uzaklardaki bu yasaları unut. Bu böyledir, çünkü İsrail topraklarına Lişma denir ve insanın çevreden aldığı tek şey LoLişmadır.

Düzeltme— yeni sürgünlerin bazılarını kesmek ve bir kenara koymak demektir. Bu demektir ki yasa ve erdemlik nemli olsa da, eğer çoksalar, yani kişinin bilgisi çalışmasından daha fazlaysa, o zaman bu bilgiyi kullanmamalıdır, çünkü her eylem onu yapanın niteliğine tanıklık ettiği için bu bilgi özellikle eylemde ortaya çıkar.

Tüm yukarıda söylenenlerden insanların ağaçlarla yakın olduğunu anlarız. Bu "Nisan günü dışarı çıkan kişi çiçek açan ağaç görür," sözünün anlamıdır, yani ağaçlar güçlerini göstermeye başlamıştır, yani insan yararına meyve vermek istedikleri açıktır. Yararına demek ihsan etmek demektir, şöyle yazdığı gibi, "Kalbim iyi şeylerle dolu, yani 'Çalışmam kral için,' derim."

Ağaçlar çiçek açtığından onlara "iyi ağaç" denir. İyi insanlar da vardır, yani onlar da onları yapana memnuniyet vermek için ihsan ederler. Aksi takdirde, ağaçlarda meyve vermezler, atalarımızın dediği gibi, "Tüm dünya oğlum Hanina için donanır." Onlar erdemli olduğundan böyle davranırlar, bu nedenle ağaçlar meyve verir.

Bu "O, dünyasını hiçbir şeyden mahrum etmez," sözünün anlamıdır. Bu demektir ki, O, bizim için "ihsan etmek için almak" denilen mükemmelliği elde edebilmemiz için Tora ve Mitzvot'u verdi. Öyle anlaşılıyor ki, alma arzusunu yaratmasının yanısıra O, bütünlüğe ulaşmamız için özellikle utanç ekmeğinin ıslahını verdi.

Bu nedenle kişi, her gün hesabını yapmalı, çalışmasını yenilemeli ve geçmişi unutmalıdır. Bu günden sonra kişi ebedi ve daim Dvekut 'u elde etmede başarılı olacağından emin olmalıdır.

Dileyelim Yaradan tüm zorluklarımızda bize yardım etsin ve ruhlarımızı kurtarsın ve bizler maddesellikte ve maneviyatta korunmuş olalım. Amin. Dileyelim öyle olsun.

Dostunuz, Baruh Şalom HaLevi Aşlag

Baal HaSulam'ın oğlu

Mektup No. 30

28 Mart 1957, Manchester

Dostuma,

Mektubunu aldım, orada neler olduğuyla ilgili detayları bana yazan sadece sen olduğundan tüm sorularına cevap vereceğim.

Çocukların nerede öğrenmeleriyle ilgili olarak, Hassidim semineri uygundur, çünkü Hassidim semineri uygundur, çünkü Hassidim semineri en azından cennet korkusuyla güvende olursun.

Zohar'dan pay satın almakla ilgili olarak, bu konuyla ilgilenmiyorum. Kendime göre pek çok nedenim olsa da, sana bir tanesinden bahsedeceğim. Bir şey yaptığın zaman ya maneviyatta ya da maddesellikte yarar sağlamalısın. Burada maddesellik ve para söz konusu, dünyada başka iyi şeyler var, bu nedenle bundan kaçınıyorum çünkü parayla ilgili bir arzum yok. Maneviyat, yani Zohar'ın Sulam yorumu söz konusu olduğunda, benim zaten bu kitaplarda önemli bir payım var, çünkü Tora beni iki payla ödüllendirdi. Tora yasasında sadece dört mirasçı var ve ben iki payı hak ediyorum... Bu nedenle satın almaya ihtiyacım yok, yani hak ettiğimin bana verilmesi için para vermeye ihtiyacım yok. Bununla ilgili kendime göre sebeplerim var.

Orada neler olduğunun her detayını bana yaz lütfen.

Bayramın Kaşrut'u kutlu olsun,

Baruh Şalom HaLevi Aşlag

Mektup No. 31

1957, Manchester

Dostlara, ömürleri uzun olsun,

Yazmayalı uzun zaman oldu. Sizden talep gelmesini bekliyorum. 1948'de Purim yemeğinde Baal HaSulam'dan duyduğum bir makaleyle ilgili yazacağım.

Megillah (Purim hikâyesi) ile ilgili detayları iyi anlamalıyız:

1. Şöyle yazılıdır, "Tüm bu şeylerden sonra kral Haman'ı terfi ettirdi." "Tüm bu şeylerden sonra," ne demek anlamalıyız. Mordehay'ın bunca hizmetinden sonra kral Mordehay'ı terfi ettirmeliydi. Oysa ne yazılıdır? Haman'ı terfi ettirdi.

2. Ester krala "Ben ve halkım satıldık," dediğinde, kral sordu, "O, kim ve nerede?" Bu demektir ki, kral hiçbir şey bilmiyor. Kral Haman'a der ki, "İstediğinizi yapabilmeniz için sana ve halka gümüş verildi." Bununla, kralın satışla ilgili bilgisi olduğunu anlarız.

3. "Herkesin arzusuna göre," sözüyle ile ilgili atalarımız şöyle der, "Rabba der ki, 'Mordehay ve Haman'ın arzularına göre.'" Fakat bilinir ki, "kral" dediğinde, bu dünyanın Kralı'dır, öyleyse nasıl olur da Yaradan kötünün arzusuna göre hareket eder?

4. Yazılıdır ki "Ve Mordehay yapılan her şeyi bildi." Bu demektir ki, sadece Mordehay biliyor. Bundan önce şöyle yazılıdır, "Şuşan şehri kafa karışıklığı içinde." Öyleyse tüm Şuşan şehri bunu biliyordu.

5. "Kralın adına yazılan ve kralın yüzüğü ile mühürlenen ferman iptal edilemez olduğundan," nasıl olur da kral daha sonra ilk fermanı iptal eden ikinci fermanı yazar?

6. İnsan Purim'de lanetlenmiş Haman ve kutsanmış Mordehay arasındaki farkı söyleyemeyecek kadar sarhoş olmalıdır ne demek?

7. Atalarımızın şu sözlerinin anlamı nedir, "'İçmek yasaya göredir,' 'Yasaya göre' ne demek? Rabbi Hanan, Rabbi Meir adına der ki, 'Tora yasasına göre.' Tora yasası nedir? İçmekten daha çok yemek."

Yukarıda yazılanları anlamak için Haman ve Mordehay konusunu bilmeliyiz. Mordehay'ın arzusuna içmekten çok yemek, yani "Tora yasası," denir. Haman'ın arzusu bunun tersidir; yemekten daha çok içmek. Bize sorarlar, "Bir yemek nasıl kötünün arzusuna göre olur?" Buna cevap şudur, "zorlama yok," yani içmek mecburi değildir.

Bu atalarımızın "Ve Musa bakmaktan korktuğu için yüzünü gizledi," ayetiyle ilgili söylediğiyle aynıdır. Şöyle denir "'Ve Musa yüzünü gizledi' sözüne karşılık, o 'O Efendi'nin imgesini taşır' ile ödüllendirildi." Bu böyledir, çünkü bir şeye ihtiyacı olmadığında (çünkü üzerine Masah yerleştirir) her şeyi alabilir. Bu "Güçlü olana yardım ettim," sözünün anlamıdır. Bu demektir ki, ancak güçlü olan bir kişi Yaradan'ın yolunda yürür ve Yaradan'ın yardımını alır.

Bu "İçmek yasaya göredir," sözünün anlamıdır. Neden? Çünkü kişinin içme ihtiyacı olmadığı için orada "zorlama yoktur." Fakat sonrasında içmeye başladıklarında ona doğru çekilirler, yani içmek onları cezbeder. Sonra zorlama aşamasına gelerek, Mordehay'ın yolunu terk ederler. Bu "Haman'ın yemeğinden haz aldıkları için bu nesil yıkıma mahkûm edildi," söyleminin anlamıdır.

Bu demektir ki, içmeyi zorlama olmadan aldılar, böylece İsrail'in yolu olan Mordehay'ın arzusunu iptal edip, kendilerini İsrail olan Tora yasasının yıkımına mahkûm ettiler. Bu "içmekten çok yemek," sözünün anlamıdır. İçmek, "bilmek" denilen Hohma ifşası, yemek Ohr Hassadim denilen inançtır.

Ancak, konuyu dünyanın Kral'ını yok etmek isteyen Bigtan ve Teresh açısından incelemeliyiz, "Fakat entrikayı Mordehay bildi… Konu araştırıldı ve bulundu." Mordehay'ın onu elde etmesi kolay olmadığı için araştırma bir seferlik bir şey değildi. Pek çok çalışma sonrası bu eksikliği ortaya çıkardı. Ve bu ona açıkça ifşa olduğunda, "her ikisi birden asıldı." Bu demektir ki, onunla ilgili eksiklik hissettiklerinde asarlar, yani bu çalışmayı ve arzuları dünyadan çıkarırlar.

"Tüm bunlardan sonra," yani çalışma sırasında Mordehay'ın gösterdiği tüm çabadan sonra kral Lişma'da çalışmayı ödüllendirmek istedi. Fakat aşağıda olana bir şey vermenin imkânsızlığı gereği, onun buna ihtiyacı yoktu. Arzu ve gereksinime Kli (kap) denir ve kap olmadan ışık olmaz.

Ya eğer kral Mordehay'a ona ne vermesi gerektiğini sormuş olsaydı? Mordehay erdemlidir ve çalışması sadece ihsana yöneliktir. Onun herhangi bir yükseliş arzusu yoktur. Tersine azla mutludur. Oysa kral, çalışması sağ çizgideyken, sol çizgiden uzanan açık Mochin olan Hohma'yı uzatmayı arzuladı. Peki, ne yaptı? Sol çizgiyi önemli yaparak Haman'ı destekledi.

Bu "Kral Haman'ı destekledi ve tüm yöneticilerin üzerine atadı," sözünün anlamıdır. Kral onu görevli kıldı, yani kral bunu emrettikten sonra kralın tüm hizmetkârları Haman önünde diz çöküp eğildi.

Diz çökmek, Mordehay'dan daha fazla Haman'ın yolundan hoşlanmaları, hükmün kabulüdür. Shusan'daki tüm Yahudiler Haman'ın hükümdarlığını o kadar çabuk kabul ettiler ki onlar için Mordehay'ın düşüncesini anlamak zorlaştı.

Ona şöyle sordular, "Kralın emrine neden uymuyorsun?" Mordehay'ın inanç yolunda yürümeye ısrarlı olduğunu gördüklerinde, kafaları karıştı ve kimin haklı olduğunu bilemediler. Haman'a kimin haklı olduğunu sordular, şöyle yazdığı gibi, "Halk Haman'a Yahudi olduğunu söylediği için Mordehay'ın sözlerini yerine getirip getirmeyeceğini sordu." Bu demektir ki, Yahudilerin yolu içmekten çok yemektir, yani inanç onlar için çok önemlidir.

Mordehay'ın Haman'la hemfikir olmaması Haman için büyük engeldi. Böylece Haman sadece Yahudi yolunu izlediğini, diğer yolu putperestlik olarak gördüğünü söyleyen Mordehay'ın düşüncesini anladı. Mordehay kralın kapısından sadece onun izniyle geçileceğini söylediğinde Haman dedi ki, "Mordehay'ı kralın kapısında otururken görmek benim için çok değersiz."

Şimdi bize soruları anlayabiliriz, "Mordehay bildi," fakat yazılıdır ki, "Shusan şehri karıştı," yani herkes bildi. Bu demektir ki Shusan şehrinin kafası karıştı ve kimin haklı olduğunu bilemedi. Fakat Mordehay biliyordu ki, eğer Haman kontrolü ele geçirirse, onun tüm anlayışı sol çizgide olduğundan tüm İsrail, Yahudilik yolu silinir.

Bu Yom Kippur'da Haman'ın kura çekmesinin anlamıdır, şöyle yazdığı gibi, "Efendi için bir kura, Azazel için bir kura." Efendi'ye kura Hassadim olan sağdır, bu inanç demek olan "yemektir."Azazel için kura "hiçbir şey için iyi değil," olan sol çizgidir. Bu nedenle ışıklar üzerinde engel vardır, çünkü sol çizgi ışıkları dondurur.

Azazel kurası nedeniyle tüm ışıklar engellenir. Öyle anlaşılıyor ki, o tüm ışıkları aşağıya düşürür. Haman "erdemli olan hazırlar, kötü olan giyinir," diye düşünür, yani Mordehay ve ona eşlik edenlerin sürekli yerine getirdiği çalışma vasıtasıyla, ödülü alır, yani Haman ifşa olan tüm ışıkları kendi otoritesi altına alır.

Tüm bunlar kral ona Hohma ışığını aşağıya uzatma görevi verdiği için olur. Dolayısıyla, Hassadim olan İsrail hükmünü iptal etmek için Yahudileri yok etmek amacıyla krala yanaştığında, kral ona şöyle cevap verir, "Onlarla istediğinizi yapmanız için sana ve halka gümüş verildi," yani Haman sol ve bilmek hükmüne göre hareket etti.

Bu nedenle ilk emirle ikinci emir arasındaki fark "Yahudiler" kelimesinden kaynaklanır. İlkinde şöyle yazar, "Her bölgede yasa olarak kabul edilmesi ve hazırlanmaları için tüm halka yayınlandı."

Kimin için hazır olmaları gerektiğini söylemez. Sadece Haman bu fermanı açıklar, şöyle yazdığı gibi, "Haman'ın emrettiği gibi yazıldı." İkinci emirde "Yahudi" kelimesi yazılıdır, "Yahudilerin düşmanlarından öç almaya hazır olmaları için her bölgede yasa olarak kabul edilecek bir ferman yayımlandı."

Dolayısıyla Haman krala geldiğinde, kral ona dedi ki, önceden hazırlanmış "gümüş sana verildi." Bu demektir ki, "halkın istediğini yapması için sana gümüş verildiğinden," hiçbir eylem ilave etmene gerek yok. Diğer bir deyişle halk senin için ne önemliyse zaten onu yapmak istiyor, yani halk zaten senin hükümdarlığını kabul etti. Fakat kral Yahudilerin ve Mordehay'ın hükmünü iptal etmesini ona söylemez. Daha ziyade bu sırada "seni ne hoşnut ediyorsa," olarak kabul edilen Hohma ifşası hazırlanmıştır.

"Her bölgeye, tüm halka yasa olarak yayımlanan ferman," yasa ifşa edilmeli demektir, yani tüm uluslara Hohma ifşası olacak. Ancak, Mordehay ve Yahudilerin, yani inancın iptal edileceği yazılı değildir. Daha ziyade oradaki niyet Hohma ifşasıdır ama yine de onlar her yerde Hassadim'i tercih ederler.

Mordehay'a göre onlar yalnızca ne aldıklarını göstermek isterlerken—bu zorunlu değildir, yani burada Hohma ifşası olmadığından başka seçimleri yoktur, tersine onlar kendi rızalarıyla Hassadim'i seçmişlerdir— Haman dedi ki, şimdi Hohma almak için Hohma ifşasının zamanıdır.

Bu "Bugüne kadar zorla; bundan sonra isteyerek," sözünün anlamıdır. Ayetle ilgili şöyle yazılıdır, "İncelediler ve aldılar," yani Yahudi yolunu isteyerek alabilmeleri için ifşa şimdi geldi.

Bu nedenle Mordehay ve Haman arasında çekişme vardır. Haman'ın düşüncesi şudur ki, Yaradan'ın Hohma hükmünü şimdi ifşa etmesinin sebebi, aşağıda olanların Hohma'yı alması içindir. Oysa Mordehay'a göre, Yaradan'ın sol çizgiye hükümdarlık vermesinin sebebi sadece onu sağa dâhil etmek içindir, yani en önemlisi sağdır.

Öyle anlaşılıyor ki, ikinci ferman ilk fermanı iptal etmez, fakat ilkini açıklar ve yorumlar. "Tüm halka yayımlandı," yani Yahudilere. Bu demektir ki, bundan böyle Yahudiler kendileri için Hassadim'i seçebilecekler.

Bu sebeple ikinci mektupta şöyle yazar, "böylece Yahudiler düşmanlarından öç almaya hazır olacaklar." Hohma'nın mevcut durumda kontrol altında olmasının sebebi Hassadim'i Hohma'ya tercih ettiklerini göstermek içindir. Buna "düşmanlarından intikam almak için," denir, çünkü onlar Hohma'yı reddederken, düşmanları özellikle Hohma istemektedir.

Kral "Onunla istediğinizi yapmanız için sana ve halkına gümüş verildi," dediği ve sadece Hohma ifşası emrini verdiğinden, kralın "O kim... kalbi böyle yapmayı isteyen," söylemiyle ilgili bize soruları anlayabiliriz.

Bu birbiriyle çelişir görünen Ester (gizlilik) ve Megillat'ın (yazma/kitap, aynı zamanda ifşa) anlamıdır. Megillat ifşadır, çünkü herkese ifşa olur, Ester demek orada gizlilik var demektir. Ancak, bu demektir ki, ifşa sadece gizliliği seçmek içindir, çünkü özellikle bu şekilde ışıklar aşağıda görünür.

Şimdi atalarımızın şu dediğini anlayabiliriz, "Kişi Purim'de kötü Haman'la, kutsanmış Mordehay arasındaki farkı söyleyemeyecek kadar sarhoş olmalı." Mordehay ve Ester'in hikâyesi İkinci Tapınağın inşasından öncedir. Tapınak binası Hohma'nın uzantısıdır ve sonra Malhut'a Tapınak denir.

Bu aynı zamanda Mordehay'ın Ester'i krala gönderip, halkı için talepte bulunmasını istemesinin anlamıdır, Ester şöyle cevaplar, "Kralın çağrılmayan tüm hizmetkârları... Onun tek yasası var, o ölüme mahkûm eder... Ve otuz gündür kralın yanına çağrılmadım." Bu demektir ki, sol çizgi Yaşamın Yaşamından ayrılığa sebep olduğundan, bilindiği gibi GAR'ı aşağıdan çekmek yasaktır ve GAR'ı yukarı çeken ölüme mahkûm edilir.

"...kral ona yaşaması için altın asayı uzatmadıkça." Altın, Hohma ve GAR'dır, yani o aşağıda olanın uyanışıyla değil, sadece üst olanın uyanışıyla, yani Dvekut'la canlı kalabilir. Malhut olan Ester'in Hohma'ya ihtiyacı olmasına rağmen bu sadece üst olanın uyanışıyla gerçekleşir. Fakat eğer Ester GAR'ı çekerse kendi benliğini kaybeder.

Bu bağlamda Mordehay onu şöyle cevaplandırır, "başka bir yerden Yahudiler için rahatlık ve kurtuluş yükselecek," sol çizgi tamamen iptal edildiğinde Yahudiler Hassadim olan sağ çizgiyle beraber sol olacak ve "sen ve babanın evi yok olacak." Çünkü Abba (baba) kızını yerleştirir," Ester'in Hohma'sı olmak zorunda. Ancak bu içmekten çok yemekle olmalı.

Fakat Yahudiler seçim şansı olmadığında sol çizgiyi iptal etmek zorunda kalırlar. Öyle anlaşılıyor ki, tüm benlik iptal edilecek. Bu bağlamda Ester der ki, "Eğer yok olursam, yok olurum." Eğer gidersem yok olurum, çünkü ayrılığa sebep olabilirim. Eğer gitmezsem "rahatlık ve kurtuluş Yahudiler için başka bir yerde yükselecek," yani Mordehay'ın Ester'e söylediği gibi onlar sol çizgiyi tamamen iptal edecekler.

Bu nedenle Ester Mordehay'ın yolunu seçer, yani Haman'ı festivale davet eder. Bu demektir ki o Mordehay'ın emrettiği gibi sol çizgiyi uzatır ve solu sağın içine dâhil eder böylece tüm Hohma alımı, Hohma''yı alma amacıyla değil, Hassadim alma amacıyla yapılır. Bu şekilde aşağıdaki ışıklar ifşa olur.

Bu Megillat Ester'in anlamıdır. Orada ifşa olmasına rağmen Ester gizliliği alır.

En yüce konuların derinliğini anlamakla ödüllendirilmemiş olsak da, kutsal sözlerini duyma ayrıcalığına eriştiğimiz Baal HaSulam'ın yolunda yürümeyi dileyelim.

Dostunuz, Baruh Şalom HaLevi Aşlag

Baal HaSulam'ın oğlu

Mektup No. 32

12 Nisan 1957

Dostlara, ömürleri uzun olsun,

Sizden mektup almayalı uzun zaman oldu. Bunun sebeplerini bilsem de en büyük probleminiz, tüm bunlar için bir bahaneniz olması. Yaradan'ın bize yardım etmesini umalım.

Pesah bayramı yaklaştığından, Pesah kanı ve sünnet kanı konusuyla ilgili konuşalım. Dam (kan), Demama (sessizlik/durağanlık) demektir, tıpkı "Ve Aron sustu," ve "Efendi'n için sessiz ol," sözündeki gibi.

Yukarıda söyleneni anlamak için atalarımızın sözlerine bakmalıyız. "Atalarımız der ki, 'İncitilmiş fakat incitmeyenlerin değeri düşürülmüştür, fakat onlar buna karşılık vermez ve ızdıraptaki haz ve sevgiden çalışırlar, ayet onlarla ilgili şöyle der, 'O'nu sevenler tüm gücüyle yükselen güneş gibi olacak.'" Raşi, onların ızdırap korkusu ve ödül almak için değil, Yaradan sevgisiyle Mitzvot yerine getirdiğini söyler.

Bu demektir ki, kişi aldığından daha fazla çalışmaya başladığında, kalbinde bir istek oluşur. Sonunda bir talepte bulunur ve yerine getirdiği tüm bu çabadan sonra Yaradan'ın onu uzun zaman önce ödüllendirmesi, Tora ve Mitzvot tadını ifşa etmesi gerektiğini ve Yaradan'ın onunla oynadığını söyler, şöyle yazdığı gibi, "Kendimi onurlandırdığım İsrail," yani Yaradan Yaradan'ın hizmetkarlarıyla oynar.

Yine de kişi bunun tersini görür—tüm çabasına rağmen çağdaşlarına kıyasla geriye gitmektedir. Bu nedenle Yaradan'ın onunla konuşan sesini duymak yerine, kendi küçüklüğünü görür, şöyle yazıldığı gibi, "Sen'in düşmanlarının lanetlemiş olduğu." Bu demektir ki, ona hakkıyla davranılmamıştır (öyle anlaşılıyor ki tüm çabası ve emeği risk altında).

Bu sırada incitilmiş, aşağılanmış hisseder, çünkü o, çağdaşlarından daha yüksek derecededir. Çağdaşlarıyla ilgili yücelik işareti görmüyor olsa da, yine de kendine şöyle der, "Eğer diğerleri benim çalışma programıma ve bilgime sahip olsaydı, Yaradan kesinlikle onları dinler ve çalışmaları boşa gitmezdi." (Burada iki şeyi harmanladım; anlayanlar için akıl ve aynı zamanda umutsuzluk).

Bilinir ki hakikat en önemlisidir, yani "Yargıç gördüğüyle yargılar." Dolayısıyla eğer aklını kurcalayan düşünceleri ve gerçek aşamasını görürse bundan iki şey elde eder: 1) aşağılanmış hisseder—hesaba katmadığı; 2) hemen akabinde kendi kusurunu hissettiği ikinci aşamaya gelir. Bu nedenle bu aşamada kalmaya çalıştığında büyük azap hisseder.

Bu "kim incitilmişse," sözünün anlamıdır, yani incitildiğini hisseden, fark edilmeyen. "...fakat incitmeyen" etki ve tepki gibidir. Tepki incitilmiş hissetmesidir. Etkiye, "incitme" denir. Kişi der ki, Yaradan'ın niyeti onu aşağılamak değil, fakat tersine bu Yaradan'ın iyilik yapma biçimi.

Ayrıca kişi "değeri düşürülmüş fakat buna tepkisiz kalmıştır," yani mazeret göstermez, tıpkı "Ethopya hemen ellerini Tanrı'ya uzatır," sözündeki gibi.

Soru şudur "Hakikat nedir?" Yani neden Yaradan onun böyle ızdırap dolu ve bayağı hissetmesine sebep oldu? Mesele şudur ki, kişi Lişma'da çalışmaya başladığında, yani çalışmasının karşılığında ödül peşinde olmadığında ve kendini-sevme dürtüsü olmadan hem kalpte hem akılda arı olmayı üzerine aldığında, yukarıdan aşamasını görmesine izin verilir—eğer amacı gerçek Lişma ise. Sonra eğer testi geçerse Yaradan'ın sarayına girmesine izin verilir ve Kralın gölgesinde oturur.

Öyle anlaşılıyor ki sadece bu aşamada gerçek Yaradan sevgisi ölçüsünü keşfedebilir ve ödül almak istemez, çünkü şimdi acıdan başka bir şeyi yoktur. Bu Tora yolu olarak kabul edilir, "ızdırap dolu bir yaşamın olacak." Diğer bir deyişle, kişi "acı dolu yaşam" aşamasını geçmeden önce, kişinin çalışması Yaradan'ı bulmak için olduğunda, tek dayanağı kutsallığın merhameti olacaktır.

Bu Baal HaSulam'ın atalarımızın söylediğiyle ilgili açıkladığı şeydir, "Pislik dolu bir şişeyle dolaşan bir kadın ve herkes onun etrafında koşuyor." Bu "Ester yeşilimsiydi, merhamet ipliği ona doğru çekilir," olarak kabul edilir, tıpkı "Babası sahiden yüzüne vurdu," sözündeki gibi.

Burası yukarıdan yardıma ihtiyacımız olduğu yerdir ve bu Pesah kanı ve sünnet kanının anlamıdır. Bu demektir ki, Peh-Sah (konuşan ağız) denilen Tora zamanında ve sünnet emrini ima eden Mitzvot ameli sırasında sessiz kalır ve ona tutunursak, sürgünden çıkıp, Tora ve Mitzvot'un tadı olan kurtuluşa gelmekle ödüllendiriliriz.

Yarın Amerika'ya gidiyorum, bu mektubu oradan size göndereceğim.

Dostunuz, Baruh Şalom HaLevi Aşlag

Mektup No. 33

23 Nisan 1957

Grubumuzun en bilge Hocasına,

Torununun pek çok soru sorduğu mektubunu aldım. Genel cevaplar pek çok detayı içerdiğinden, normalde soruları genel olarak cevaplarım ama yine de soruların genel değil, özgün olmasını severim.

Bu demektir ki, hakikat yolundaki çalışma için verilen genel cevap genellikle daha etkilidir. Ve biri detay sorduğunda, genelin "pek çok Kelim (kaplar)" denilen pek çok detayda aydınlanması mümkündür, bu nedenle genel olarak cevaplayacağım.

Bilinir ki en önemli şey sevinçtir. Ancak, sevinç sözünün manasını anlamak zorundayız, şöyle yazdığı gibi, "Bu sevinç ne işe yarar?" Ayrıca neden çalışmanın kutsanması sevinçle tanımlanır, şöyle yazdığı gibi, "Sevinçle hizmet etmediğin için."

Sevinç duymanın manasını dünyasal konularla anlayabiliriz (Baal HaSulam'ın dediği gibi, Yaradan dünya yönetimini sadece maneviyatta kap ve harfler edinmemiz için verir.)

Görürüz ki insanlar işlerinde bütün bir gün çabalayarak eve gidecekleri, iyi yemek yiyecekleri ve aileleriyle vakit geçirecekleri zamanı bekler.

Ya da denizlere açılan ve işin zorluğundan ızdırap çekenler eve dönecekleri zamanın özlemi içindedir, eve dönme vakti yaklaştıkça kalplerini sevinç kaplar. Böylece ulaşmak üzere oldukları hedefleri özlemlerini daha da artırır. Bu demektir ki, evde olabilmek ve mutlu olabilmek için sarf ettiği çabanın değerli olduğunu hisseder. Aksi takdirde eğer çaba sarf etmezse, mutlu olacak bir şeyi kalmayacaktır, çünkü eve dönme duygusu ona tamamen boş ve anlamsız gelecektir.

Öyle anlaşılıyor ki burada iki mesele vardır: 1) İyi bir yemek ya da eve bol para getirmesi; 2) Hedefe ulaşma özlemi. Şunu söyleyebiliriz ki, iyi bir yemeğin ya da eve para getirmenin hazzı terazide bir kiloya denk gelirse, bütün gün eve gidip yemek yemeye can atan birinin duyduğu özlemin hazzı yüz kiloya eşdeğer olacak şekilde artar.

Uzaklarda kazandığı parayla eve dönme özlemi içinde olan birinin özlemi, hazzı ölçülemez bir şekilde arttırır ve haz sadece özlemin ölçüsüne bağlı olarak büyür.

Karşılığında özlemin ölçüsü çabanın ölçüsüne göre artar. Bu demektir ki, hedefine ulaşmak için büyük çaba harcayan birinin ızdırabı onu acıdan kurtulma ve hedefe ulaşma özleminin ölçüsüne getirir. Izdırap içindeyken hissettiği tüm canlılık, yani yakında eve dönecek olmasının sevinci yalnızca gelecek içindir.

Öyle anlaşılıyor ki eğer kişi iyi bir yemek ve çok paraya sahipse ve bunlar için çaba sarf etmediyse, sadece hazzın ilk seviyesini tadar, yani bir kilo olarak. Fakat çaba sarf eden biri hazzı ikinci seviyede alarak hazzı yüzde yüz arttırabilir.

Şunu sorabiliriz, eğer yemek ve parada haz varsa, o zaman "Hakikat nedir?" Para ve yemek birer nesne olduğuna göre çaba ve özlem onların hazzına ne ekleyebilir?

Fakat yukarıda söylediğimiz gibi, maddesel ve manevi iyeliklerimizin tek bir doğası vardır. İster maddi ister manevi olsun herhangi bir hazza "ışık" denir. Işıklara dair kuralımız gereği onları edinemeyiz. Bu demektir ki Kelim vasıtasıyla olmadıkça ışığın nihai formunu tanımlamamız imkânsızdır. Bu demektir ki, Kelim'in (kapların) niteliğine göre ışığın şekline karar veririz.

Kelim, birşeye olan özlem olarak kabul edilir. Öyle anlaşılıyor ki, Kelim ışığı artırır. Bu demektir ki, büyük olması gereken ışık değil, Kelim'dir. Yalnızca insanın pek çok Kelim'i, yani arzusu olduğunda, kişi ışıktan büyük haz alır.

Dolayısıyla, maddesellikte bile, yemek ve para hazzın ölçüsünü belirlemez, daha ziyade çaba ve özlem hazzın ölçüsünü belirler.

Bununla sevincin manasını anlayabiliriz. Adet üzerine Yaradan çalışmasına başlayan kişiye Tora ve dua sırasında yabancı düşünceler gönderilir. Bu insana ızdırap verir. Fakat bu ızdırabın ölçüsü kişinin ondan kurtulma arzusuna ve çabasına bağlıdır.

Peki, bu düşünceleri nasıl çıkarıp atacak? Sadece sevinç vasıtasıyla. Bu demektir ki, kişi sonunda Yaradan'a memnuniyet vermek ve krala hizmet etmek olan arzulanan hedefe ulaşacağından emin olmalıdır.

Ayrıca kişi hayal etmelidir, yani Kral'ın gölgesinde olmanın nasıl iyi ve hoş bir şey olduğunu ve O'nun sarayını ziyaret etmenin mutluluğunu hayal etmelidir. Demelidir ki Yaradan erdemliden hoşnut olur ve ben de bu dereceye kesinlikle ulaşacağım.

Sonuç olarak kişi Kralın sarayının hizmetkarları arasında olmamasına yol açan bu yabancı düşüncelere bakmalı ve sonra erdemli olanın aldığı ödülü, yani ışığın ve karanlığın değerini idrak etmelidir.

Öyle anlaşılıyor ki, yabancı düşüncelerden ızdırap çektiği ölçüde, iyi düşüncelerden hoşnut olur. Yabancı düşüncelerinin olmadığı zamanlarında mutludur. Bayağılık zamanlarında gelecekten canlılık ve sevinç almalıdır, yani sonunda Yaradan ona merhamet edecek ve ona yaklaşacaktır.

Dolayısıyla yabancı düşünceler vasıtasıyla özlemini artırır, yani iyi düşüncelere sahip olduğunda, Yaradan'a onu yakınlaştırdığı için şükredebilir.

Bu nedenle yabancı düşünceler özellikle ona sevinç getirmek içindir—Kral'a eksiksiz hizmet edeceği zamana özlem duyması için. Bu özlem çalışmasının ortasında gelen yabancı düşünceleri ıslah etmesi gerektiğini ona hatırlatır.

Dileyelim Yaradan bizi iyi bir kalp ve memnuniyetle O'na hizmet etmek ile ödüllendirsin.

Dostun

Mektup No. 34

Yeni Yıl Gecesi, 14 Eylül 1957

Dostlarıma, dilerim sonsuza kadar yaşarlar.

Bu hayali dünyada size yakın geldikten sonra, bunun kalplerimizi de yakınlaştırmasını umalım, uzun zamandır yazışmadık, oysa fiziksel eylem birliği getirir, tıpkı Roş Haşana duasında söylendiği gibi "Ve onların hepsi tek bir toplum olacak." Bu aşamada, "Arzunu tüm kalbinle yerine getirmek," kolay olacaktır.

Bu böyledir, çünkü tek bir toplum olmadığından kalpten çalışmak zordur. Tersine kalbin bir parçası Yaradan için değil, kendi faydası için çalışmada kalır. Midraş Tanhuma'da bununla ilgili şöyle yazar: "'Sen bugün dur,' tıpkı gün bazen ışıldadığında, bazen karardığındaki gibi, böylece o seninledir. Senin için karanlık olduğunda, dünyanın ışığı senin için parlayacak, tıpkı şöyle söylendiği gibi 'Ve Yaradan senin üzerinde sonsuz bir ışık olacak.' Ne zaman? Tek bir toplum olduğun zaman, şöyle yazdığı gibi: 'Bu günde her biriniz yaşıyorsunuz.'

İnsan bir demet dalı eline alsa, hepsini bir seferde kırabilir mi? Fakat teker teker ele aldığında bir bebek bile onları kırabilir. Benzer şekilde, tek bir ulus olmadan kurtulamayacağız, şöyle söylendiği gibi, "O günlerde ve o zamanda, Yaradan der ki: 'İnsanoğlu bir araya gelecek.' Böylece, birleştiklerinde Kutsallığın yüzünü edinecekler."

Midraş'ın sözlerinden alıntı yaptım ki bu şekilde dost sevgisi olan grup meselesinin Hasidizm ile ilgili olduğunu düşünmeyin. Daha ziyade, bu Kutsallığın yüzünü edinmek için kalplerini tek bir grup olarak birleştirmenin ne kadar önemli olduğunu gören atalarımızın öğretisidir.

Arada birkaç kişi çıkıp, "Ellerinizi tek bir grup için birleştirin" diyerek dostların kayıtsızlığına atıfta bulunsa da, ben yine de meseleyi ihmal eden dostları dışlamam.

Özellikle umalım ki yeni yılda Şin-Taf-Het-Yod ("Yaşa") ile Yaradan bize ebedi yaşamı versin, tıpkı şöyle yazdığı gibi: "Yaradan Abel'in yerine bana başka bir tohum verdi" ve böylece "Yaşa" gerçekleşir.

Roş Haşana'nın (Yeni yıl gecesi) anlamı yeni bir başlangıçtır, kişinin yeni bir yapı inşa etmeye başlamasıdır. Bu tıpkı atalarımızın şöyle söylediği gibidir, "Kişi daima kendisini yarı erdemli, yarı günahkâr görmelidir. Eğer tek bir Mitzvot (iyi eylem/emir) yerine getirirse, ne mutlu ona, çünkü kendini ve tüm dünyayı erdemlilik yoluna getirir. Eğer tek bir günah işlerse, yazıklar olsun ona çünkü kendini ve tüm dünyayı yanlışın tarafına getirir."

Kişinin daima kendini yüzde elli-elli görmesinin ne demek olduğunu anlamalıyız. 1) Eğer bir Sevap yerine getirir ve erdemlilik tarafında olursa, ona nasıl yüzde elli-elli denir? Her şeyden evvel, amacın önemine sahip. Aynı şekilde, bir günah işlediğinde, ona nasıl yüzde elli-elli nedir? 2) Kendisinin günahlarla dolu olduğunu bildiğinde ona nasıl yarı-yarıya denir? Aynı zamanda "Suçluyuz, ihanet ettik" ve "Günah için" olduğunu kabullenmeye zorlanırlar.

Atalarımızın anlamamızı istediği şey çalışma düzenidir. Burada bir mahkeme ve yargı meselesi yoktur. Sadece kişi üst mahkemenin önüne geldiğinde günahları ve erdemliği için yargılanır.

Daha ziyade burada atalarımız bize kişinin daima çalışmaya başlaması ve iyiyi seçip kötüden nefret etmesi gerektiğini öğretir. Bu böyledir, çünkü ancak yarı-yarıya olan bir şeyde seçim yapılabilir, sonrasında kişi seçme gücüne sahip olur. Fakat taraflardan biri önem kazanırsa bu durumda seçimden bahsedilmez.

Bu şu soruyu getirir, "Günahlarla dolu olduğunu bildiğinde aslında yüzde elli-elli olduğunu söyleyip kendini nasıl aldatacak?" Ancak, bilmeliyiz ki, kişiye seçim şansı verilir ve bu süreklidir, tıpkı, "Dostundan yüce olanın eğilimi de ondan yücedir" sözünde olduğu gibi. Bu kurala göre, eğer kişinin pek çok günahı varsa bu iyi eğiliminden daha büyük olmayan küçük bir eğilimi var demektir, ancak sadece yarı-yarıya durumunda kişi karar verebilir.

Arzular kötü eğilimden ve Sevaplar iyi eğilimden geldiğinden, Raşi'nin yorumladığı gibi, "İyi eğilim vasıtasıyla kötüyü yarattın," bu nedenle atalarımız şöyle der: "Kişi daima kendini yarı günahkâr, yarı erdemli olarak görmelidir." Diğer bir deyişle, seçimle ilgili olarak, eğer eğilim erdemlilik tarafındaysa o zaman kötü eğilim kaybolur. Bu nedenle kişi yarı-yarıyadır.

Benzer şekilde, tek bir Sevap yerine getirip erdemlilik tarafında olursa, ona özellikle büyük bir kötü eğilim verilir, tıpkı şöyle yazdığı gibi: "Dostundan yüce olanın eğilimi de büyüktür." Bu nedenle şimdi yüzde elli-ellidir, böylece erdemlilik tarafında yargılanabilir.

Dolayısıyla, Roş Haşana'da kişi yeni bir çalışmaya başlar. İlave olarak, on pişmanlık gününe "bağışlanma günleri ve günahların kefareti" denir, böylece kişi çalışmadan çok uzak olsa bile, bir kez daha Yaradan'ın çalışmasına katılma şansına sahip olur.

Sadece dua vasıtasıyla kişi genel alandan çıkıp, Tek olanın alanına girebildiğinden, çalışmanın özü, duadır. Bu böyledir, çünkü dua söz konusu olduğunda yüce ve küçük olan eşittir. Dahası, bayağılığını hisseden kişi kendini zor durumdan çıkaramayacağını bildiği için kalbinin derinliklerinden daha içten dua edebilir. Sonra zekâsal nitelikler ve özel yetenekleriyle yaratılmış olanların kendi başlarına bir şeyler yapabileceğini, buna karşılık iyi niteliklere ve becerilere sahip olmayanların cennetin merhametine ihtiyacı olduğunu düşünebilir. Bu nedenle yalnızca bu insan dürüst bir dua sunabilir.

Ancak, kişi eğilimin üstesinden gerçek duayla gelebileceğinden, gruptan kaçmamaya dikkat etmelidir, bu ona çaresizlik kıvılcımları ve dualarının yararsızlığı sonucunu ve delilini getirir. Sonunda, kişi "Sen her ağzın duasını duyarsın," sözüne olan inancını kaybeder. Atalarımız şöyle der: "Yaradan erdemli olanın duasını özler." Bu böyledir, çünkü dua Kutsallığın ilhamı için önemli bir araçtır, çünkü yoksulların duası olarak kabul edilir.

Ve dua yücelerin yücesi için bile geçerlidir. Dua olmadan kişi çalışmada "durmak" aşamasını başaramaz. "Yoksullar topraklarından asla ayrılmaz," denmesinin anlamı budur. Neden Yaradan'ın bize bunun sözünü verdiğini anlamalıyız. İnsan için böyle bir şey olmasaydı daha iyi olmaz mıydı?

Ancak, yukarıdaki yorumda, "yoksul" demek dua yeri demektir ve eğer bir eksiklik yeri yoksa dua için de yer yoktur. Bu nedenle kişi bir kez yücelikle ödüllendirildiğinde dua için yeri olmayacak mı? Bu bakımdan, Yaradan bize söz verir, "Yoksul, topraklarından asla ayrılmaz," yani daima duaya gereksinim duymanın mümkün olduğu bir yer olacaktır, böylece kişi daha üst dereceye yükselebilir. "Yoksulluk İnsan'a, beyaz ata kırmızı kayışın uyduğu gibi uyar," denmesinin anlamı budur. Bu demektir ki, Yaradan'la bütünleşmiş biri, yoksulluk içindeyken bile yücedir çünkü burası eksiklik yeridir ve böylece duaya gelebilir.

Gemeriya'da bahsedilen budur: "Kabalist Ele Ulla'ya der ki, 'Oraya ulaştığın zaman, dostum Kabalist Berona'ya tüm grubun huzurunda selam söyle, çünkü o yüce bir adamdır ve iyi eylemlerle sevinir. Dua vasıtasıyla kurtuluşa ulaştığından gülümsemesi bütün gün yüzünden eksilmez.'" diğer bir deyişle, bütün eksikliklerinden kurtulmuş olduğundan yapacak daha fazla bir şeyi yoktur. Bu aşamada, dua edebilmek için kendinde eksiklik bulma çalışması içindedir. Ve "duayla kurtuluşa erişmek" içinde olduğunda, kesinlikle dua için bir yer bulur ve sonsuz neşe içinde olur, tıpkı şöyle yazdığı gibi: "Yoksullar topraklarını asla terk etmez."

Bütün yukarıda söylenenlerden anlaşılıyor ki, en önemli şey duadır. Duada güçlü olun ve inanın ki, "Sen, her ağzın duasını duyarsın."

Yaşam kitabına kazınmak dileğiyle,

Dostunuz, Baruh Şalom HaLevi
Baal HaSulam'ın oğlu

Mektup No. 35

Yom Kipur akşamı, 4 Ekim 1957

"Neden savaşta bu kadar yalnız bırakıldık?" der atalarımız, "Değerli biri için ağlayan ve matem tutanlar," Ağlama ve matem tutmanın anlamı nedir?

Bilinir ki, iki çeşit ağlama vardır: Acının gözyaşı, sevincin gözyaşı. İster mutluluktan, ister acıdan gelsin, kalp heyecanla dolar ve bu heyecan dışsallığa hükmeder. Bu bir bardak suya benzer—dolduğunda taşar. Fazlalaştığında dışarı akan gözyaşı da böyledir. Bu nedenle sevinç gözyaşları ve acı gözyaşları vardır.

Ancak, sebepsiz gözyaşı imkânsızdır, elbette başkasına bir şeyden çok etkilendiğini göstermek isteyen kişi de gözyaşı döker fakat bu sunidir.

Dolayısıyla sevdiğimiz bir insan öldüğünde ve onun eksikliğini hissettiğimizde, acı ve üzüntü kalpte birikir ve gözyaşlarına sebep olur. Doğal olarak insan belli bir eksiklik hissi içinde olduğunda bu eksikliğe "dua" denir ve dua vasıtasıyla kişi bu kaybı bir kez daha açığa çıkarır. Fakat buna dikkatimizi vermeyip durumu kabullendiğimizde, tamamıyla unutana kadar ondan uzaklaşırız.

Bilinir ki, bir şeyin ölümüne "çaresizlik/keder" denildiğinden, kalp ölümü (yokluğu) unutur. Dolaylısıyla, ölmüş erdemliye (yok olmuş maneviyata) bağlanmış insanın karalamasından kaçınmak için, erdemli ona vermiş olduğu şeyi geri alarak bir ıslah yerine getirir. Bunun sonunda kişi daha da kötüleşir, çünkü maneviyat için alma arzusunda olanlar maneviyatı kaybettiklerinde dünyasal konular onların maneviyat hazzını doldurmaya başlar. Bu nedenle daha da aşağıya, yani bayağılığın en düşük derecesine, gururun hırsına düşerler.

Düşüncelerini gizleyen ve bu direnci gösteremeyen insanlar vardır, onların düşünceleri dışarıya yansır, yani yanlış şeyler yapar ve sahip olmadıkları ya da maneviyat bağları olmadan önce sahip oldukları her şeyi gösterirler.

Şimdi, "Dünya benim için yaratıldı" diyen atalarımızın sözlerine inanmanız gereken bir anlayışa geldik. Fakat kişinin bu düşünce içinde olması gerektiğine nasıl inanırsınız? Temel tamamen inanç ise buna inanabiliriz. Eğer kişi kendisi için çalışıyorsa o zaman bir çekişme olur. Yolumuzun her adımında inanca ihtiyacımız olduğundan, arzusunun Yaradan için olmasını isteyen kişi buna da inanır.

"Erdemli öldüğünde yaşarkenkinden daha yücedir." Bu demektir ki, yaşadıkları zamandan daha çok öldüklerinde, yani maneviyat eksildiğinde inancımızı arttırmalıyız, çünkü erdemli olmak inanca dayanır. Sadece bu şekilde bilmek ortaya çıkar ve inanç yolunda yürüme ile ödüllendirilmiş olan kişi bu kudreti ve ilmi alabilir.

"Maneviyatı övmekte aylaklık eden kişi, yaşarken gömülmelidir." Bu demektir ki, kişi eksiklik hissetmediğinde aylaklık içinde olur. Kişi hala canlı olsa bile eksiklik hissetmediğinden ve kalbindeki övgüyü uyandırmaya yetecek kadar bundan etkilenmediğinden, maneviyattan aldığı canlılık ondan ayrılmadan önce yaşarken gömülmelidir.

Ölmüş olan—maneviyatta—yalnızca gömüldüğünde ıslah olduğundan, bu insan gömülmelidir çünkü zaten ölümün gelmesi, yaşam ve canlılığın ondan ayrılması kesindir. Bu sebeple atalarımız onun hemen şimdi gömülmesi gerektiğini söyler.

Baruh Şalom Halevi

Baal HaSulam'ın oğlu

Mektup No. 36

Sukkot Akşamı, 9 Ekim 1957, Manchester

Kutsal topraklardaki dostlara, ömürleri uzun olsun,

Bu hafta …'dan iki mektup aldım, sorularını özel olarak cevaplayacağım.

Atalarımız der ki, "Bilgeyi (Maneviyatı) övmekte aylaklık eden kişi yaşarken gömülmelidir." Sormalıyız, "Neden bu kadar zalim bir ceza aldı?" Bilmeliyiz ki aylaklık, eksikliğin yokluğundan doğar. Orada yalnızca aylaklık vardır. Fakat eksiklik olduğu yerde, bu yokluğun nasıl doyurulacağının tavsiyesini aramak için daima eylem vardır. Bu sebeple özellikle maneviyatın ayrılışından dolayı eksiklik hissetmeyen kişi maneviyatı övmede aylaklık etmiş olur.

Soru şudur, "Maneviyatın ayrılışında neden eksiklik hissetmez?" Şunu diyebiliriz, yaşamı boyunca maneviyattan hiçbir şey almamıştır ve bu nedenle onun ayrılışından dolayı eksiklik hissetmez.

Bu nedenle yaşarken gömülmelidir. Bu şimdi iyi hissetmediği için değil, daha ziyade eskiden de iyi olmadığı içindir. Bu sebeple kişi "yaşarken gömüldü" olur.

Ancak tüm bunlar için bir çare vardır. Tersine "Bilge bir öğrenciyi küçülten düştüğü duruma bir çare yoktur." Diğer bir deyişle sadece bilgenin övgüsünde aylaklık içinde olmakla kalmayıp, kendisinin bilgeyle aynı derecede durduğunu söylerse, bilge öğrenci için bundan daha büyük bir küçüklük yoktur, atalarımızın söylediği gibi, "Onun kötü durumu için hiçbir çare yok." Tersine kendi gerçek formunu herkese gösterene kadar aşağılara düşmeye devam eder, yani Tora'sı ona ölüm iksiri olur.

Sukkot bayramı tüm bu soruları cevaplar, en zor ve kötü olanları da, çünkü bilinir ki, Sukkah "inancın gölgesidir" ve yargıya göre onun gölgesi, güneşinden daha büyük olmalıdır.

Ayrıca bilinir ki, güneş bilmeyi, ay inancı işaret eder. Bu atalarımızın dediği gibidir, "Ay İsrail'e atfedilirken, güneş dünya uluslarına atfedilir." Bu demektir ki güneşi gördüğümüz her an, gölgenin güneşten daha fazla olması için daha çok örtünmeliyiz.

Eğer kişi ödüllendirilirse ve kendi kendine gölge ilave edemezse, yukarıdan ona merhamet edilir ve güneş onun için kapatılır. Fakat kişi bunun tersini bildiği için öfkelenir. İnsan aklına göre eğer kişinin güneşi varsa, daha çok güneşi olsun ister, fakat "Ben'im düşüncelerim senin düşüncelerin değil," olduğundan, ona daha çok gölge verilir.

Eğer kişi gölgenin üstesinden gelirse, ona "bir güneş" verilir ve sonra o buna gölge ilave etmelidir. Eğer ekleyemezse, ona yukarıdan gölge verilir ve bu ebedi Dvekut ile ödüllendirilene kadar böyle devam eder.

Ancak kişi gölgeyi almak için yoğun çaba sarf etmeli, bunun kutsal bir gölge olduğunu, tüm bu gölgenin Sitra Ahra'dan değil yukarıdan geldiğini ve inanca tutunması için verildiğini söylemelidir. Buna "inancın gölgesi" denir ve o kutsaldır, tıpkı, "Tanrı'nın yolları düzdür, erdemli ve bayağı orda yürür," sözündeki gibi.

Bu ambar ve şaraphane israfından dam yapmanın anlamıdır. Baal HaSulam'ın açıkladığına göre, Goren kelimesi Ger Anohi (Ben bir yabancıyım), Yekev (şaraphane) ve Nokev Şem Haşem (Tanrı'nın adını boşa çıkarmak) kelimelerinden gelir. Baal HaSulam'ın sözlerini yorumlarsak, sazdan dam "mantık ötesi inanç" denilen inancın gölgesidir. Bu mantığın tersidir, çünkü mantık kişiyi boşluğa, ambara ve şaraphaneye getirir.

Bu demektir ki, mantık ve dünyasal gözün gördüğü açıdan şaraphane ve ambar israfı için yer vardır. Bu kendi içinde gölge yapar ve kişi bunun altında oturur. Bu demektir ki, o kendisi için en bayağı ve en kötü şeylerden bir yer yapar ve israf vasıtasıyla Sukkah'ın Mitzva'sını yerine getirir.

En önemlisi, bu Mitzva'dan sevinç elde eder, çünkü mantık ötesi inanca "Mitzva sevinci" denir. Öyle anlaşılıyor ki, realitede var olan tüm sorular ve kuşkular Sukkah'da ıslah edilir, çünkü onlar olmadan samandan dam yapmak mümkün değildir.

Bu bakımdan kişi iyi bir misafir olmalı ve "Ev sahibinin yaptığı her şey yalnızca benim için," demelidir. Bu demektir ki, insan, dünyada olan her şey yalnızca benim için ve bu nedenle iyi olanı alabilirim, yani inancı yerine getirebilirim demelidir. İnsanlarda kötülük görsem de bu cennet krallığının yükünü üstlenmem içindir.

Dahası başkalarının acı çekmesi sadece benim alabilmem içindir diyebilir. Gerçekte bunu söylemek zordur. Fakat insan özellikle onu yapana memnuniyet ihsan etmek için çalıştığında, kendisini tamamen önemsizleştirir. Tersine her şey sadece Yaradan içindir. Kişi "Ev sahibi sadece benim için kendini zora sokar," yani kendim için değil, Yaradan için inanç çalışmaya devam edeceğim, der.

Kişi hazla meşgul olduğunda, tüm dünyanın onun için yaratıldığını söylemesi zordur. Fakat insanın benliği tamamen önemsiz olduğundan, Yaradan çalışmasıyla ilgilenirse, buna inanması o kadar da zor değildir.

"Gölge" denilen sazdan dam özellikle şaraphane ve ambar israfından yapılır. Bu Sukkah sırasında söylediğimiz duanın anlamıdır, "Selden ve akıntıdan korunmak için." Bu demektir ki, inanç kişiyi kötüden— yabancı düşünceler ve fikirler— korur ve israfın üzerine inşa edilir. Sadece bu yolla selden ve akıntıdan korunur; aksi takdirde kişi dünyanın akıntısına kapılıp gider.

Cansız (cansız seviyedeki) insanlar yalnızca akılla beslediğinden ve yaşamlarını sürdürdüğünden, sel yeryüzünü devam ettiren bir şeydir. Onlar aklın erişemediği yerde tutunamazlar ve bu akıl onları cansız tutar.

Fakat gerçeğin yolundan yürümek isteyen kişi için sel uygun olmadığından, destek olarak aklı kabul etmemelidir. Eğer insan başarısız olur ve akıldan destek alırsa, düşüş nedeniyle derhal ızdırap çeker ve cehennemin dibine düşer.

Ancak, cansızlık onu korur ve düşüşten ızdırap çekmesini engeller. Çalışmasına destek için daima akıl aramasının sebebi budur. "Sel" denilen aklın içine düşmemek için yukarıda bahsedilen sazdan, damdan güç almalıdır, şöyle denildiği gibi, "sel ve akıntıdan korunmak için." Bu insanın sorularını yatıştırır ve o inancın gölgesiyle ödüllendirilir.

Konuyu daha iyi anlamak için Baal HaSulam'ın, kaleme aldığı bir mektubunu buraya kopyalayacağım. Bunlar onun sözleri: "Şimdi yoksula yardımın anlamını açıklığa kavuşturacağım; atalarımız der ki; İnsanın içinde çalışması yasaklanmış bir organ vardır. Eğer kişinin içinde küçüğün en küçüğü kadar onunla çalışma arzusu varsa, bu organ acı ve ızdırap çeken olarak kalır. Buna "yoksul" denir, çünkü onun tüm devamlılığı onun için çalışan ve ona acıyanlar tarafından sağlanır.

"'İsrail'den tek bir ruhu destekleyen kişi tüm dünyaya destek olur,' sözünün anlamı budur. Organ başkalarına bağımlı olduğundan, onda kendi varlığını sürdürmekten fazlası yoktur. Ama yine de Yaradan onu tüm dünyayı destekleyen olarak görür, yani diğer organların çalışmasıyla desteklenen o yoksul organı dünyanın ve içindeki her şeyin iyilik sebebiymiş gibi görür.

"'Ve O, onu dışarı aldı ve dedi ki, 'Şimdi cennetlere doğru bak… Ve o Tanrı'ya inandı ve erdemli olarak addedildi,' sözünün anlamı budur. Bu demektir ki, onun dışarı alınması, bu organla çalışma arzusu yarattı; bu sebeple O, kişinin çalışmasını yasakladı. Bu nedenle şöyle denir, 'Şimdi cennetlere doğru bak.' Aynı zamanda ona tohumun kutsanması sözü verilir.

"Kişinin kutsanması gereken tüm tohumu genel olarak bu organdan geldiğinden, bunlar aynı konudaki iki zıtlığı eşit kılar. Dolayısıyla çalışmadığı zaman tohum nereden bulacak?

"Bu 've o Tanrı'ya inandı' sözünün anlamıdır, yani kişi bu iki alışı, hem çalışma yasağını hem de tohumun kutsanması sözünü olduğu gibi kabul eder. Peki, onları nasıl aldı? Bunu 'Ve onu erdemli olarak addetti,' olarak, yani başkalarının yardımıyla yaşamını sürdüren yoksula yardım formunda (Tzedakah kelimesi hem yardım, hem erdemlik anlamı taşır) aldı.

"Bu atalarımızın şu iki söyleminin anlamıdır: Kişi Yaradan'ın ona erdemlikle davranacağını, yani çalışma olmasa da onu koruyacağı düşünürken, bir diğeri İbrahim'in Yaradan'a karşı erdemlik içinde olduğunu düşünür. Her ikisi de Tanrı'nın sözleridir, çünkü ıslahtan önce o organ cennettedir ve yardım aşağıda olanlar içindir. Kişinin ıslahı sonunda bu elde edilebilir ve sonra Tzedakah üst olana atfedilir. Bunun gerçek olduğunu bilin ve kutsayın." Bunlar onun sözleridir.

Her birinizin Baal HaSulam'ın bu sözlerinin anlamını bana yazmasını istiyorum, çünkü mükemmel bir makale.

Ve şimdi kış çalışmasını, uzun kış geceleri boyunca yapacağımız çalışma düzenini ayarlayalım. Buraya kadar "sol reddeder," denilen sol çizgi perspektifinden bahsettim. Bu pek çok çalışma, tüm engelleri ve yabancı düşüncelerin üstesinden gelme çabası gerektirir. Ancak, aynı zamanda sağ çizgiye de bağlanmalıyız, atalarımızın dediği gibi, "Tora'nı kalıcı, çalışmanı geçici kıl." Tora bütünlük olan sağ olarak kabul edilir. Kişi kendini faziletlerle ve soylu niteliklerle dolu mükemmel biri olarak görmelidir. Tora ve Mitzva çalışmasını elinden geldiğince bütün bir insan için uygun olacak şekilde düzenlemelidir.

Ancak, kişi arzusunu tamamlayamadığında bundan pişman olmamalıdır. Bu demektir ki, kişi iyi amel yerine getirmeyi ve Tora çalışmayı arzulayıp da yapamıyorsa bundan pişmanlık duymamalı bilakis sağ çizgide çalıştığı için mutlu olmalıdır. Yapabildiklerinden tatmin olmalı, O'nun adını kutsamalı ve şükretmelidir. Günde bir dakika çalışması bile onun için büyük bir hazine bulmuş gibi olmalıdır.

Bu basit bir amel bile olsa yine de mutlu olmaya çalışmalı ve Kral'a hizmet etmesine izin verilmiş olmasından canlılık almalıdır. Çalışma sırasında olması gereken budur. Bu sağ çizgi Tora olarak kabul edilir, şöyle yazdığı gibi, "O'nun sağında ateşten bir yasa var." Her fırsat için Yaradan'a şükretmelidir.

Baal HaSulam'dan duyduğuma göre, övgü ve şükranla kişi Yaradan'a yakınlaşır ve aşağıdan O'nun kutsallığını çeker. Kişi kendini bütün hissetmelidir ve sonra kutsanmış olarak kabul edilir çünkü kutsanmış kutsanmışa tutunur. Eğer kişi kendini lanetlenmiş olarak görürse, lanetli lanetliye tutunamaz.

Dolayısıyla, kendinizi Tora ve Mitzvot yerine getirirken bütün olarak görmelisiniz. Bu sırada içinizde hiç kusur bulmamalısınız, şöyle yazdığı gibi, "İçinde kusur olan yaklaşamayacak." Buna bütünlük "Tora" denir.

Fakat tek başına Tora yeterli değildir, atalarımızın dediği gibi, "Yalnızca Tora'ya bağlananın Tanrı'sı yok gibidir" ve "Gerçek bir Tanrı'ları olmadan İsrail için pek çok gün."

"Günler" bütünlük olarak, yani Tora olarak kabul edilir. "Pek çok" demek kişi sadece Tora'ya bağlanıyor demektir ve sonra o "Gerçek bir Tanrı'sı olmadan," olur. Bu böyledir, çünkü soldayken özellikle bu çalışma gerçeğin yoluna rehberlik eder. Bu "Tora'yı iki anlayışla çalışmak iyidir çünkü her ikisinde birden çabalamak günahı azaltır" ve "Çalışma olmadan Tora sonunda iptal edilir ve günaha sebep olur," sözlerinin anlamıdır.

Şunu sorabilirsiniz, "Nasıl olur da Tora bir taraftan günahları hafifletirken diğer taraftan günaha sebep olur?" Bunun sebebi şudur ki, eğer gerçeğin yolunda yürümezsek, "Eğer ödüllendirilmezlerse bu onlara ölüm iksiri olur," olarak kalırız. Ve bu çalışma cennet krallığı olarak idrak edilir, sadece bu anlayış çalışma ve çaba olarak kabul edilir. Bu sebeple atalarımız her ikisiyle çabalamanın günahı hafiflettiğini söyler. Fakat "Az iş, çok çalışma yap; Tora'nı daim kıl, çalışmanı geçici kıl," çünkü günün çoğunluğunda kişi sağ çizgide yürümeli ve günün çok azında kalpte ve akılda arınmışlık çalışmasında olmalıdır.

Ebedi Dvekut ile ödüllendirilmemiz umuduyla mektubuma son veriyorum.

Baruh Şalom
Baal HaSulam'ın oğlu

Mektup No. 37

25 Ekim 1957

Yaradan çalışmasından dost sevgisini ayırma konusunu anlayamıyorum, çünkü Baal HaSulam için bu iki şeyi birleştirmek asla geçerli değildi.

Tersine, dostlar arasında Tora sözlerini veya yücelik ya da küçüklük aşamalarını konuşmak yasaklanmıştır. Yolumuz daima "Alçakgönüllülükle yürü" olmuştur. Baal HaSulam'ın pekçok kez söylediği gibi dostlar arasında çalışmayla ilgili konuşmaya çok az izin verilir.

Daha ziyade herkes dostunun maneviyatıyla değil maddeselliğiyle ilgilenen sıradan insanlar gibidir. Dostlar arasındaki yakınlık Tora sözleri vasıtasıyla değil, yemek ve içki sırasında gerçekleşir.

Dolayısıyla, ne tür yenilikler yapmaya çalıştığınızdan emin değilim. Belki şimdiye kadar dost sevgisiyle ilgili olarak çalışma meselesinde tartışma ya da bağ olmaması gerektiğine inandınız ama şimdi biliyorsunuz ki, olması gereken tek yol alçakgönüllülükle yürümek.

Bu yol dostunun mutlu gününe koşan birinin yolu gibidir. Kendinin iyi ya da kötü olup olmadığını düşünmeden, dostunun neşesiyle neşelenir. Somurtmamalı, aksine mutlu bir yüz göstermelidir. Burada da aynı şey geçerlidir; dostlar arasındaki bağ öyle olmalıdır ki, burada "Kendine bir dost satın al" meselesi olduğundan her biri dostunu özellikle maddi şeylerle memnun etmeyi dilemelidir.

"Kendine bir Rav bul," ise başka bir hikâyedir. Bu demektir ki, bazen dostlar arasında kişi karşısındakine karşı "Kendine bir Rav edin" konusunu yerine getirmek ister. Ancak, bu büyük özen ve ilgiye sahip dostlar arasında olmalıdır, herkes bunun için uygun değildir. Fakat bunun bizim çalışmamızla bağlantısı olmadığından, dost sevgisinin talep ettiği şey "dost sevgisi" olarak kabul edilmez.

Baruh Şalom HaLevi

Baal HaSulam'ın oğlu

Mektup No. 38

Ocak 1958

Benlik Nedir?

Yaradan'ın hizmetkârı olması gereken ve bunun karşılığında ödül alacağı söylenen insanın kim olduğunu açıklamalıyız. Her şeyden önce insan 248 organ ve tüm bedeni destekleyen ruhtan meydana gelmiştir. Soru şudur, "Bu organların devamlılığını sağlayan operatör, akıl, kalp ya da ruh nedir? İyi ameller vasıtasıyla gelecekte iyi ödül alacağı vaat edilen benlik nedir?"

Ayette şöyle der "Ve Tanrı insanı Kendi imgesinde yarattı." Yaratılış deyimi yeni bir şeye işaret eder, yani Yaradan'ın daha önce var olmayan yeni bir şey yarattığı yokluktan var olan realite. Atalarımız bu realiteyi "haz alma arzusu," olarak adlandırır. Yaradan realiteyi yaratmadan önce hiç eksiklik yoktu, yani yaratılıştan önce bütünlük vardı. Dolayısıyla, yeni olan şey alma arzusudur.

Alma Arzusundaki Yaratılış

Alma arzusunun yaratılma amacını atalarımız O'nun yarattıklarına iyilik yapması olarak açıklar. Yaradan, yarattıklarına haz ve O'nun iyiliğini vermek ister, dolayısıyla bu hazzı alabilmesi için yaratılışın bir kaba (Kli) ihtiyacı vardır. İhtiyaç ve bunun eksikliği yoksa hazzı almak imkansızdır.

Bu hiç iştahı olmadığı için yemekten zevk almayacak olan dostuna iyi bir yemek hazırlamak isteyen bir insanın durumuna benzer, çünkü yemek için duyulan özlem yemekten alınacak hazzın ölçüsünü belirler. Bu sebeple yaratılanların O'nun armağanlarından haz alabilmesi için O, yarattıklarının içine haz alma arzusunu işlemiştir.

İnsanda var olan haz alma arzusu, Yaradan'ın yarattığı insanın bütünlüğüdür. İnsanla ilgili olarak bahsettiğimiz her şey alma arzusudur. İnsanın gelecekte ebedi hazla dolması için Tora ve Mitzvot'a bağlanması gerektiği söylenir. Bu demektir ki, çalışmanın sonunda haz alma arzusu, Yaradan'ın vermekten memnuniyet duyduğu hazzın alımıyla ödüllendirilecek.

Alma arzusu, organlara hizmet etmeleri ve haz almaları için verilmiştir. Bu demektir ki, organlar haz getirir. Eller, ayaklar, gözler gibi, organların hepsi insana hizmet eder. Diğer bir deyişle alma arzusu evsahibi olarak kabul edilir ve tüm organlar onun hizmetkârıdır. Aynı zamanda hizmetkarların üzerinde onları yöneten ve "alma arzusu" denilen evsahibinin arzusu gereğince tüm hizmetkarların haz verme amacıyla çalıştıklarından emin olmak isteyen bir de uşak vardır.

Hizmetkardan biri kayıp olduğunda, o hizmetkara bağlı haz da kaybolur. Eğer kişinin kulakları duymuyorsa şarkı söylemekten, eğer koku alma duyusu yoksa parfümden haz almaz. Eğer tüm hizmetkarları kontrol eden bir iş sahibi akıl eksikliği içindeyse, o zaman tüm iş ters gider ve bozulur.

Bu, pek çok çalışanı olmasına rağmen yetersiz bir müdüre sahip olan bir iş adamının durumuna benzer. Kar elde etmek yerine kaybeder. Oysa o iş adamı, müdür olmasa ya da işe gelmese bile işinin başındadır.

Burada da benzer bir durum söz konusudur. İnsanın "hizmetkar" denilen bir aklı yok ama sahibi varsa, bunu irdeleme becerisinden yoksundur—haz alma arzusu yok değildir—o zaman bu insan küçük bir haz karşılığında büyük bir hazzı satabilir. Örneğin akılsız birinin canı tatlı isterse, dükkan sahibi ona şöyle der, "Bana yüz lira ver karşılığında ben sana şeker vereyim," o da tatlı için yüz lira verebilir, çünkü istediği tatlının bedelini değerlendiremez.

Benzer şekilde bu kişi zarar verebilir, eşyaları kırıp, giysileri yırtabilir, çünkü bunun ona bir tür haz vereceğini düşünür. Zarar vermede haz olabileceğini duyduğunuzda şaşırmayın. Büyük filozof Aristoteles'in adını ebedileştirmek, namını devam ettirmek için büyük ve pahalı bir evi yaktığı söylenir. Ev değerli bir şey olduğundan evi yakarak adının unutulmayacağını düşünmüş olmalı.

Dolayısıyla insanların zarar vermekten de haz aldığını görürüz. Dolayısıyla akılsız birinin yaptığı herhangi bir amel ona haz verir, küçük bir haz karşılığında büyük zarara sebep olabileceğini değerlendiremediğinden, bu haz onu kötü bile olsa bazı şeyleri yapmaya zorlar.

Yukarıda söylenenlerden anlarız ki insanın özü alma arzusundan başka bir şey değildir. Bu demektir ki, akıl da beden değil, yukarıda bahsedilen gibidir.

Çalışmayla İlgili

İnsanın özü alma arzusu Yaradan'ın zıddıdır, yani Yaradan verendir. Form eşitliğine gelmemiz, yani eylemlerimizin sadece ihsan etme arzusunda olması için bize Yaradan'a memnuniyet vermede yeni bir güç elde edeceğimiz Tora ve Mitzvot çalışması verilmiştir—yoksa insanın Yaradan'dan alacağı haz bütün olmaz çünkü bir başkasından karşılıksız hediye alan kişi onun yüzüne bakmaya utandığı ve bu hazdan dolayı ızdırap hissettiğinden, utancı deneyimler. Çalışma ile hiç utanç olmadan Yaradan'dan tüm hazları almaya uygun hale gelir, çünkü hazzı zevk için değil, daha ziyade yaratılış amacı olan Yaradan'ın arzusunu yerine getirmek için almak ister. Aslında tüm çalışma sadece Mitzva aracılığı ile haz almanın bu derecesini elde etmekle ilgilidir.

Size sözel olarak anlattıklarımı, daha iyi hatırlamanız için yazarak tekrarladım.

Ailenize ve size en iyi dileklerini gönderen dostunuz,

Baruh Şalom Halevi Aşlag

Mektup No. 38b

Yaradan'ın hizmetkârı dediğimiz **benlik nedir** ve vaat edilen ödülün, iyi bir gelecekle ödüllendirilenin alıcısı kimdir?

Yaratılışın doruk noktası insanla ilgili söylenen her şey şöyle yazdığı gibidir "Ve Tanrı insanı Kendi imgesinde yarattı." Yaratılış yokluktan varlık, yeni bir şey demektir. Bu haz alma arzusudur, yani eksikliği hazla doyurmaya özlem duyan bir varoluş.

Haz hissinin tamamlanması için Tora ve Mitzvot çalışması verilmiştir ki bu şekilde insan mükemmelleşir ve hiç eksiklik olmadan bu hazzı almaya uygun hale gelir. Bu demektir ki, başkasından haz alan kişi, "utanç ekmeği" denilen utanca bağlı olarak hazzın alımında eziklik içinde olur. Edindiği faziletlerle mükemmelleşerek utanç olmadan haz alma becerisini edinir.

Öyle anlaşılıyor ki, insana "haz alma arzusu" denir ve haz alma arzusuna hizmet etmesi için "akıl" denilen hizmetkârla beraber el ve ayaklar verilmiştir. Tüm bu hizmetkârlar ona haz verir, eğer içlerinden biri noksansa o hizmetkara ilişkin haz da kaybolur.

İnsan bu en itibarlı hizmetkardan, yani akıldan yoksun olsa bile yine de haz ve acı hissedip, büyük hazlar almak yerine anlık hazlar alabilir. Bu demektir ki, aklıyla niteliksel ve niceliksel olarak hangisinin daha değerli olduğuna karar veremediğinden, etrafına zarar verebilir.

En meczup kişi bile eylemleri vasıtasıyla haz almak ister ama bu aptalca şeyleri yapmasının bir sebebi vardır. Ona haz vereceğini düşündüğü her şeyi derhal yerine getirir, aklıyla bunun gerçek ya da hayali bir gerekçe olup olmadığını değerlendirme kapasitesi yoktur.

Büyük filozof Aristoteles'in adını ebedileştirmek, namını devam ettirmek için büyük ve pahalı bir evi yaktığı söylenir. Ev değerli bir şey olduğundan evi yakarak adının unutulmayacağını düşünmüş olmalı.

Öyle anlaşılıyor ki kötü bir şey yaptı ama bir sebebi vardı. Bu demektir ki, bunu yaparken haz hissetti. Benzer şekilde akıldan yoksun biri eleştiri gücünden yoksundur ama yine de varlığını devam ettirir.

Ayrıca acıdan kaçmada da haz vardır, bu gelecekle ilgili bir hesap konusudur, yani daha sonra ızdırap çekmemek için şimdide hareket etmektedir. Bu da akılla ilgilidir, yani akıl ona bunun kötü bir şey olduğunu hatırlatır. Ve aklı zaten kusurlu olduğundan düşüncelerini toparlayamaz ve dolayısıyla da geçmişi ve geleceği değil sadece şimdiyi hisseder. Öyle anlaşılıyor ki, akıl diğerleri gibi yalnızca insanın hizmetkârıdır, yani hazzın içinde tam bir bütünlük hisseder.

Alma arzusu bütün hayvanlarda vardır, fakat sadece insana başkasını hissedebilme becerisi verilmiştir. Bu demektir ki, dostuyla aynı hisleri paylaşabilir, yani dostunun hazzından haz ya da ızdırabından acı alabilir.

Öyle anlaşılıyor ki, o insana haz alması için ilave bir alan verilmiştir—kendi bedeninin dışında. Hayvanlar başkasından değil sadece kendilerinden etkilenirler, fakat konuşan seviyeye bir başkasını hissetme niteliği verilmiştir (Doğa bazı hayvanlara bu hissiyatı vermiştir fakat onlar bunu aynı cinse karşı hisseder.)

Konuşan seviyeye ilave olarak İsrail'den olan birine Tanrısallık hissiyatı verilmiştir. Bu bağlamda şöyle denir, "Sana insan denir." Bu konuşan seviyeye verilen ilave güçtür, yani Şehina'nın sürgününden pişmanlık duyabilir ve dünyadaki cennet ihtişamıyla mutlu olabilir. Dolayısıyla İsrail'den olan biri için konuşmaya ilave olarak farklı bir nitelik verilmiştir. Bu dünyanın yaratılmasındaki temel hazdır—Tanrısallığın hissiyatının hazzını almak.

Dünyada var olan tüm hazlar, O, bunları yarattığından, Yaradan'dan gelir, fakat neden bu hazlara "dünyasal hazlar" denir? Çünkü insan onlardan Yaradan onların içine dâhil olmasa da haz alabilir. Bu demektir ki, kişi Tanrısallığı hissetmese bile tüm bu şeylerden haz alabilir.

Fakat inanç yükünü üzerine almadan Tora ve Mitzvot 'un tadını almak mümkün değildir. İnanç ışığı kişiye yansıdığı ölçüde Tora ve Mitvzvot'tan aldığı haz içinde büyür. Bu sebeple Tora ve Mitzvot'taki hazza "manevi haz" deriz.

Kişi Tora ve Mitzvot'la bir bağlantısı olmasa da, canlılık olmadan yaşayamayacağından, dünyasal hazları hissedebilir çünkü yaratılışın doğası alma arzusudur ve yaratılış düşüncesine "Yarattıklarına iyilik yapma Arzusu" denir. Kişi şimdide yada gelecekte haz görmediğinde kendini öldürebilir çünkü bu dünyaya gelme nedeni haz almak istemesidir.

İnsana seçim şansı verildiğinden, kötüyü reddedip, Tora ve Mitzvot'u seçmesi için—sadece seçim yaparak gerçek iyiliği edinmemizi sağlayan iyi nitelikler edinmek mümkündür—çalışma sırasında gizlilik verilmiştir. Bu demektir ki, kişi Tora ve Mitzvot'taki hazzın tadını almayabilir, çünkü sadece gizlilik sırasında bir seçim vardır.

Aynı zamanda maneviyattın canlılığının tadıyla ödüllendirilene kadar tüm canlılığını sınırlı haz veren dünyasal şeylerden alır. Manevi tadı tadana kadarki tek geçiş yolu budur, bu nedenle dünyasal şeylerin tadını hissetmelidir. Bu dünyasal hazların onu Yaradan hazzını almaya getirmesi mümkündür.

Alma arzusuna "insanın bedeni" denir. Bu nedenle değişime uğramaz fakat daima haz alma arzusu aşamasında kalır.

Kıyafetlenme: Değişim geçiren şey, nesnenin özü değildir, çünkü nesne değişmez. Bu nedenle kişinin haz aldığı şeyler giysiler olarak kabul edilir. Örneğin insan bugün bu kıyafeti yarın bir başkasını giyinir. Mutfakta giydikleriyle krala hizmet ederken giydikleri ayrıdır.

Haz ışık olarak kabul edilir, manevi Kli (kap) olmadan ışık olmaz ve manevi bir kap dünyasal kıyafetle örtünmelidir, fakat kişi yalnızca kıyafet vasıtasıyla kabın içinde bulunan hazzı alabilir. Dolayısıyla içinde haz olan pek çok giysi verilmiştir, örneğin yeme, içme, saygı görme ya da Tora ve Mitzvot. Her insanın farklı giysisi vardır, biri diğerine benzemez. Ancak aynı olan tek bir şey vardır - herkes haz ister.

Değişen kıyafet: İnsandaki değişim—bazıları şan ve şöhretten bazıları Tora ve Mitzvot'tan haz alır—pek çok sebepten dolayıdır. Bazen bu kalıtımsaldır, yani atalarımızın sahip olduğu hazlar nesilden nesle aktarılır. İyi niteliklerin babadan oğula nesiller boyu geçmesinin, soyun anlamı budur.

Ayrıca bizi etkileyen kitaplar ve onların yazarları vasıtasıyla değişimden geçeriz. Bir ağacın topraktan suyu çekmesi gibi insan da yeryüzünün ağacıdır—çevresinden alır. Bu nedenle yazarlardan etkilenir. Bu demektir ki, arkadaşlarının iyi ya da kötü dediği şeylerden ya da kitaplarda okuduklarından etkilenir ve onların tavsiyesini izler.

Mektup No. 39

6 Mart 1958, Manchester

Merhaba sevgili dostum,

Purim'de yarım şekel, on pound aldım. Kutsal Zohar'da yarım şekele, on denildiği yazar ki bu Tanrı'ya katkının tartıldığı taştır.

Kutsal Zohar'ın sözlerini yorumlamalıyız. Yarım şekel demek, insanın Yaradan'a nasıl geri döneceğini tartmaya başlaması demektir, kutsal Zohar, bununla ilgili kişi pek çok günahı olduğunu bildiğinde, daima yarım ve yarım olarak kabul edileceğini bilmelidir, der. Bu demektir ki, o yarı erdemli, yarı kusurlu fakat kişi daima erdemlik ölçüsünü seçmelidir. Bu atalarımızın dediği gibidir, "Kişi daima kendini yarı suçlu yarı suçsuz görmelidir. Eğer bir Mitzva yerine getirirse kendini ve tüm dünyayı erdemlik ölçüsüne getirdiği için mutlu olur."

Atlarımızın neden "Dostundan yüce olanın arzusu da ondan yücedir," dediğini açıklamalıyız. Bu böyledir, çünkü eğer ona büyük bir kötü eğilim verilmemişse, yani iyiliği kötülüğünden daha fazla ise seçmek özellikle iki şey birbirine eşit olduğunda mümkün olduğundan, o zaman seçim şansı yoktur.

Bununla atalarımızın şu dediğini anlayabilirsiniz, "Gelecekte (ıslahın sonunda) Yaradan kötü eğilimi getirecek ve erdemlinin ve bayağının önünde katledecek. Erdemliye göre o yüksek bir dağ, bayağı olana ise küçücük bir yer gibidir." Kimin haklı olduğunu anlamalıyız, yani kötü eğilimin ölçüsünü.

Ancak, açıkladığım gibi, bayağının birkaç fazileti vardır bu nedenle kötü eğilimi o kadar da büyük değildir, küçücük bir alan gibidir. Onun yarım yarım olması için—az iyiliğin olduğu yerde az kötülük olmalı— bu böyledir. Fakat erdemlinin pek çok fazileti olduğundan kötü eğilimi de büyük olmalıdır. Dolayısıyla erdemli olan için kötü eğilim yüksek bir dağ gibidir.

Bununla ayetle ilgili soruları anlayabilirsiniz, "Firavuna gel, çünkü onun kalbini katılaştırdım." Yaradan'ın onun kalbini katılaştırarak onu reddettiğini mi söylemek istiyor? Açıkladığıma göre, bunun tersidir. Yaradan'ın kalbini katılaştırmasıyla o bir kez daha seçim yapabilir, çünkü Firavun "Tanrı erdemli, ben ve benim halkım bayağı," dediğinde, bu demektir ki o hali hazırda erdemlik ölçüsüne mahkûm edildi, o iyi ve artık yapacak daha fazla şeyi yok. Bu sebeple iyiliğine uygun biçimde Yaradan kötü eğilimi arttırmak zorundaydı, atalarımızın dediği gibi, "Dostundan yüce olanın arzusu da ondan yüce olmalıdır." Dolayısıyla Yaradan onun kalbini katılaştırdığında, bir kez daha seçim yapabilecekti.

Dileyelim Yaradan bizi iyileşme ve kurtuluşla ödüllendirsin.

Size ve ailenize en iyi dileklerimle,

Baruh Şalom HaLevi Aşlag

Mektup No. 40

6 Mayıs 1958, Manchester

Öğrencilerime,

Kazandığımızla ilgili telgrafı... dan aldım. Umalım ki eğilimlerle ilgili savaşımızı da kazanalım, burada da başarılı olacak ve Yaradan'a memnuniyet verme hedefimizi gerçekleştireceğiz.

Güçlü ve tuttuğunu koparan insanlar gibi kutsal amacımıza yaklaşmaya başladık. Bilinir ki, amaca, Yaradan sevgisine giden asfaltlı yol, dost sevgisidir. Sevgi "Kendine bir dost satın al" vasıtasıyla gerçekleşir. Diğer bir deyişle, eylemler vasıtasıyla kişi dostunun kalbini satın alır. Dostunun kalbinin bir taş gibi olduğunu görse bile, bu bir bahane değildir. Eğer çalışmanın onunla dost olmak için uygun olduğunu hissederse, o zaman onu iyi eylemlerle satın almalıdır.

Her hediye (hediye, ister kelimelerle, düşüncelerle ya da eylemle olsun, dostunun hoşlanacağını bildiği bir şey olmalıdır) açık olmalıdır ki böylece dostu onu bilsin, çünkü sadece düşünce vasıtasıyla dostu onun kendisini düşündüğünü bilemez. Bu nedenle, kelimelere de ihtiyaç vardır, yani onu düşündüğünü ve ilgilendiğini söylemelidir. Ve bu şekilde dostunun sevdiği şeyi yapmış olur. Turşu değil de tatlı seven birine, tatlı yerine turşu veremezsiniz. Bununla şunu anlamalıyız ki, birisi için önemli olmayan bir şey, bir diğeri için önemli olabilir, dosta verilen şey, taşa delik açan kurşun gibidir. İlk kurşun taşı sadece çizse bile, ikinci kurşun yerine ulaşıp çentik atar ve bir üçüncüsü delik açar.

Ve kurşunlar vasıtasıyla, tekrar tekrar vurur ve bu dostunun tüm hediyelerinin bir araya geldiği taştan kalbinde bir delik açar. Ve her bir hediye yani tüm sevgi kıvılcımları taştan kalbin deliğinde bir araya geldiğinde sevgi alev olur.

Kıvılcımla, alev arasındaki fark şudur ki sevginin olduğu yerde açık bir ifşa vardır, yani içinde sevgi ateşinin yandığı her bir dost için bu bir ifşadır. Ve sevginin ateşi kişinin yolda karşılaştığı her arzuyu yakar.

Ve şunu sormalıyız, "Kişi dostuna karşı taştan bir kalbi olduğunu hissettiğinde ne yapmalıdır?" Bunu yazdığım için beni affedin, fakat "Herkes taştan bir kalbi olduğunu hisseder." Yani burada dostunun onu seveceğinden ve hediyeler (sadece eylemle değil fakat en azından güzel sözler kullanarak onun dikkatini çekmek) vereceğinden hiç şüphesi olmayan ve bunu hissedenlerin haricinde, sadece dostlarını sevmekle ilgili çok soğuk kalbi olduğunu hissedenlerden ya da sıcak bir kalbi olup da dostların soğukluğu nedeniyle kalpleri zaten soğumuş olanlardan bahsediyorum.

Tavsiye çok basit. Ateşin doğası gereği taşları birbirine sürttüğünüz zaman, ateş olur. "Kişi Lo Lişma'dan (O'nun adı için değil), Lişma'ya (O'nun adı için) gelir" söz konusu olduğu için, bu önemli bir kuraldır. Ve bu özellikle eylem, Lişma'da olduğunda böyledir, yani dostuna hediye vermek ve amaç Lo Lişma'dır.

Bu böyledir, çünkü kişi sadece tanıdığı ve sevdiği birine hediye verir. Öyle anlaşılıyor ki, hediyenin amacı dostunun ona verdiği sevginin minnettarlığıdır. Ancak, eğer kişi bir yabancıya, yani kalbine yakın olmayan birine hediye verirse, o zaman minnettarlık duyacağı bir şeyi yoktur. Öyle anlaşılıyor ki amaç, olması gereken niyet Lo Lişma'dır.

Dostuyla kimsenin konuşmadığını ve onu selamlamadığını gördüğünde ona acıdığı için hediye verdiğinde ilk anda buna "bağış" denilebilir. Aslında, bunun için dua vardır -Yaradan'ın dostunun sevgisini hissetmesine yardım etmesi ve dostunu kalbine yakınlaştırmasıyla ilgili. Bu şekilde iyi eylemler vasıtasıyla amaçla da ödüllendirilir.

Fakat hediyeyi dostuna bir bağış gibi verme niyeti içinde olduğunda (bazıları için zaman, dostunun parasından daha önemli olduğundan, zamanını dostuna veriyor olsa bile, tıpkı şöyle söylendiği gibi, "Kişi zaman eksikliği içinde olmasına değil, para eksikliği içinde olmasına önem verir." Ancak, bir saatte bir pound kazanan insanlar olduğundan, zamanla ilgili olarak herkesin farklı değerleri söz konusudur. Aynı şey maneviyat içinde geçerlidir -bir saatte ne kadar maneviyat içinde olacağı gibi) o zaman kendisiyle ilgili olarak dost sevgisini amaçladığını kanıtlamış olur, yani eylem vasıtasıyla aralarındaki sevgi artar.

Ancak her biri bağış olarak değil, hediye için niyet ederse, en güçlü olanların bile kalplerinin yıpranması pahasına, her ikisi de kalbinin duvarlarından sıcaklık yayar ve bu sıcaklık bir sevgi giysisi oluşturana kadar sevginin kıvılcımlarını ateşler. Sonra, her

138

ikisi bir battaniye ile örtülmüş olur, yani tek sevgi her ikisini de örter ve sarar, tıpkı Dvekut'un (birleşme) ikiyi bir olarak birleştirmesi gibi.

Ve kişi dostunun sevgisini hissetmeye başladığında, yenilik hoşa gider kuralı gereği, haz ve neşe içinde derhal uyanmaya başlar. Dostunun sevgisi onun için yeni bir şeydir, çünkü o zamana kadar kendi iyiliğini düşünen tek kişi kendisiydi. Fakat dostunun onunla ilgilendiğini keşfettiği an, bu onun içinde ölçülemez bir neşe uyandırır, insan sadece haz hissettiği yerde olmak istediğinden artık kendisiyle ilgilenmez. Ve dostuyla ilgilenerek, haz hissetmeye başladığından doğal olarak kendisini düşünmez.

Görürüz ki doğada özlem dayanılmaz olduğunda orada sevgi vardır. Eğer şunu sormak isterseniz, "Nasıl olur da sevgi vasıtasıyla kişi kendi varlığını iptal edecek arzuyu geliştirebilir?" Bunun tek bir cevabı vardır: "Sevgi doğru yoldan sapar." Diğer bir deyişle, akıldışıdır ve doğru olarak kabul edilmez.

Ancak bundan sonra, böyle bir sevgi oluştuğunda, herkes tamamen iyi bir dünyada yürümeye ve Yaradan'ın onun payını kutsadığını hissetmeye başlar. Sonra "kutsanmış, kutsanana bağlanır" ve O'nla, sonsuza kadar Dvekut'la ödüllendirilir.

Sevgi vasıtasıyla kişi isteyerek tüm realitesini iptal eder. Bilinir ki, bir bütün olarak, insan iki parçaya bölünür: realite ve realitenin varlığı. Realite demek, kişi kendini bir eksiklik içinde haz alma arzusu olarak hisseder demektir. Realitenin varlığı ise, bedenin ondan beslendiği ve almakta ısrar ettiği haz ve mutluluktur. Aksi takdirde, kendini yok eder, bu dünyada olmazdı. "Tanrı'nın yarattığı şey," sözünün anlamı budur, yani realite, "yapmak," realitenin varlığını işaret eder.

Realitenin varlığı üç parçaya bölünür:

1) İhtiyaç olmadığında realite iptal edilir. Diğer bir deyişle, günde en azından bir bardak su, bir parça ekmekle, üzerindeki giysilerle evde bile olmasına gerek olmadan dışarıda, sokakta birkaç saat uyuyabileceği bir sıraya sahip olmak ve yağmurlar sırasında ıslanmaktan ve üşümekten korunmak için bir mağaraya sığınmak. Giysileri yıpranmış olsa da tüm bunlar onun için yeterlidir, çünkü sadece realitenin varlığından başka bir şey istemez.

2) Sıradan, önemli bir burjuva olmak -bir eve, mobilyalara, saygıdeğer giysilere sahip olmak gibi.

3) Birçok evi, hizmetkârı, güzel mobilyaları ve değerli kişisel eşyalara sahip olanlar gibi olma arzusu. İstediğini elde edemese bile, gözleri ve kalbi buna özlem duyar ve tek umudu lüks bir yaşam sürmektir ve sadece bu seviyeyi başarmak için çalışır ve çabalar.

Yukarıda bahsedilen üç anlayışın içinde dördüncü bir anlayış daha vardır: günlük ihtiyaçlarını yeteri kadar karşıladığında, artık yarınla ilgilenmez. Daha ziyade her gününü hayatının tüm yılları, yetmiş yılı gibi yaşar. İnsan doğası yetmiş yıllık yaşamı boyunca sadece gereksinimleriyle ilgilendiğinden, sadece geride bıraktığı geçen zamanı değil, her gününü tüm bir yaşam gibi algılar ve bundan daha fazla yaşamayacağını düşünür.

Ertesi gün canlandığında, tıpkı yeniden doğmuş gibi olur ve ilk yaşamında bozduğunu düzeltir, bu demektir ki, eğer birisinden borç para alırsa, borçlu olur. Böylece ertesi gün -gelecek yaşamda- ona ödeme yapar ve bu erdemlilik olarak kabul edilir. Gelecek yaşamda, tüm borçlarını, başkalarına olan borcunu ya da başkalarının ona borcunu ödemesiyle geçirir. Yarından sonraki gün, üçüncü yeniden doğuş olarak kabul edilir ve bu böyle devam eder.

Şimdi yukarıda bahsedilen meseleyi açıklayacağız, sevgi vasıtasıyla kişi taviz vermeye hazırdır. Bazen, kişi Yaradan sevgisine sahip olmak istediğinde zamanını ve enerjisini Yaradan sevgisini satın almak ve O'na hediyeler vermek için (dost sevgisiyle ilgili olarak bahsettiğimiz gibi) harcamak istediğinden, üçüncü anlayıştan feragat eder, yani lüks bir yaşamı isteyerek reddeder. Diğer bir deyişle, halen Yaradan sevgisine sahip olmasa da, bu ona Yaradan sevgisini edinmede çok değerli olan saran ışık formunda parlar.

Bazen kişi Yaradan sevgisini satın almayı ister ve eğer gerekliyse, ikinci anlayışı da terk eder, yani önemli bir burjuva yaşamına sahip olmak yerine sadece ihtiyaçlar için yaşamak.

Bazen, gereklilik olması ölçüsünde Yaradan'ın sevgisinin yüceliğini hissetmek isteyerek, ilk anlayışı -yaşamın temel ihtiyaçlarını- bile terk etmeye razı olur ve eğer bedenin ihtiyaçlarını karşılamazsa bunun vasıtasıyla kendi varlığını da iptal olmuş olur.

Ve bazen kişi kendi varlığını, bedenini vermek ister, bu şekilde eğer bunu yerine getirecek şansı varsa Yaradan'ın adı kitleler içinde kutsanmış olur. Bu tıpkı Baal HaSulam'ın söylediği gibidir, "Kişi, 'Tüm hayatım boyunca 'Tüm ruhunla' ayeti için hayıflandım, bunu ne zaman yerine getireceğim?' diyen Kabalist Akiva'nın niteliklerini izlemelidir."

Şimdi atalarımızın şu sözlerini anlayabiliriz, "Eğilimlerinle beraber, 'Sen tüm kalbinle seveceksin' ve 'Tüm ruhunla' demek, 'tüm sahip olduklarınla' demektir." Yukarıda söylediğimiz gibi, sevginin ilk derecesi realitenin varlığıdır, yani sahip olunanlarla bedenin beslenmesi, yukarıda bahsedilen üç anlayışın realitenin varlığı için terk edilmesidir. İkinci derece "Tüm ruhunla" sözünün anlamı, kişinin kendi varlığını iptal etmesidir.

Ve bunu iyi eğilimler vasıtasıyla gerçekleştiririz, yani kişi zorladığında ve Yaradan'a haz ve mutluluk vermenin kendine haz vermekten daha önemli olduğunu, bedeninin anlamasına izin verdiğinde. Ancak, haz ve mutluluk olmadan kişi hiçbir şey yapamaz. Kişi kendine üzüntü verdiğinde, karşılığında bazı hazlar aldığını ya da hissettiğini ya da eylem sırasında haz hissetmeyi umduğunu söyleyebilmelidir, çünkü acı her şeyi temizlediğinden, sonrasında bu acının karşılığında muhteşem hazlarla ödüllendirilir.

Diğer bir deyişle, ister bu dünyada ister gelecek dünyada haz alacağına inanarak hareket etsin. Farklı bakacak olursak, ya içsel ışık formunda ya da saran ışık formunda (gelecek) hazza sahip olsun.

Ancak, kişi haz olmadan bir şeyler yapabileceğini düşünmemelidir. Aslında (kişi bunu bilmelidir) Lişma'da pek çok anlayış vardır, yani ihsan etmede: "ihsan etmek için ihsan etmek" demek Yaradan'a vermekten haz almak demektir. "Almak için ihsan etmek" demek Yaradan'a veriyor fakat bunun karşılığında ne olursa alıyor demektir - bu dünya, gelecek dünya, edinimler ve yüksek dereceler.

Ancak, kişi ihsan etmek için ihsan etmelidir, yani Yaradan'a vermekten dolayı muhteşem hazlar almalıdır, tıpkı bununla ödüllendirilmiş olanlar gibi. Kişi, Yaradan'a, O'nun Yüceliğinin sevgisinin hissini vermesi için kalbinin derinliklerinden dua etmelidir.

Ve halen daha ödüllendirilmezse, bunun muhteşem bir haz olduğuna ve Yaradan'ı sevmenin büyük önemine inanmalı ve kendini zorlamalıdır. Fakat kişi tek bir şeyi iyi bilmelidir: haz olmadan kişi tam anlamıyla hiçbir şey yapamaz.

Tekrar yukarıda söylenen, "'Eğilimlerinle beraber, 'Tüm kalbinle'" sözüne geri dönelim, bunun anlamı şudur, kişi Yaradan sevgisinde bütün olmalıdır; yani kötü eğilim de Yaradan'a ihsan etmede hemfikir olmalıdır.

Yaklaşan Şabat'la ilgili olarak açık olacağım. Düşünüyorum da... Ondan aldığım iki mektuba cevap vermek ki bu çok hoşuma gider, isterim. Bana bu mektupları yazdığına şaşırdım, çünkü bir süredir ondan mektup almamıştım. Lütfen sağlıklı ve iyi olup olmadığını bana bildirin.

Ayrıca zaman zaman ondan aldığım mektuplar... Ve telgraf için de çok teşekkürler. Tahmin ediyorum... Adresim onda yok.

Dostunuz,

Baal HaSulam'ın oğlu, Baruh Şalom, Rav Aşlag

Mektup No. 41

23 Mayıs 1958, Manchester

Dostuma en iyi dileklerimle,

Bugün mektubunu aldım; dileyelim ebedi olanın tatlılığını ve parlaklığını tadalım. Her şey için özlem duymalıyız, çünkü iyi şeyler için özlem duymaya, eksiklik olan "dua" denir, kişi bu eksikliği hissettiğinde Yaradan ona bunu nasip eder. Bu demektir ki kişi Yaradan'ın Tora alımına dair söz verdiği tüm iyi şeyleri kalbinde hissedeceği ana kadar beklemelidir, şöyle yazdığı gibi "Ve şimdi gerçek anlamda Ben'im Sesime itaat edersen... Ve tüm uluslar arasında sen Bana erdem olursan... O zaman sen Bana rahipler krallığı ve kutsal ulus olursun."

Görürüz ki normalinde pek çok malı mülkü olan biri neşelidir. Fakat biz seçilmişler için şöyle yazar, "Tüm ulusların arasından Sen bizi seçtin," bu nedenle İsrail halkından olan herkes daima mutlu ve sevinçli olmalıdır. Ancak, tüm bu iyi şeyleri kalbinde hissetmekle ödüllendirilmemiş olduğu sürece, kişi "Sen bizi seçtin," söyleminden etkilenmemelidir.

Bu böyledir, çünkü Tora'yı almak öncelikle Tora'nın dışsallıkla örtülmüş içselliğiyle ilişkilidir. Tora'nın içselliğine "Yaradan'ın adları" denir. Bu demektir ki, Yaradan'ın genel adı "İyi ve İyilik Yapan'dır." Yaradan, Yarattıklarına iyilik yapmanın da dâhil olduğu pek çok hazzı verdiğinden, Tora hazların adıdır. Bu demektir ki, İyi ve İyilik Yapan adı pek çok detaya yayılır ve bu içsellik dışsal Tora'yı kıyafetler.

İnsan Tora'nın içselliği ile ödüllendirilmeye özlem duymalıdır, sonrasında Yaradan'ın bize söz verdiği tüm iyi şeyleri hissedecek ve "Sen bizi seçtin," diyeceğiz, yani bize garanti edilen tüm iyi şeyleri hissettiğimizde, kendimize "rahipler krallığı ve kutsal ulus," diyeceğiz.

Bu "Ve insanların hepsi sesleri görüyordu," sözünün anlamıdır. Yaradan'ın sesi kalpte duyulduğunda, bu fiili görme gibidir, "insan Ben'i görmeyeceği için." Ancak, sesleri görerek, yani Yaradan'ın kulağa değil—çünkü kulak dışsaldır ve sadece kalp insandır—kalbe yayılan sesini duyarak, O'nun sesini kalpte hissederiz. Bu "sesleri görmek" ile mümkündür ve sonra herkes dünyada mutlak iyilikle yaşar ve kalbi "Sen bizi seçtin," sözünü hisseder, çünkü bu Yaradan'ın kalbe yaydığı ışığın ve hoşluğun parlaklığıdır. Bu "Ne mutlu bu dünyadaki ve sonraki dünyadaki sana," gördüğümüz zamandır.

Şabat'ın ve bayramın kutsallığına bağlı olarak daha fazla yazamıyorum. Dileyelim Yaradan Tora'nın tam alımını bize nasip etsin.

Ailenize ve size en iyi dileklerini gönderen dostunuz,

Baruch Shalom HaLevi Ashlag

Baal HaSulam'ın Oğlu

Mektup No. 42

Dostuma en iyi dileklerimle,

Pesah bayramından önce sana yazdım, fakat adres doğru olmadığından mektup geri geldi. Şimdi Tora'yı alma zamanı olan Şuvot bayramından önce sana birkaç satır yazmak istiyorum.

Yapmamız gereken Tora için hazırlık yapmak, şöyle yazdığı gibi "Ve hepsi tek kalp, tek adam olarak bir araya geldi." Bu demektir ki, hepsinin tek bir amacı var, Yaradan'a yakınlaşmak.

Atalarımızın "Yüzleri birbirine benzemediğinden, düşünceleri de birbirine benzemez," demesi üzerine, tek kalp, tek adam nasıl olur anlamak zorundayız.

Cevap: Eğer her biri yalnızca kendisiyle ilgili dersek, birbirlerine benzemedikleri için tek adam olmaları mümkün değildir. Ancak, kendilerini iptal eder ve yalnızca Yaradan adına endişe duyarlarsa, bireysellikleri iptal olduğundan ve tek bir otorite altına girdiklerinden, bireysel düşünceleri olmaz.

Bu "Ev sahiplerinin düşüncesi Tora'nın zıddıdır," sözünün anlamıdır. Bu böyledir, çünkü Tora'nın düşüncesi otoriteyi iptal etmektir, atalarımızın dediği gibi, "'Eğer bir adam çadırda ölürse,' Tora sadece kendini ölüme mahkûm eden için vardır," yani kişi kendini, kendi-memnuniyetini ölüme gönderir ve her şeyi Yaradan için yerine getirir.

Puta-tapanlara Tora'yı öğretmek yasak olduğundan, buna, "Tora'nın alımına hazırlık" denir, şöyle yazdığı gibi, "O, hiçbir ulusa böyle yapmayacak ve onlar bu yasaları bilmeyecek."

Mektup No. 43

10 Aralık 1958, Tel-Aviv

Gateshead'teki dostuma, ömrü uzun olsun,

Hanuka bayramını kutluyorum: Dileyelim gözlerimizi açacak ve kalplerimizi sevinçle dolduracak olan Hanuka ışığını kalplerimizde hissedelim.

Hanuka ile ilgili yazacağım: Bilinir ki, üç koşul gerçekleşene kadar mumlar yakılmaz 1) içine yağ yerleştirilen kap olan mum; 2) yağ; 3) fitil. Bu üçü bir araya getirildiğinde ışığın hazzına varırız.

Bu üç anlayışı çalışma açısından yorumlamalıyız. Yağ ve fitilin yerleştirildiği kap (Kli), "mum" denilen bedendir.

Tora ve Mitzvot çalışmasındaki kişi ona ifşa olmamış şeylerle, yani dünyanın iyilikle yönetilmesiyle alakalı olarak kendini O'nun İlahiliğine zıt hisseder. İnsana göre Yaradan dünyayı farklı yönetmeliydi, yani O'nun iyiliği herkese ifşa olmalıydı. Bu insan aklıyla çelişir. Bu düşünceler içinde olmak kusur olduğundan, buna Petaltol (sarmal) kelimesinden gelen Petillah (fitil) denir.

Kişiyi Tora ve çalışma özlemine getiren farkındalık ve netliğe, Tora ve çalışmada tatlılık ve haz hissetmeye "yağ" denir.

Eğer bunlardan biri eksikse onun ışığından haz almak imkânsızdır. Benzer şekilde beden çaba ve netlik içindeyse, kişi özellikle ikisi vasıtasıyla ortaya çıkan Yaradan'ın ışığını edinmekle ödüllendirilir. Yağ ve fitil yanıp bitince aydınlatacak bir şey olmaz, dolayısıyla çaba ve netlik olmadığında ışık olmaz ve kişi için her şey karanlık olur.

Eğer kişi daha fazla ışık almak isterse, ışığın sızacak ve kalacak yeri olmadığından, "fitil" denilen çaba ve "yağ" denilen netliği daha çok arttırmalıdır. Bir kuraldan dolayı bu böyledir: "Emeğe göre ödül."

"Yağ" denilen netlik, esasen dışsal akılla çelişen ve kişiyi çabaya zorlayan inanç vasıtasıyla gelir. Buna Yaradan çalışmasındaki "sınavlar" denir.

Bunun üstesinden geldikten sonra, kişi ruhunu aydınlatan Yaradan'ın ışığını almakla ödüllendirilir ve kafa karışıklığı olmaz. Buna "Hanuka ışığı" denir. Bu demektir ki kişi amacı Yarattıklarına iyilik yapmak olan açık ilahilikle ödüllendirilmiştir.

Bununla atalarımızın Hanuka mumu ile ilgili söylediklerini yorumlayabiliriz, "Güneşin batışından, pazardaki ayak çekilinceye kadar."

"Güneş" parlayan ışığı işaret eder. Regel (ayak) kelimesi kişinin O'nun rehberliğini gizlice gözlemlediği Meraglim (casuslar) kelimesinden gelir. Casuslarla ilgili şöyle yazar, "Toprakların neye benzediğini gör… iyi mi kötü mü?" Bu demektir ki kişi üst yönetimin iyiliksever olup olmadığını sınar.

"Pazar" halka açık alan demektir. Bu böyledir çünkü özellikle açık alanlarda casuslar vardır. Fakat kişi tek otoriteye girmekle ödüllendirilirse, yani "O amellerini yalnız yapar ve yapmaya da devam eder," dünyada Yaradan'dan başka bir güç olmadığından, casuslara yer kalmaz.

Bu nedenle atalarımız Hanuka ışığını çekmemiz gerektiğini söyler, böylece bu ışık iyilikle açık ilahiliği aydınlatır, "güneşin batışından, pazardaki ayak çekilene kadar," yani karanlıkta olduğu zamandan, casuslara yer olmayacak zamana, hepsinin dünyadan kaybolup gideceği, halka açık yerleri terk edeceği zamana kadar.

Bu şekilde şarkıda söylediğimizi yorumlayabiliriz, "Benim Kurtuluşumun Güçlü Kayası": "Romalılar etrafımı sardı… ve kulemin duvarlarını yıktı ve tüm yağları kirletti." Homat (duvarları) kelimesi Hotam (mühür) ve Tehum (alan) kelimelerinden oluşur. "Benim kulelerim" bereketle dolu kulelerdir. "Duvar" yabancıların şehre girip onun bereketini çalmasından korumak içindir.

Burada da benzer bir durum söz konusudur, yabancı düşünceler ve istenmeyen arzuların girmesinden kaçınmak için kendimize dışarıda olanlardan bizi koruyacak bir duvar örmeliyiz. Bu duvara "inanç" denir, çünkü yalnızca inançla kişi korunabilir. Buna "alan/bölge" denir, böylece yaklaşan yabancılar kişinin duvarın dışına çıkmadığını gördüklerinde kendi yerlerine geri dönerler.

Bu böyledir, çünkü inanç mantık ötesidir ve Sitra Ahra hükmü yalnızca dışsal aklın mantığı içindedir. Bu nedenle onun insanla bir bağı ve teması yoktur.

Roma kabı İsrail halkının özellikle felsefeden, dışsal akıldan haz alması demektir. Bu "duvar" denilen inanca ters düşer. İsrail'e felsefeyi kabul ettirmeyi başarmalarının ölçüsü, duvara gedik açma ölçüsü olarak kabul edilir.

Bu, "kulelerimin duvarları kırıldı," sözünün anlamıdır, yani kulenin etrafındaki duvar Yaradan'ın dünyaya bereketle gönderdiği iyiliklerdir.

Yukarıda bahsedilen delik vasıtasıyla onlar "tüm yağları kirlettiler," yani inanç yoluyla edindikleri tüm canlılığı ve netliği inkar ederler, çünkü Tuma'a (kirlilik) kelimesi Timtum'dan (dilsizlik) ve Situm (engelleme) kelimelerinden gelir. Son olarak bir mucize olur ve Yaradan onlara yardım eder ve onlar bir kez daha "yüzün nuru" denilen ışıkla ödüllendirilir.

Bir dostumuz Şofar'la ilgili olarak, şöyle sormuş "Yaradan yargı niteliğinden merhamet niteliğine yükselir. Fakat pek çok yerde yargı niteliğini işaret eder örneğin, 'Sürgün sırasında Şofar'ı üfle,' gibi." Buna cevabım şudur:

Yaarot Hadvash'ın (Bal Peteği—bir kitap ismi) yorumu şudur, tıpkı Şofar'ın yargıyı uyandırması gibi, kişi kendini günaha mahkum ettiğinde bu demektir ki kişi Yaradan'a günahtan kurtulup arınmak için cezasını kabullenmek istediğini söyler. Bununla insanın bedeni merhameti uyandırır. Yaarot Hadvaş'ın sözlerinden şüphe duymamalıyız.

Zohar'da şöyle yazar, "Yargı günü İsrail'in trompete değil, Şofar'a ihtiyacı vardır, trompet yargı niteliğini işaret eder, oysa biz yargıyı uyandırmamak zorundayız." Bu demektir ki, Şofar merhamet niteliğidir.

Burada sürgün konusundan bahsetmektedir, çünkü Şofar'ı üflemek, sürgünde sürgün edilen kişinin yargı niteliği altında olmasına bağlıdır. Kişiyi yargı niteliğinin hükmünden korumak için ondaki merhamet niteliğini Şofar ile uyandırmamız gerekir.

Bu tıpkı insanları tövbe için uyaran "Zion'da Şofar'ı üfle," ayeti gibidir. Yargı niteliği olduğunu gördüğümüzden merhamet niteliğini uyandırmak için Şofar'ı üflemeliyiz çünkü Şofar merhameti uyandırabilir ve insanların tövbe etmesi için kuvvet verebilir.

Bu tıpkı bir dağın üzerinde durup, etrafı seyreden birinin durumuna benzer. Uzaktan şehir halkıyla savaşmak için gelen bir ordu gördüğünde insanların bir araya toplanması ve şehirlerini kurtarmak adına savaşmaları için Şofar'ı üfler. Öyle anlaşılıyor ki kutsal Zohar'da yazıldığı gibi Şofar yargı niteliğidir.

Yaradan sevgisiyle ilgili olarak, bana şöyle yazmışsın: "Yaradan sevgisi dost sevgisi gibidir—kişi dostuna tutunmak, onunla beraber olmak ister. Benzer şekilde Yaradan sevgisinde Yaradan'la beraber olma arzusu ve O'nun yakınlığını hissetme arzusu vardır.

"RASHAR da der ki Yaradan sevgisi, onu yapanı memnun etmek için armağanlar vermek isteyen kalpteki arzudur. İnsan sevgisi ise kendinden aşağıda olana, sevdiğine vermektir. Bu nedenle Yaradan sevgisine onu yapana memnuniyet vermek için kalpte hissedilen derin arzu denir."

Buna şunu ekleyebilirim ki, her ikisi de doğru fakat ikisini zaman açısından farklı görmeliyiz, çünkü biz daima realite ve realitenin izlenimini birbirinden ayırmalıyız. Her şeyden önce bir bebek doğduğunda bütün bir realite görürüz—bebeğin hiç eksiği olmadan canlı olması.

Fakat eğer bebek ihtiyacı olan bakımı zamanında alamazsa realite kesinlikle iptal olur, çünkü bakım olmadan bebek ölür. Bu nedenle realitenin sürekliliği için bakıma ihtiyaç vardır. Realite bozuk ve uygun olmayan bir bakım alırsa zayıflar.

Benzer şekilde Yaradan sevgisi her ikisini de gerektirir.

İlki "realite" olarak kabul edilen amaçtır, kişi O'nun önünde iptal olmak istediğinde ve aklını ve kalbini gece gündüz sadece O'na odaklamaktan başka bir endişesi olmadığında bu sevgi, birleşme ve Dvekut'tur. Onun için dünyada bu bağdan ayrı olmanın acısından daha büyük bir acı yoktur, şöyle yazdığı gibi "Eğer bir adam tüm servetini sevgi için harcarsa, aşağılanır."

İkincisi realitenin sürdürülebilirliğidir, böylece sevginin büyümesi ve çoğalması mümkün olur. Bu bakım gerektirir, yani Mitzvot ve iyi ameller denilen bakımı sağlamak. Kişinin iyi amellere bağlandığı ölçüde onun ve onu yapanın arasındaki sevgi büyür. Bu sırada Yaradan da sevgililerin yaptığı gibi ona armağanlar verir. Bu armağanlara Maase Merkaba ve Maase Bereşit denilen "Tora'nın sırlarının ifşası" denir.

Öyle anlaşılıyor ki her iki yorumda doğrudur. Sonuç olarak kişi "koşulsuz sevgi" denilen yüksek bir derece ile ödüllendirilir.

Yaradan O'nun sevgisini edinmemize yardım etsin.

Hem maneviyatta hem maddesellikte senin için en iyisini dileyen dostun.

Mektup No. 44

10 Aralık 1958, Tel-Aviv

Sevgili dostuma en iyi dileklerimle,

Sen ve ailenden haber almayı özledim, ayrılmamdan önce bana başarıya ihtiyacın olduğunu söylemiştin... durumunu öğrenmek istiyorum.

İzin ver Tora'nın sözleriyle konuşayım. "Benim Kurtuluşumun Muktedir Kayası," şarkısında, şöyle yazılıdır, "Romalılar etrafımı sardı... kulelerimin duvarını yıktı." Roma Klipa'sını şöyle yorumlamalıyız, onlar Şabat'tı ve sünneti iptal etmek ister. Şabat ve sünnete "işaret" denir, anlaşmanın işaretine "İnancın Mitzva'sı" denir. Bu nedenle özellikle bu iki Mitzvot'u iptal etmek isterler, çünkü tüm İsrail'de inancı iptal ettiklerinde Tora'daki tüm Mitzvot'u iptal etmiş olurlar.

İnanç demirden duvardır, yani insan inancı olduğu ölçüde Tora ve Mitzvot'u yerine getirdiğinden, bu yabancıların kutsallığa girmesini engelleyen bir bekçi gibidir. Bunu başardığımızda onun içinde gizli olan ışığı, iyiliği, hoşluğu ve canlılığı almakla ödüllendiriliriz, şöyle yazdığı gibi, "onlar bizim yaşamımız ve günlerimiz olduğundan."

Bu, "kulelerimin duvarları yıkıldı," sözünün anlamıdır, yani duvarda "inanç" denilen delik açmak. İnancın Mitzva'sıyla bizler Tora'daki üst hazzın tatlılığı olan "bereketle dolu bir kule" ile ödüllendiriliriz. Bir mucize olur ve Yaradan onlara yardım eder ve Roma Klipa'sını yenerler ve böylece bir kez daha büyük ışıkla ödüllendirilirler. Buna "Hanuka mumu," denir, yani kişi inanca tutunarak ışıkları edinir.

O'nun ışığıyla ödüllendirilmeyi dileyelim.

Dostun,

Baruh Şalom HaLevi Aşhlag

Mektup No. 45

22 Ocak, 1959, Tel-Aviv

Dostuma en iyi dileklerimle,

25 Kasım'daki mektubuna cevap veriyorum. Başlangıçtan beri var olan yılanla ilgili iki soru sormuşsun: 1) Kışkırtılmaması gerektiğiyle ilgili uyarıyı hiçbir yerde görmememize rağmen, yılan neden cezalandırıldı? 2) Kötü eğilime bağlı olarak ceza nedir, "Sen göbeğinin üzerinde yürüyeceksin."

Bilge'nin Dudakları kitabında ayetle ilgili şöyle yazar, kışkırtmaması emredilmediğinden, yılan sadece sebep olduğu musibet için cezalandırılmıştır. Bu demektir ki, ceza günah işlediği için gücünün inkârını hak ettiğinden değil, fakat daha farklı bir nedenden ötürü verilmiştir; başkaları onun yüzünden başarısız olmasın diye. Dolayısıyla o kışkırtmaması emredilmediği için cezalandırılmaz.

"Sen göbeğinin üzerinde yürüyeceksin," sözünü şöyle yorumlamalıyız, kutsallıkta Nefeş, Ruah ve Neşama denilen üç derece vardır. Nefeş, Nefişa (durmak/dinlenmek) kelimesinden gelir, bu canlılığın hareket edemeyecek kadar küçük olması demektir. Ruah, Hesed sağ el ve Gevura sol el denilen niteliklerin ıslahına doğru yönelme becerisinin ölçüsüdür, yani kişi kutsallığın canlılığı ile iki elini birden kullanabilir.

Neşama, kişi hali hazırda kutsallığın aklına sahip demektir, yani o zaten kutsallık aklıyla ödüllendirilmiştir. Bu Neşama'ya sahip olmak olarak kabul edilir.

Manevi ışığı almanın düzeni maddesellikteki gibidir. Bir bebek doğduğunda onun canlılığı o kadar küçüktür ki kendi başına hareket edemez, başkalarından yardım almak zorunda kalır. Tek yaptığı uzanıp yatmaktır. Uzanmak, baş erdemlikte bedenden daha yüksek değildir demektir, daha ziyade baş ayaklarla aynı seviyededir. Buna maneviyatta Nefeş denir.

Bebek büyümeye ve kuvvetlenmeye başlayınca, canlılığı buna uygun hale gelir. Oturmak, ellerini hareket ettirebilmesidir, böylece baş büyür. Bu başın bedenden farklılığını ayırt etmektir.

Daha da büyüyünce, yani aklı geliştikçe canlılığı o kadar artar ki bacaklarını kullanmaya başlar. Bu sırada beden ve bacaklar arasındaki seviyede büyük farklılık vardır.

Öyle anlaşılıyor ki üç derece vardır. Ancak akla ve düşüncelere sahip olduğundan, bu özellikle konuşan seviye için böyledir—baş tepede, beden aşağıda ve bacaklar en aşağıda— bu bakımdan hayvansal dereceden yüksektir. Oysa hayvanlarda baş ve beden aynı seviyededir ve bu başlarının bedenlerinden daha önemli olmadığının işaretidir. Bu nedenle onlarda sadece iki derece, Nefeş veya Ruah vardır.

Hayvanlar bacaklarını kullandığında, bedenleri bacaklarından daha yüksekte olduğundan, bu onların büyük gücü olduğunu gösterir. Eğer bacakları olmasaydı, canlılıkları çok küçük, iki derecenin canlılık gücü verilmemiş, baş ve bacakları eşit olurdu.

Bununla "Göbeğinin üzerinde yürüyeceksin," sözünü yorumlayabiliriz. Bu demektir ki, çabuk hareket etme gücü Ruah ondan alınmıştır ve bu güçle Havva'yı bilgi ağacından yemeye kışkırtmıştır. Bacakları ondan alındığında ve "göbek" denilen bedeninin üzerinde yürüdüğünde bu demektir ki, canlılığı çok küçük. Buna Nefeş, hareketsizlik, hareket etmek için yeterli canlılığı yok denir. Bununla dünyaya o kadar da zarar veremez.

Nefeş'e "dişi ışık" denir, ona verileni alan. O kendi başına canlılık alamaz fakat aldıklarını sadece başkalarının kötü amelleri vasıtasıyla alır, canlılığı buradan gelir. Dolayısıyla kişi suç işlediğinde ve canlılıktan ayrıldığında, günah işleme gücü vardır.

Bu "Göbeğinin üzerinde yürüyeceksin" sözünün anlamıdır, yani onda şimdi Klipa'nın Nefeş'inden fazlası yok. Bu nedenle insana zarar veremez. Fakat güç verildiğinde daha da kuvvetlenir.

Gücü arttığında bu, "Suç, suça sebep olur," sözünün anlamıdır. Dolayısıyla kişi şimdi Tora ve Mitzvot'la güçlendiğinden, onu yenmesi ve gerçek mükemmelliğe erişmesi mümkündür.

Mektup No. 46

25 Ocak 1959, Tel-Aviv

Merhaba ve kendi ruhum gibi sevdiğim arkadaşıma en iyi dileklerimle,

Sana dün, 24 Ocak'ta anlattıklarımı yazıyorum

Gemara, Roş Haşanah (yılın başlangıcı) ile ilgili şöyle der; "Şevat'ın (Ocak-Şubat) ilk günü olmasının sebebi nedir? Rabbi Elazar der ki, 'yılın en yağmurlu zamanı olduğu için.' RAŞİ bunu şöyle yorumlar, "Yağmur zamanıdır, ağaçlardan reçine akar ve bundan sonra meyveler olgunlaşır." Gemara'da şöyle yazar, "Bir Nisan gününde dışarı çıkan kişi çiçek açan ağaçları görür ve der ki, 'Dünyasını hiçbir şeyden mahrum etmeyene ve içinde insanları mutlu eden iyi ağaçlar ve iyi varlıklar yaratana şükürler olsun.'"

Anlamalıyız, 1) "O; Dünyasını mahrum etmez," ne demek? Hiçbir şeyin eksik olmadığının kanıtı kişinin ağaçların çiçek açtığını görmesi midir? 2) "İçinde iyi varlıklar yarattı," nedir? Yaratılışın iyi olduğunun kanıtı nedir? 3) İnsan ve ağaç arasındaki bağ nedir? 4) Neden yağmurun çok olması Roş Hashanah'ın işaretidir?

Bilinir ki Roş Haşanah yargı zamanıdır, dünyanın iyiliğe ya da kötülüğe mahkûm edildiği zamandır. Roş (baş), "kök" demektir ve dallar kökten doğar. Dallar daima kökün özüne göre büyür. Bu nedenle incirin kökü hurma dalları vermez. İnsan başlangıçta kendisi için oluşturduğu köke göre yaşam sürecine devam eder. Ayrıca yılın başlangıcında kişinin yargılanması kişi kendini yargılıyor demektir, o hem davalı hem davacı hem de şahittir. Atalarımız şöyle der, "Aşağıda yargı vardır ama yukarıda yargı yoktur."

Yağmurlara "canlılık" ve "haz" denir. İnsan ağacın meyvesinden haz alır. Çalışmanın temeli Tevet'in uzun kış akşamlarında yerine getirilir. Tişrey'den Tevet ayına kadar çok yağmur olur, yani kişi hali hazırda Tora ve çalışmasından (yağmurun yukarıdan gelip ağaçları ve meyveleri yıkaması yukarıdan gelen bereketi temsil eder) haz almıştır. Bu sırada kişi kendini, yılın geri kalanında Tora ve Mitzvot'a devam edip etmeyeceğini ya da tersine dünyasal meselelere odaklanmanın iyi olup olmayacağını yargılar.

Bununla RASHI'nin sözlerini yorumlayabiliriz, "Yağmur zamanıdır ve ağaçlardan reçine akar ve bundan sonra meyveler olgunlaşır." Bu demektir ki çoğu gece Tora ve çalışmayla geçerse ve reçine ağaçlara dolarsa—ağaç insanı ima ettiğinden—ve şöyle yazıldığı gibi "Onun alevleri ateşin alevleri, Tanrı'nın alevleridir," kalbinde bir ateşin yandığını görürse, bunu yıl boyunca yerine getirmeye karar verir. Bu "bu andan itibaren meyveler olgunlaşır," sözünün anlamıdır. Bu sebeple kendini inceleyip Tora ve Mitzvot'a devam etmeyi değerli gördüğünden Şevat'ın on beşi yılın başlangıcıdır.

Şimdi yukarıda söylenenleri anlayabiliriz: İnsanlar ağaçlar gibi olduğundan "Bir Nisan günü dışarı çıkıp çiçek açan ağaçları gören," yani ağaçlar güçlerini göstermeye başlayıp insan için meyve vermeyi istedi, bu "iyi ağaçların" anlamıdır. "İyi", "veren" demektir, şöyle yazdığı gibi, "Kalbim iyi bir şeyle doluyor." İyi olan şey şöyle yorumlanır, "Ben diyorum ki, 'Çalışmam Kral için.'" Bu demektir ki, tüm çalışmasını Kral için yapmak istiyor ve bu kalbin arzularını doyurmayı değil, sadece ihsan etmeyi istemek olarak kabul edilir.

Dolayısıyla ağaçların meyve verdiğini gördüğünde kişi şöyle der, "içinde iyi varlıklar yaratılan," çünkü dünyada verici olan iyi insanlar olmalıdır. Bu atalarımızın dediği gibidir, "Tüm dünya oğlum Hanina'nın erdemliği ile beslenir," yani erdemliye şükürler olsun, çünkü ihsana bağlanan insanlar oldukça ağaçlar da meyve verir.

Bu, "Dünyasını hiçbir şeyden mahrum etmeyen," sözünün anlamıdır. Bu demektir ki, doğamız gereği içimizde doğru nitelikler olmasa da Yaradan bize O'nun bizim için hazırladığı tüm haz ve memnuniyeti alacağımız Tora ve Mitzvot'u verdi.

Mektubumu şu sözlerle bitiriyorum: "Dileyelim, Yaradan çok yakında tam kurtuluşla ödüllendirilmemize yardım etsin. Amin."

Hem maneviyatta hem maddesellikte senin için en iyisini dileyen dostun,

Baruh Şalom HaLevi Aşlag

Mektup No. 47

11 Mart 1959, Tel-Aviv

Dostuma en iyi dileklerimle,

Şabat'ta yapmış olduğum konuşmanın tamamını buraya yazacağım. "Adar'ın birinde Şekalim'den bahsederiz." Musa'nın kafa karıştırıcı bulduğu şeylerden biri olan Şekalim'in (Şekel para biriminin çoğulu) manasını anlamak zorundayız. RASHI ayeti şöyle yorumlar, "'Bunu... Verecek.' O, ona yarım şekel ağırlığındaki ateş sikkesi gibi görüneni uzattı ve dedi ki, 'Bunu... Verecek.'" Neden Musa bunu şaşırtıcı buldu anlamalıyız.

Yarım şekele "Her kafada ince çatlak," denir. Kutsal Zohar'da şöyle yazılıdır, "Her Galgalta (baş/kafatası) Atik Yomin'e beyazlık armağanı getirir. Bunun için o başı baş aşağı ayırdı. Böylece hesaplanmış oldu." Baal HaSulam'ın yorumuna göre Galgalta başlangıç demektir. "Beyazlık" inanç ve Dvekut olan "beyaz" ve "İnce çatlak" ayırmak ve kırmak demektir.

Onun sözlerini yorumlamak için öncelikle "beyaz ateş üzerine siyah ateş" ile yazılan Tora'nın manasını anlamalıyız. Tora ışığıyla ödüllendirilmek için iki aşamaya ihtiyacımız var; "siyah" aşaması ve "beyaz" aşaması. Siyah, inanç ve Yaradan'la Dvekut'un parlamadığı zaman demektir. Bu kişinin ateş gibi yanan bir doğaya sahip olması ve alma arzusunu sadece kendisi için yerine getirmeyi istemesidir ve bundan kurtulmak için hiçbir şey yapamaz... bununla daha sonra haz ve mutluluk alacağını önceden göremez.

Bu sırada kişi tüm dünyaya bakıp, Yaradan'ın dünyayı bereketle yönettiğine inanmak istediğinde, yabancı düşüncelere dalar ve bu düşünceler üzerine aldığı çalışmada—mantık ötesi— ona çatlak ve kırıklık gibi olur. Bu kırıklık ona karanlık olur, çünkü sonrasında inanç ondan ayrılır ve O'nla Dvekut eksikliği içinde olur. Buna "kafada bir çatlak, yarım şekel" denir, yani karanlık aşaması.

Musa'nın şaşırtıcı bulduğu budur: İnanç ışığının açık olarak parladığı ilahilik aşamasında olmak daha iyiyken neden bu karanlığa ihtiyacımız olsun ki? Ve neden "İsrail oğullarının başını al," sözünü yerine getirmek için baştaki çatlağa gerek var? Musa'nın kafa karıştırıcı bulduğu budur.

Yaradan Musa'ya cevap verir: "Bunu... Verecek," yani alma arzusundaki onları zorlayan şey olan ateş doğasını; bu onların Yaradan'a bağış olarak vereceği şeydir.

Siyah aşamanın üstesinden gelme gerekliliği O'nun yardımını gerekli kılar, atalarımızın dediği gibi, "Arınmaya gelen yardım alır." Kutsal Zohar bunu şöyle yorumlar, Yaradan'dan kutsal ruh alarak yardım alır ve böylece durumunun üstesinden gelir. Sonuç olarak O, ona yüksek bir derece vererek yardım eder. Ve Yaşam Ağacı kitabında yazdığı gibi, kişi daima üst beyazlık olan "beyazı" uzatmalıdır.

Bu "beyaz ateş üzerine siyah ateş" sözünün anlamıdır. Bu ayrıca "Her Galgalta" sözünün anlamıdır, yani her başlangıç, yani kişi daima "siyah ateş" denilen aşamasının üstesinden gelmek için üst beyazlığı çekmesine sebep olacak yeni seçimler yapmalıdır ki bu yeni bir Neshama ve derecedir. Yukarıdan yardım geldiğinde "beyaz ateş" olur ta ki kişi yaratılış amacıyla tam olarak ödüllendirilene kadar.

Dileyelim Yaradan Tora'nın ışığının ifşası ile ödüllendirilmemize yardım etsin. Amin.

Sana en iyi dileklerini gönderen dostun,

Baruh Şalom HaLevi Aşlag

Mektup No. 48

13 Nisan 1959, Tel-Aviv

Dostuma en iyi dileklerimle,

Yazdığın kitabı okudum, hoşuma gitti, çünkü aynen senin dediğin gibi.

Yaklaşan Pesah ile ilgili şöyle yazılıdır, "Tora, dört oğul ile ilgili konuşur" ve "nasıl isteyeceğini bilmeyen biri, ona sen açacaksın." "İstemek," kelimesini dua anlamındaki "yağmur istemek" sözüyle yorumlayabiliriz. Bu demektir ki, kişi nasıl dua edeceğini bilemediğinde bu eksiklik içinde olmadığı anlamındadır, çünkü dua eksiklik yeriyle ilgilidir. Sonra "onu sen açacaksın," yani eksiklik yeri ona açılacak, dua ettiği şeye sahip olacak ve Yaradan onun üzerine Tora'nın ışığını ihsan edecek. Bu sebeple Tora özellikle eksikliği olmayan birinden bahseder, bu demektir ki almak için kabı yok, bu yüzden ona vermek imkânsızdır.

"Tora konuşur" demek, Tora her şeyden daha değerli olan Yaradan'ın ışığıyla ödüllendirilmeye nasıl geleceğimizi öğretir anlamındadır, şöyle yazdığı gibi, "Ulusların gözünde bu senin ilmin ve aklın olduğundan... Hangi yüce ulusun O'na seslenildiğinde yaklaşan Tanrı'sı var?" Bu demektir ki, Yaradan tüm iyiliğini üzerimize ihsan etmeyi isteyecek kadar bize yakındır. Tek eksik olan dua, çağrıdır çünkü eksiklik olduğu yerde dua için yer olur, yani bereketin alımı için kap. Bu "nasıl isteyeceğini bilmeyen biri, ona sen açacaksın," sözünün anlamıdır, bir eksiklik yeri açmak.

Kişi eksikliğe sahip olduğunda ve Yaradan'ın onu doyurmasını talep ettiğinde şöyle denir, "Yüze sahip olan iki yüz ister." Öyle anlaşılıyor ki eksikliği doyurulduğunda daha büyük bir manevi eksiklik ortaya çıkar. Bu demektir ki sonrasında kişinin daha büyük kapları olur ve bu kaplar vasıtasıyla daha büyük ışıklar edinir çünkü hali hazırda Yaradan'a seslenmektedir, atalarımızın dediği gibi, "Sen Bana tövbede bir toplu iğne ucu kadar yer aç, Ben sana vagonlara, arabalara girmen için kapılar açayım." Bu demektir ki kişi bir iğne ucu kadar bile olsa "ona sen açacaksın" sözünü yerine getirmelidir.

Bunun iki manası vardır:

1. Eksiklik bir iğne ucu kadar küçüktür. Bu demektir ki, maneviyatta bir eksiklik varsa bu eksiklik küçük bile olsa, bu eksikliği doyurması için Yaradan'ın yardımını istemek mümkündür. Yaradan bu eksikliği tamamladığında, "Yüz isteyen iki yüz ister," olur ve bu nedenle ışığın kendi kabı, yani Yaradan ona kapıları açacağına söz verene kadarki eksiklik yerini yaratır.

2. "Bir iğne ucu kadar" sözünün bir diğer anlamı, bu eksiklik ona bir iğne kadar acı verecek demektir. Eksiklik içinde olan fakat bunu hissetmeyen için bu geçerli değildir. Fakat eğer eksikliği ona acı verirse, sonrasında Yaradan'ın bu eksikliği doyurmasını ister.

Dileyelim Yaradan maddesellikte ve maneviyattaki eksikliklerimizi doyursun.

En iyi dileklerini gönderen dostun,

Baruh Şalom HaLevi Aşlag

Mektup No. 49

14 Eylül [1959], Bnei Brak

Dostuma en iyi dileklerimle,

Senden mektup almayalı uzun zaman oldu... Bende yeni bir şey yok, umalım Yaradan bizi iyi şeylerle ödüllendirsin.

Roş Haşanah duası sırasında söylediğimiz ayetin Midraş yorumunu anlamalıyız: "Her şeyin Sahibi yargıyla yüce olacak, Tanrı sadaka vermede kutsanmıştır." Şöyle yazılıdır, "Yaradan İsrail'e şöyle dedi: 'Oğullarım, size sesleniyorum, yargıyı muhafaza ettiğinizde Ben yükselirim.' Bu nasıl olur? Şöyle denir, 'Her şeyin Sahibi yargıyla yüce olacak.' Ben'i yargıyla yükselttiğinizde, Ben sadaka verir ve Kutsallığımı aranıza yayarım.' Bu nasıl olur? Çünkü şöyle denir, 'Tanrı sadaka vermede kutsanmıştır.'"

Şunları iyi anlamalıyız: 1) O, aşağıda mı ki, yükseltilmesi gerekiyor? 2) Yargı, bir şeyi yargıyla yükseltebileceğiz, gerçek bir şey mi? 3) Eğer Yaradan sadaka vermeyi istiyorsa neden bunun için yargıya ihtiyacı var? Sadaka vermeden ve yargı olmadan kutsallığı yayamaz mı?

Bunu Yaradan çalışması açısından yorumlamalıyız. İnsan iki elementten oluşur: kötü eğilim ve iyi eğilim. Utanç ekmeğinden kaçınmak, iyiyi kötüden ayırmak ve O'nun armağanlarını utanç olmadan almakla ödüllendirilmek için insana Tora ve Mitzvot çalışması verilmiştir.

Dolayısıyla insan yargıçtır ve kimin haklı olduğuna karar vermeli ve yargılamalıdır. Bu demektir ki, kötü eğilim şöyle der, "Hepsi benim," yani bütün bedenin ona ait olduğunu ve insanın yalnızca kötü eğilim için çalışması gerektiğini söyler. Benzer şekilde iyi eğilim de "Hepsi benim," yani tüm bedenin ona ait olduğunu ve sadece iyi eğilim için çalışması gerektiğini söyler.

Kişi hükmü yerine getirmek istediğinde ve iyiyi seçtiğinde soru şu olur, "Neden iyiyi seçmek ve iyi eğilimin doğru olduğunu söylemek zorundadır?" "Ödül almak için Hocasına hizmet eden köleler gibi olma," denildiğinden, sonraki dünyada ödül almak için söylenmiş olmasa gerek. Daha ziyade kişi, iyiyi Yaradan'ın yüceliği için seçmelidir. Kutsal Zohar'ın yazdığı gibi, Yaradan'a hizmet etmeliyiz, "çünkü O, yüce ve hükmedendir, dünyaları doldurur ve tüm dünyaları kapsar." Bu demektir ki, kişinin öncelikli çalışması Yaradan'ın yüceliğidir.

Öyle anlaşılıyor ki, kişi hükme vardığında Yaradan'ın yüceliğine bağlanmalıdır. Bu nedenle Yaradan yargıyla yükselir. Sonra kişi iyiyi seçtiğinde—ödül için değil—Yaradan ona O'nun armağanlarından verir ve orada hiç utanç olmaz. Aynı zamanda Yaradan Kutsallığını yayar, yani insanın kutsallığı hissetmesine izin verir.

Tüm armağanlar Yaradan'ın vermiş olduğu sadakalar olarak kabul edilir, çünkü kişi, ödül için çalışmaz. Dolayısıyla Yaradan'ın armağanlarına "sadaka" denir.

Dileyelim, Yaradan kutsallığı hissetmemize ve Midraş'ın yukarıdaki sözlerini içimizde hissetmemize yardım etsin.

Ailenize ve size en iyi dileklerini gönderen dostunuz,

Baruh Şalom HaLevi Aşlag

Mektup No. 50

22 Aralık 1959, Bney Brak

Dostuma en iyi dileklerimle,

"Ve Yakup çok korkmuş ve kederlenmişti." Fakat o merdivenin üzerindeyken Yaradan nereye giderse gitsin onu koruyacağına söz vermişti, şöyle yazdığı gibi: "Ve Ben, seninle beraber olacak ve nereye gidersen git seni koruyacağım." Eğer böyle ise neden Yakup "Lütfen beni ağabeylerimin elinden, Esaf'ın elinden kurtar," diye dua etti?

Kutsal Zohar meleklerin Yakup'a cevabını yorumlar: "O, sana doğru yürür, dört yüz adam onunla beraberdir." Sorar, "Neden böyle söylediler?" Cevap verir, "Çünkü Yaradan daima erdemlinin duasını ister, Kendini onların dualarıyla taçlandırır." Bu demektir ki, Yaradan erdemlinin duasına özlem duyar.

Baal HaSulam şöyle yorumlar, neden Yaradan yarattıklarına bereketi dua olmadan vermez? Çünkü onlardan O'nu aramalarını ister ve sonra ineğin buzağının emdiğinden daha fazlasını emzirmek istemesi gibi, O onlara verir. Ancak maneviyatta zorlama olmadığı için Kap olmadan ışık olmaz kuralı vardır, çünkü hazzın hissi öncelikle arzunun ve özlemin derecesine bağlı olduğundan, istemediğimiz bir şeyden haz almamız imkânsızdır. Bu sebeple Yaradan sadece yaratılanlar arzu ve özlem içinde olduğunda verir.

Arzu özellikle dua, eksiklik hissetme vasıtasıyla şekil alır. Bununla dua büyür ve yoğunlaşır, ta ki üst ihsanı alma derecesine ulaşana kadar. Bu nedenle Yaradan erdemlinin duasına özlem duyar, çünkü yalnızca bununla onlar O'nun bereketini alabilirler.

Bilinir ki, O'nun bereketinde iki şeyin farkına varırız: 1) Saran Işık, 2) İçsel Işık. Saran Işık, şimdide bunu almaya uygun olmayan kişinin gelecekte alacağı ışıktır. İçsel Işık, kişinin şimdide aldığı ışıktır, yani bereket onun içine girer.

Yukarıda söylediklerimize göre, verileni alabilecek bir kaba sahip olabilmek için dua etmeliyiz. Öyle anlaşılıyor ki Yaradan'ın Yakup'a verdiği söz, Saran Işık'tır. Fakat Esaf'la karşılaştığında ve şimdide kurtuluşa ihtiyaç duyduğunda, Yakup kurtuluş kabı olarak kabul edilen duaya gelmek ve arzusunu göstermek zorundadır, çünkü kap olmadan almak imkânsızdır. Buna "İçsel Işık," verilen söze "Saran Işık" denir. Fakat fiili eylemde sözümüzü yerine getirmemiz söz konusu olduğunda duaya ihtiyaç vardır ve buna "İçsel Işık" denir. Saran Işık yukarıdan uyanış, İçsel Işık aşağıdan uyanıştır.

Tora'nın ve dostluğun kutsamaları ile,

Baruh Şalom HaLevi Aşlag

Mektup No. 51

27 Mart, 1960, Bney Brak

Dostuma en iyi dileklerimle,

Kızımın düğüyle ilgili iyi dileklerini okudum. Senin ve ailenin daima neşe, mutluluk ve huzuru yaşamasını dilerim.

Şabat'ta söylediklerimi sana yazıyorum. RAŞİ der ki, "Bu ay sana ayların başlangıcı olacak." Bunlar onun sözleridir. "Musa ayın başlangıcıyla ilgili olarak şaşırdı, ne ölçüde ay görülmeye ve kutsanmaya değerdir? O, ona parmağıyla gökyüzündeki ayı gösterdi ve dedi ki: 'Bunu gör ve kutsa.'" RASHI ayrıca şu ayeti de yorumlar, "Başlangıçta Tanrı her şeyi yarattı," bunlar onun sözleri: "Rabbi Yitzhak dedi ki, 'O, Tora'ya İsrail'e verilen ilk emir olan 'Bu ay senin için olacak,' sözüyle başlamalıydı. 'Başlangıçta' diyerek başlamasının sebebi nedir? Çünkü O, Halkına ulusların mirasını vereceğini söyler. Bu nedenle uluslar İsrail'e 'Sizler hırsızsınız, yedi ulusun topraklarına el koydunuz,' dediklerinde, onlar şöyle cevap verir, 'Tüm yeryüzü Yaradan'a aittir; O onu yarattı ve kimden memnunsa ona verdi. O'nun arzusu yeryüzünü onlara vermekti, bu nedenle O, bunu onlardan aldı ve bize verdi.'"

Anlamalıyız, 1) Neden Musa bunu diğerlerinden daha fazla kafa karıştırıcı buldu? 2) Tora "Başlangıçta" diye başlamasaydı, dünyayı yaratanın Yaradan olmadığı söylenebilir miydi?

Bunu bize göre şöyle yorumlamalıyız. Yeryüzüne "beden" denir. Yaradan bedeni yarattı ve onu dünya uluslarına verdi, yani biz doğar doğmaz kötü eğilim bedene girdiğinden, onu kötü eğilime verdi, şöyle yazdığı gibi, "İnsanın kalbindeki kötü eğilim gençliğinden beri kötü olduğu için." Bu sebeple uluslar—kötü eğilim— bedenin onlara ait olduğunu söyler, yani ona hükmetmek ve istediklerini yapmak isterler.

Dolayısıyla, on üç yıl sonra iyi eğilim bedene girip, kötü eğilimi çıkarıp atarak ona hükmetmek istediğinde, kötü eğilim şöyle der, "Siz hırsızsınız," çünkü iyi eğilime İsrail denir. Öyle anlaşılıyor ki, uluslar onlara ait olan bedeni geri almak istediklerinden, aralarında tartışırlar, "Yaradan tüm bedenleri bize verdi ve on üç sene sonra siz İsrailliler, yani iyi eğilim bizi bu bedenden çıkarmak istiyor."

Tora'nın "Başlangıçta" sözüyle başlamasının cevabı budur, çünkü İsrail'e Reşit (başlangıç) denir. Bu demektir ki, Yaradan dünyayı sadece İsrail için yarattı, ulusların bedene hükmetmesine izin vermesi, sadece ona seçim şansı vermek ve utanç olmadan O'nun bereketinin haz alabilmelerini sağlamak içindi.

Bu RAŞİ'nin dediği şeyin anlamıdır "ve kimden memnunsa ona verdi," yani İsrail'e. Bu niyetin başlangıcıdır, İsrail halkına bedenin tam hâkimiyetini vermek. Bu, "Arzusu üzerine bedeni onlara verdi," sözünün anlamıdır, yani başlangıçta kötü eğilime vermesi Arzusu nedeniyle idi böylece İsrail halkının seçim için yeri olacaktı. "…ve Arzusuyla bunu onlardan aldı," yani tüm bunlar tek arzuya göredir ve Yaradan düşüncesini değiştirmez. Bu nedenle başlangıçta O, uluslara güç verdi ve sonra pişman olup bunu İsrail'e verdi denilemez. Daha ziyade tüm bunlar tek arzuya göredir, yani tek düşünce ve niyet. RAŞİ'nin doğruluğu buradadır, "Arzusu üzerine onlara verdi ve Arzusu üzerine O, geri aldı."

Öyle anlaşılıyor ki, seçim şansı olması için O, yönetimi önce kötü eğilime verdi. Bu sebeple dünya gizliliktedir, çünkü yüzün gizliliği seçim için yer bırakır.

Ayrıca bilinir ki, ay Şehina'ya (Kutsallık) işaret eder, yani inanca ve kişi daima inancı yenilemelidir. Başlangıcında ay, mutlak Katnut'tadır (küçüklük), yani gizlilik içindedir, Musa'yı şaşırtan budur. Sonra Yaradan ona der ki, "Bunu gör ve kutsa," en yüce kutsallık kişinin kendini en büyük gizlilik sırasında bile kutsayabildiği zamandır ve sonra Mısır'dan çıkışla ödüllendirilir.

Sana ve ailene en iyi dileklerini ileten dostundan,

Baruh Şalom HaLevi Aşlag

Mektup No. 52

30 Nisan 1960, Viyana

Dostlara, ömürleri uzun olsun,

Shavuot Bayramı—Tora'nın veriliş zamanı— yaklaşıyor. Shavuot dünyalardaki Malchut, insandaki kalp olarak kabul edilir. Baal HaSulam'ın yorumladığı gibi Shevi'i, Shebi-Hu (içimdeki kim) kelimesinden gelir.

Baal HaSulam der ki, Tora'nın ruhu kıyafetlendirdiğini söylediğimiz an, Yaradan kalpte kıyafetlenmiştir. Bu sebeple, ona Shavuot ve "Tora'nın verilişi" denir, yani bu sırada Tora, İsrail'in her bir kalbinde kıyafetlenir. Pesah saymasından Shavuot'a kadarki süre, kalbin ve aklın arınması, yani kapların (Kelim) arınmasıdır. Kaplar mükemmel hale geldiğinde Tora ile ödüllendiriliriz.

Dolayısıyla, Pesah'tan önce kapların arınması, Mitzva denilen inançla yerine getirilir. Mısır çıkışı vasıtasıyla İsrail inançla ödüllendirilmiştir, tıpkı "Ben sizi Mısır topraklarından çıkaran Tanrı'nızım," sözündeki gibi. Pesah'tan sonra Tora'nın alımı hazırlığı olarak, arınma çalışması başlar. Tora, ruhu kıyafetlediğinde buna "Shavuot, Tora'nın veriliş zamanı," denir.

İnançla ödüllendirilmeden önce pek çok aşamadan geçtiğimizden, Mısır'dan çıkma gücü verecek olan Tanrı'nın merhametine ve inançla ödüllendirilmeye ihtiyacımız var. Bazen kişinin bir an inanca ihtiyacı olmaz, çünkü objektif insanlar onlara öğretileni yerine getirdiklerinden, alışkın oldukları yollardan gitmenin daha iyi olacağını düşünürler. Kişi bu şekilde Tora ve Mitzvot'u yerine getirme arzusuna sahip olacağını umut eder, çünkü bu yolda bazen düşmekte olduğunu, bazen de bununla ilgili düşünmeye vakti olmadığını görür. Bu demektir ki, yerine getirdiği Tora ve Mitzvot'u tahlil etmeye değer bulmadığından, iç-gözlem yapmadan Tora ve Mitzvot'a bağlanır.

Bu, kişinin bir şey elde etmek için yaptığı hesaptır. Bu aşamada canlılığı, özellikle maddesellikten geldiğinden, maddesel gereksinimlerini yansıtmasının daha doğru olduğu bir aşamadadır.

Ancak, Baal HaSulam'ın söylediği kuralı hatırlamalıyız, cezalar temel olarak kişi Tora ve Mitzvot'a bağlandığı zaman gelir. Canlılığının sadece maddesellikten geldiği aşamadayken bir hayvanın canlılığına sahiptir. Tora ve Mitzvot'a bu yolla bağlanmaya "putperestlik" denir.

Dolayısıyla kişi, Tora ve Mitzvot'la ilgili bir şeyler yapmaya karar verdiğinde, kalp çalışması yerine getirmesi, yani Yaradan için çalışması daha iyidir. Bu sırada çalışması hayvan seviyesinden çıkıp, insan seviyesine ulaşır ve bununla ilgili şöyle denir, "Sana 'adam' denir." Ve sonra hangisinin daha değerli olduğunu—bilgi mi, inanç mı— ölçüp biçen akıl çalışması başlar. Bu aşamada Yaradan onu inançla ödüllendirmediği için öfke duyar.

Gemara'da şöyle yazar, "Rabbi Yehuda der ki, 'Rabbi Meir der ki: 'Rabbi Akiva'dan öğrenirken mürekkebi hokkaya koyardım. Rabbi Ishmael'e geldiğimde o bana dedi ki, 'Oğlum, çalışmanda dikkatli ol, çünkü çalışman Tanrı çalışması. Eğer bir harfi çıkarır ya da eklersen, tüm dünyayı yıkıma getirirsin.' Ben de ona dedim ki, 'Tek bir şeyim var, o da hokkanın içine koyduğum mürekkep.' Şöyle cevapladı, 'Hokkaya mürekkep mi koyuyorsun?' Tora der ki, 'yaz ve sil,' çünkü yazmak siler. Rabbi Meir, Rabbi Ishmael'e ne dedi ve o ne cevap verdi? Rabbi Meir ona şöyle dedi: 'Sadece çıkarmayı veya eklemeyi bildiğimi düşünmekte yanılmıyorum, bir sineğin gelip, Dalet'in (İbranice d harfi) üzerine konmasından ve onu Reish'e (dalet'e benzer görünen r harfi) dönüştürmesinden de korkmuyorum.''"

Yazman (kâtip) nedir yorumlamalıyız. Kişi Yaradan çalışmasına bağlandığında ona "yazman" denir, tıpkı "Onları kalbine yaz," sözündeki gibi. Çıkarmak ve eklemek, kişi ya sağ eksikliğinde ya da sola ilave ediyor demektir, yani iki kere "kuş yuvası" (aynı zamanda Gematria'da 150) yapmak, tıpkı atalarımızın dediği gibi, "Zararlı böceği 150 sebeple (aynı zamanda tat) arındırabiliriz." Bu sebeple iki kez vardır: bozuk yuva ve temiz, arı yuva. Ayrıca çalışma karanlık olarak kabul edildiğinden, mürekkebe "siyahlık" denir.

Anlamalıyız ki, Rabbi Ishmael, Rabbi Meir'e "Çıkarma ve eklemede dikkatli ol," dediğinde, buna cevaben onun mürekkebi hokkaya koyduğunu söylemesinin nedeni nedir?

Bunu şöyle yorumlamalıyız, Rabbi Meir kendisinin bir yazman, yani çalışmada arınmışlık içinde olduğunu söylediğinde, Rabbi Ishmael ona "Çıkarma ve eklemede dikkatli ol," der, yani az inanç ve çok bilgi olamayacağını söyler. Rabbi Meir buna hokkaya mürekkep koyduğunu söyleyerek cevap verir. Bu demektir ki "karanlık" denilen çalışma sırasında ellerini oraya, her iki yuvaya uzatır, böylece inanç için her zaman yeri olur, çünkü onun için yuvalar eşittir.

Rabbi Ishmael sorar "Hokkaya mürekkep koyuyor musun?" Arı bir yuvayı, karanlık yerinden çıkarabilir misin? Sileceğin şey yazma olmalıydı. Bu demektir ki, inancı alma zamanı olan çalışma zamanı, özellikle yazmayı sildiğimiz zamandır. Ama yine de kişi silmez, çünkü inancı üzerine aldığı bu aşama, Yaradan Işığını tutmaya en uygun kap olan "yazmayı tamamlamak" olarak kabul edilir.

Gemara bununla ilgili sorar: "Ona ne dedi ve o ne cevap verdi?" (RASHI şöyle yorumlar; onu çıkarma ve ekleme ile ilgili uyardı ve o, ona mürekkebi olduğunu söyledi. RASHI der ki, "mürekkep," yazı görünür olduğu için silinemez demektir.)

Rabbi Meir cevabında çıkarma ve eklemede dikkatli olduğunu ve bir sineğin gelip Dalet'in (İbranice d harfi) üzerine konabileceğini ve onu Reish'e (dalet'e benzer görünen r harfi) dönüştürmesinden korkmadığını söyler.

Bu demektir ki, Mitzva zamanı ekleme ve çıkarmada dikkatli olmamız gereken zamandır, yani kişi inancın bilgiden daha az önemli olmasını istemez, bu demektir ki kişi, inancın önemi eksikliği içinde ve bilgiye fazla önem veriyor.

Tora'nın mürekkebinin yazması sırasında "merhamet" olan Dalet'in ucunda kişinin dikkatli olduğu düşünülür. Eğer bir sineği varsa, yani arı olmayan düşüncesi, o zaman merhameti yerine getirmek istemez ve kişi tamamen yoksun olarak kabul edilir. Bu yüzden sürekli hokkaya mürekkep koyar, yani onları eşit kılmak için dikkat eder ve sonra daima bir dönüm noktasında olduğunu gördüğünden, aşamasında istikrarlı olduğundan emin olur, doğal olarak koruma altındadır ve bununla tam bütünlüğü elde eder.

Dileyelim, Yaradan bizi tam bütünlükle ve Tora'nın ışığını edinmekle ödüllendirsin.

Baruh Şalom HaLevi Aşlag

Baal HaSulam'ın oğlu

Mektup No. 53

19 Aralık 1960, Bnei Brak

Dostuma,

Sen ve ailen ile ilgili haber almaya özlem duyuyorum. Benim verecek bir haberim yok, iyi haberler almada Yaradan'a güvenmeliyiz. Mektubuma Tora sözleriyle başlayacağım.

Atalarımız der ki, "Hanuka nedir?" Hanuka, Hanu (durmak/mola) ve Koh (burası/buraya kadar) kelimelerinden oluşur, onlar Kislev'in 25. günü savaşta mola verdiler, mola özellikle çalışmanın ortasında verilir. Mola çalışmaya tekrar devam edebilmek ve güç kazanabilmek içindir.

İlk savaşı tamamladıklarında, tüm savaşı bitirdiklerini söyleyene kadar daha neye ihtiyaçları olduğunu anlamak zorundayız.

İkinci Tapınak sırasında Romalıların İsrail'e hükmettiğini, Tora ve Mitzvot'a bağlanmalarına izin vermediklerini görürüz. Öyle anlaşılıyor ki, mucize savaştan sonra Tora ve Mitzvot'a bağlanabilmeleriydi ve bu maneviyatta olma mucizesi olarak kabul edilir.

Fakat Punim'de mucize bedendedir, yani maddesellikte. Bu sebeple Hanuka'da mucizeleri neşe ve bayramla değil, dua ve şükranla kutlarız. Fakat Purim'le ilgili şöyle yazılıdır "sevinç ve mutluluk," yani mucize, maddesellik denilen bedenlerde olduğundan, bedenle ilgili şeyleri kutlarız.

Tüm bunları Yaradan çalışması açısından anlamalıyız. Atalarımız şöyle der, "Tüm kalbinle—her iki eğiliminle, kötü eğilim ve iyi eğilim." Kötü eğilimle Yaradan'a nasıl hizmet edeceğimizi anlamalıyız. Daha önce söylediğimiz gibi kötü eğilim kendisi için alma arzusudur. Bu demektir ki, insanın kendine haz vermek istemesi, günah işlemesine sebep olur. Yasaları ihlal etmek istemesi sadece kendisi için almak istemesidir, bu nedenle de çalar, yalan söyler ve manevi krallığın yükünü üzerine almak istemez, çünkü "bir köle rahat bırakıldığında mutludur."

Oysa iyi eğilim başkalarını mutlu etmektir: ya insanları ya da Yaradan'ı memnun etmek istemek. Bu, insan ve insan, Yaradan ve insan arasındaki işleyişin anlamıdır.

Yaradan dünyayı Yarattıklarına iyilik yapmak için yarattı. Bu sebeple haz alma arzusu—hazzı sadece kendine almak—yaratılanlara işlenmiştir. Dolayısıyla kişinin başkalarını memnun etmek için çalışması onun için zordur, çünkü bu doğasına karşıdır.

Tora'nın yükümlülüğü ihsanı sadece ıslah olmak, utanç ekmeğinden kaçınmak amacıyla çalışmaktır, fakat Yaradan bize vermeyi istediği hazda bütünlük ister. Bu sebeple O, bize herkes çalışmasına göre alsın diye çalışma ve çaba vermiştir. Kişi sadece onu yapana memnuniyet verme niyetiyle hazzı alabileceği dereceyi elde ettiğinde bu hazda bütünlük olur.

Bu sebeple iki çalışmamız var:

1) Kişinin kendisi için almak istemediği, tüm eylemlerinin ihsana yönelik olduğu ve bu nedenle dua ettiği ve Mitzvot'a bağlandığı iyi eğilim çalışması. Buna "ruh", "maneviyat" denir. Bu, Hahuka'da verilen derecedir, yani Romalılar onların Tora ve Mitzvot'a bağlanmalarına izin vermedi ve onlar çalışmada mola aldılar.

2) Ancak, savaş henüz bitmemiştir. Şimdi Yaradan'ın almalarını istediği tüm hazları Yaradan'a memnuniyet verme niyetiyle alabildikleri bir dereceyi elde etmek için çalışmaları gerekir. Tüm hazları almaları Yaradan'a kötü eğilimle hizmet etmek olarak kabul edilir, yani kişi, bedenle haz alarak Mitzva yerine getirmektedir.

Dolayısıyla, başardıklarında ve Yaradan'ın vermek istediği her şeyi alabildiklerinde, "bedenlerin kurtuluşu" denilen mucize gerçekleşir.

Bu sebeple Purim'le ilgili olarak, bedene ait mucizeleri işaret etmek için "sevinç ve mutluluk" denilmiştir. Böylece çalışmanın sonu olarak kabul edilen Purim'de almış olurlar. Fakat Hanuka savaşta sadece bir moladır ve devam edilmesi gerekir. Bu sebeple Hanuka'ya Hanu-Koh (burada dur) denir.

Dileyelim Yaradan gözlerimizi açsın ve bizi tam kurtuluşla ödüllendirsin.

Baruh Şalom HaLevi Aşlag

Baal HaSulam'ın oğlu

Mektup No. 54

18 Mart 1961, Bney Brak

Dostuma en iyi dileklerimle,

K itabının beş sayfasını okudum ve gerçekten beğendim.

Bu hafta Zohar'daki bir ayetle ilgili yorum yaptım: "Rabbi Aba dedi ki, 'Öğrendik ki, Yaradan erkek ya da kadın olabilecek o damlayla ilgili hüküm verdi ve sen dedin ki, 'İlk tohum eken kadın ise bir erkek doğurur.'' Rabbi Yosi dedi ki, 'Elbette Yaradan bir damla kadın ve bir damla erkek arasında bir ayırım yaptı ve bunu yaptığı için kişi, erkek ya da kadın olmaya mahkûm oldu.'"

Baal HaSulam, Sulam'da bunu şöyle yorumlar: "İnsanın üç ortağı vardır, Yaradan, babası ve annesi. Babası ona beyazlığı, annesi kırmızılığı ve Yaradan ruhu verir. Eğer damla erkek ise, Yaradan ona erkek ruhu verir. Eğer dişiyse kadın ruhu verir. Öyle anlaşılıyor ki, Yaradan damlaya erkek ruhu aşılamamışsa, kadın damlayı erkek yapamaz. Yaradan, erkek ya da kadın ruhuna uygun olup olmadığına göre bu ayırımı yapar ve bu Yaradan'ın hükmü olarak kabul edilir, çünkü eğer O bunu ayırt etmiş olmasaydı ve bir erkek ruhu göndermemiş olsaydı, damla sonunda erkek olmazdı."

Bir doğumun sonucunun sadece kadın veya erkek olduğunu söyleyebiliriz. Bu böyledir, çünkü erkek insandaki ihsan etme gücüdür, kadın ise alma gücü, yani kişinin kendini mutlu etme arzusu. Bu iki güç vasıtasıyla seçim şansına sahibiz—iyiyi seçmek, yani Yaradan için çalışmak ve arzuyu tatmin eden kötüden uzaklaşmak.

Döllenmeyle ilgili olarak diyebiliriz ki bu tıpkı toprağa tohum ektiğimizde onun meyve vermemesine benzer. Yalnızca toprağa ekilen tohum bozulduğunda ve iptal olduğunda meyve verir. Dolayısıyla ekmek demek iptal edilen bir şey demektir.

Bununla yukarıda söyleneni anlayabiliriz. İlk dölleyen kadın cümlesinde, "ilk" düşünce demektir. Bu demektir ki, eğer ilk düşünce sadece kendine haz alma gücünü iptal etmekse, o zaman kadın doğal olarak "erkek doğurur." Yani alma arzusunun iptalinden ihsan gücü doğar, çünkü kişi Yaradan'a memnuniyet vermek ister.

Eğer erkek ilk döllenmeyi yaparsa, yani ilk düşüncesi ihsan arzusunu iptal etmekse, doğal olarak kadın bir kız doğurur, çünkü o düşüncenin eylemi almayı, sadece kendi arzularını tatmin etmeyi istemektir.

Bu Yaradan damlayı ayırt eder sözünün anlamıdır, yani düşünceyi—niyet Yaradan için mi yoksa kendi yararı için mi. Eğer erkekse, yani o alma gücünü iptal ettiyse, o zaman Yaradan damlanın erkek olması hükmüne varır.

Sadece gerçeği Yaradan bildiğinden, eğer niyet sadece Yaradan içinse, o zaman Yaradan ona erkek ruhu verir, atalarımızın dediği gibi, "Tora'yı Lişma'da öğrenene, Tora'nın sırları ifşa olur," yani Yaradan ona Tora'nın sırlarını ifşa eder. Eğer kadınsa, yani ihsan etme gücünü iptal ettiyse kız çocuk doğurur. Bu demektir ki doğum verdiği eylem sadece kendi hazzı için ve bu nedenle Yaradan ona yukarıdan yardım göndermez. Daha ziyade bu atalarımızın dediği gibidir, "Bozmaya gelene, bozukluk açılır."

Öyle anlaşılıyor ki, bununla Yaradan ayırt eder ve hükmeder, olan şey budur, çünkü kişi kendini kandırıp, niyetinin sadece Yaradan için olduğuna kendini inandırabilir, oysa sadece Yaradan gerçeği bilir. Fakat Yaradan onu yakınlaştırdığında ve Tora ruhunun edinimini ona verdiğinde, erkek olarak doğduğunu ve Yaradan için hareket ettiğini bilir ve sonra Tora'nın sırlarının ifşasıyla ödüllendirilip, sonsuza kadar akan bir şelale olur. Bu sırada tam bir bütünlük elde eder.

Mektubumu Koşer bayramını kutlayarak sonlandırıyorum.

Sana ve ailene en iyi dileklerimle,

Baruh Şalom HaLevi Aşlag

Mektup No. 55

19 Ocak 1962, Roş Haşanah Gecesi, Bnei Brak

Dostuma en iyi dileklerimle,

Düğün daveti için teşekkür ederim. Senin sevincine ortak olamayacağım için üzgünüm, ama sevinç manevi bir konu olduğu ve maneviyatta mesafeler sözkonusu olmadığından, sana buradan katılacağım. Sadece maddesellikte mesafeler uzaklaştırır ya da yakınlaştırır oysa maneviyatta uzakta olsam bile sevincine eşlik edebilirim, çünkü ihtiyacımız olan sadece kalplerin yakınlaşmasıdır. Gelin ve damadı kutlarım, sonsuza kadar mutlu olsunlar.

Bu arada sana Şevat'ın on beşinci günüyle ilgili söylediklerimi yazacağım. Atalarımız der ki, "Rabbi Yohanan dedi ki, 'Neden şöyle yazılmıştır 'İnsan toprağın ağacı olduğu için?' İnsan toprağın ağacı mıdır? Fakat yazılıdır ki ondan yiyebilirsin fakat kesemezsin, şöyle yazdığı gibi, 'Bunu yok edecek ve keseceksin,' peki bu nasıl olacak? Eğer o, bilge bir öğrenciyse bundan yiyecek fakat kesmeyecek. Eğer değilse, 'Bunu yok edecek ve kesecek.'"

Bilge bir öğrenci ve toprağın ağacı arasındaki bağı anlamalıyız. Ayet der ki, "Sen onun ağacını ona bir balta vurarak kesemezsin; ama ondan yiyebilirsin... Sadece meyve ağacı olmadığını bildiğin ağaçları yok edebilir ve kesebilirsin." Burada ayet, ağaçtan bahsediyor, peki bunun insanla ilgisi nedir?

Kutsal Zohar der ki, "'Başka tanrı verimsizdir, meyve vermez.' Bu demektir ki, Yaradan için çalışmayan, çalışmasından meyve alamaz. Meyve nedir? Midraş'ta şöyle yazılıdır: 'Bunlar Nuh'un neslidir.' Şöyle yazdığı gibi, 'Erdemlinin meyvesi, yaşam ağacıdır.' Erdemlinin meyvesi nedir? Mitzvot ve iyi ameller."

Gemara'da şöyle yazar: "Rabbi Banaa der ki, 'Tora'ya Lişma'da bağlanana, Tora'sı yaşam iksiri olur, şöyle denildiği gibi, 'Onu tutanlar için o, yaşam ağacıdır' ve yine şöyle denir, 'Bu senin etin için şifa olacak.' Tora'ya LoLişma'da bağlanana ise o, ölüm iksiri olur, şöyle yazdığı gibi, 'Cezam yağmur gibi başımı kessin' 'Ve onlar bilgileriyle buzağının başını orada kestiler.'" Bu konuların önemini anlamak zorundayız.

Rabbi Yohanan sorar, "İnsan toprağın ağacı mıdır?" İnsanla toprağın ağacı arasında ne benzerlik vardır? Bu kıyaslamadan ne öğreniriz? Rabbi Yohanan bilge bir öğrenciyi kastederek "Ondan yeme ve onu kesme" diyerek bize delil sunar. Eğer kişi Lişma'da öğreniyorsa, bu demektir ki çalışma onun meyve vermesine neden olacak, yani Mitzvot ve iyi ameller yerine getirmesine. Bununla o yaşam iksiriyle ödüllendirilir. Bu "Ondan yiyebilirsin fakat kesemezsin," sözünün anlamıdır. Eğer öğrendiklerinin, Mitzvot ve iyi ameller yerine getirmene engel olduğunu görürsen, bil ki bu Keduşa'ya (kutsallık) değil, Sitra Ahra'ya (öbür taraf) aittir.

Şavat'ın on beşinde meyve yeme geleneğinin sebebi budur, kutsallık yolunda olmanın işareti.

Sana ve ailene en iyi dileklerimle

Baruh Şalom HaLevi Aşlag

Mektup No. 56

6 Haziran 1962, Antwerp

Sevgili...

Taşınmış olduğumdan mektuplar düzenli olarak elime geçmiyor. Mektubu ancak geçen hafta alabildim.

Yorumlamamı istediklerinle ilgili olarak tüm bölümü buraya tekrar yazacağım: Atalarımız der ki, "Rav Huna dedi ki, 'İçinde Tora'sı olup, cennet korkusu olmayan biri, iç kapının anahtarları verilen ama dış kapının anahtarları verilmeyen bir hazine avcısı gibidir; peki içeri nasıl girecek?'" RAŞİ bunu şöyle yorumlar, cennet korkusu içeri girmemizi sağlayan dış kapı gibidir. Bu nedenle eğer kişi maneviyattan korkuyorsa, cennet korkusunu yerine getirmekten endişe duyar. Eğer korkmuyorsa, Tora'sı için korkmaz. "Rabbi Yanai şöyle der, 'Evi olmayan, fakat evi için bir kapı inşa edene yazıklar olsun.'"

Sormalıyız:

1. Rav Huna, "Fakat ona dış anahtarlar verilmedi; öyleyse içeri nasıl girecek?" diyerek, cennet korkusunu dışsallığa, Tora'yı içselliğe benzetir. Peki, eğer kişinin cennet korkusu yoksa içselliğe nasıl girecek? Oysa Rav Yanai cennet korkusunu içselliğe benzetir, çünkü der ki cennet korkusu ev gibidir, Tora kapıdır ve kapı dışsallıktır. Öyle anlaşılıyor ki Tora'nın dışsal olduğunu düşünür.

2. Rav Yanai, Rav Huna'nın söylediklerine ekleme yapar, "yazıklar olsun.".

Bilinir ki yaratılış amacı Yarattıklarına iyilik yapmaktır. Bizim için hazırlanmış iyiyi alabilmek için form eşitliğe ihtiyacımız var. Bu demektir ki niyetimiz kendimiz için almak değil, sadece ihsan etmek olmalıdır. Sonrasında içsel Tora'da (içsel Tora'da kıyafetlenmiş gizli ışığı edindiğimizde, buna "Tora, İsrail ve Yaradan bir," denir) kıyafetlenen ışıkla ödüllendiriliriz. Atalarımız bununla ilgili şöyle der, "Tora haricinde iyi yoktur," yani yaşam ışığının lezzetli tadı içsel Tora'da kıyafetlenmiştir.

Bilinir ki, "İnsan vahşi eşeğin sıpası olarak doğar," çünkü "insanın kalbindeki eğilim gençliğinden beri kötüdür," atalarımız da şöyle der, "İçindeki ışık ıslah ettiğinden, Ben'i terk edip, Ben'im Tora'mı yerine getirmelerini dilerim."

Yaradan'ı terk etmekle, Tora'yı yerine getirmek arasındaki bağı anlamak zor olduğundan, bu makaleyi daha önce yorumlamıştım. Hakkında "Ben'i terk edin," denilen Yaradan olmadan orada Tora nasıl olur? Cevap hemen yanında yazılıdır: "Çünkü içindeki ışık ıslah eder."

Bu demektir ki, kişi kendini Yaradan'a yakınlaştırmak istediğinde, Yaradan kötüye daldığı sürece onu yakınlaştıramayacağını söyler, "Yanlış inançta olan Ben'im gözümde kabul edilemez." Kişi kibir içinde olduğunda Yaradan der ki, "O ve Ben aynı yerde duramayız."

Daha ziyade, kişi Tora'ya bağlanarak "alma" denilen kötü eğilimden çıkabilir ve ıslaha, ihsana bağlanabilir, şöyle yazdığı gibi, "Kalbim iyi şeylerle coşuyor; diyorum ki, 'Çalışmam Kral için.'"

Diğer bir deyişle yaptığı herşey krala ihsan etmek içindir ve ancak sonrasında Yaradan onu yakınlaştırır. Bu insan daimi inançla ödüllendirilir.

Dolayısıyla, insanın cennet korkusu edinmesinden ve iyi ameller yerine getirmesinden başka şansı yoktur. Bu demektir ki, Tora vasıtasıyla kişi ıslah olur. Sonra ıslah olduğunda, yani Tora vasıtasıyla cennet korkusunu edindiğinde içsel Tora ile ödüllendirilir, yani dışsal Tora'yı kılıflayan Tora'nın ışığı ile.

Bu atalarımızın dediği gibidir, "İlk günde yaratılan ışıkta Adem dünyayı baştan sona gördü." Yaradan tufan neslinin ve Babil halkının çalışmasına baktı ve onların kusurlarını gördü. Durdu ve ışığını gizledi. O, bunu nerede gizledi? Tora'da."

Böylece cennet korkusunu dış anahtara, Tora'yı iç anahtara benzeten Rav Huna'nın sözlerini yorumlayabiliriz. Rav Huna yaşam, iyilik ve hazzın olduğu Tora'nın içselliği ile ödüllendirilmek isteyen kişiden bahseder. Kişi cennet korkusunu elde etmeden önce gizli ışığı almaya uygun niteliklere sahip olma eksikliği içindedir, şöyle yazdığı gibi "Ve bayağı olan onun ışığını inkâr edecek." Fakat kişi kötü amellerini ıslah etmeden ve cennet korkusunu üzerine almadan önce iyiyi almaya uygun değildir.

Öyle anlaşılıyor ki, cennet korkusuna "dışsallık" der, yani cennet korkusu vasıtasıyla içsel Tora'yı edinebileceğini söyler. Tora'nın içselliğini cennet korkusundan önce almayı dileyen kişi için bu içsel anahtarlara sahipken dış anahtarlarının olmaması gibidir; peki içeri nasıl girecek? Cennet korkusunu bilmediğinden, hazzı ve mutluluğu almaya uygun değildir.

Bu Rabbi Yanai'nin heyecanla söylediği şeydir, "Evi olmayan fakat evi için bir kapı inşa edene yazıklar olsun." Bu demektir ki, Rav Huna'ya göre Tora'nın içselliği ile ödüllendirilmek isteyen kişi önce Tora'nın dışsallığı denilen cennet korkusunu elde etmelidir.

Öyle görünüyor ki temel şey kişinin cennet korkusu elde etmesidir, çünkü sonrasında cennet korkusu onun için içine şık mobilyalar ve kıymetli aksesuarlar yerleştirebileceği bir oda gibi olur. Fakat eğer bunları koyacak bir odası yoksa ne alacak? Rabbi Yanni için cennet korkusu Tora'nın içselliğini koyabileceği bir evdir.

Dolayısıyla, Rabbi Yanni insanın bu dünyada ihtiyacı olan en temel şeyin üst hazları alabileceği kap olan cennet korkusunu edinmesi olduğundan ve Tora çalışmasının "Ben'i terk edip, içindeki ışık ıslah ettiğinden Ben'im Tora'mı çalışsınlar," sözündeki gibi olması gerektiğinden, tüm hayatları boyunca Tora öğrenip de, cennet korkusunu edinme niyetinde olmayanları gördü.

Bu demektir ki, önce Tora ışığı ile ödüllendirilmelidir—halen daha LoLişma'da öğreniyorsa, cennet korkusu, inançla ödüllendirilmeden önce nasıl Lişma'da çalışsın ki? Bu "onu ıslah eden" olarak kabul edilir.

Öyle anlaşılıyor ki, Tora LoLişma, "ev" denilen cennet korkusunun gireceği kapıdır. Bu sebeple Rav Huna'ya ekleme yapar ve der ki, "ev için kapı inşa et," normalinde bir ev inşa etmeye karar veren insan, önce evden çıkacağı bir kapı inşa eder. Fakat eğer ev inşa etme düşüncesi yoksa neden kendine bir kapı yapsın ki?

Bu sebeple Rav Yanni der ki, "Kişi cennet korkusu ile ilgilendiğinde Tora'yı öğrenmesi onun için iyidir, çünkü Tora ona ışığı getirir ve ışık vasıtasıyla Tora'nın içselliğini yerleştirebileceği "ev" denilen cennet korkusu ile ödüllendirilir."

Fakat cennet korkusuyla ödüllendirilmekle ilgilenmiyorsa, neden tüm yaşamı boyunca "cennet korkusu" denilen ev için giriş kapısı olan Tora öğrenmek için kendini sıkıntıya soksun ki?

Eğer cennet korkusu elde etme niyeti yoksa kendini sıkıntıya sokmaz. Kişi ancak cennet korkusuna sahip olduğunda, Tora'yı Lişma'da öğrenir. Oysa bu korkusu, yani inancı olmadığında, soru kimin için öğrendiğidir.

Fakat kişi cennet korkusunu elde etmek istediğinde içindeki kötülük ona Yaradan'a inanma kuvveti vermezse, atalarımız LoLişma'dan Lişma'ya gelebileceği tavsiyesini bize verir. Bu demektir ki, kişi cennet korkusu ve Yaradan'a inançla ödüllendirilecek ve kimin için öğrendiğini bilecek. Buna "ev" denir.

Tora'yı Lişma'da öğrenen, yani cennet korkusu olan insan pek çok şeyle ödüllendirilir. Rabbi Meir'in dediği gibi, insan sürekli akan bir şelale gibi olur, Tora'nın sırları ifşa oldukça yaratılış amacı haz ve mutluluk almak olduğundan, haz ve mutluluk alır.

Yukarıda söylenenden anlaşıldığı gibi, kapıya Tora LoLişma denir ki bu kişi henüz cennet korkusuna sahip değil demektir. Kişi LoLişma'da olan Tora'nın ışığını bir kez aldığında Lişma, yani inanç ile ödüllendirildiğinden ve herşeyi Yaradan için yerine getirdiğinden, eve "cennet korkusu" denir. Sonunda da haz ve mutluluk olan ve "Tora'nın sırları" denilen içsel Tora ile ödüllendirilir.

Bunu detaylı olarak açıklığa kavuşturduğumu düşünüyorum, bu konuyla ilgili bir yorumun varsa bana yaz.

Mektubu ancak bugün bitirebildim. Bana yazdığım için teşekkür ederim, devam et lütfen.

Baruh Şalom HaLevi Aşlag

Baal HaSulam'ın oğlu

Mektup No. 57

7 Haziran 1962, Şavuot Akşamı, Antwerp

…'ya tüm iyi dileklerimle,

Yeni bir haberim yok; İsrail topraklarına dönene kadar bir yerden bir yere, bir ülkeden diğerine taşınıp duruyorum. Döndüğümüzde İsrail topraklarının tadını almayı umuyor, artık sürgün olmamasını diliyorum. Sürgün, kişi toprağın değerini bilmediğinde ve olması gerektiği gibi onu takdir etmediğinde gelir. Sonuç olarak toprak kişiyi atar, şöyle yazdığı gibi "Ve toprak çıkarıp atacak."

Tora'nın alımı özellikle çölde olsa da, niyet onu İsrail'de yerine getirmektir. Dolayısıyla eğer Tora'nın alımı sırasında onu İsrail'de yerine getireceğimizi kabullenirsek, sonrasında topraklara girmek ve Tora'yı almakla ödüllendiriliriz. Ancak, Tora olmadan topraklara girmek imkânsızdır, çünkü sadece Tora'daki ışık kişiyi ıslah eder.

Bu "Meclisin on sekizinci günü herkes sana ihtiyacı olduğunu kabul etti," sözünün anlamıdır. Bilinir ki, bir "Yaradan'ın Tora'sı (öğretisi/yasası)" ve bir de "O'nun Tora'sı," vardır. Tora'nın alımı olan bir araya gelmenin on sekizinci günü bu, O'nun Tora'sı olur. Diğer türlü bu Tora alımı değildir, daha ziyade buna "Yaradan'ın Tora'sı" denir. Yaradan'ın Tora'sı vasıtasıyla Tora'nın ışığı ile İsrail topraklarına girmekle ve sonunda da İsrail topraklarına girdikten sonra gelen O'nun Tora'sıyla ödüllendiriliriz.

Fakat Musa'nın Tora alımı zamanında onlar hemen özgürlükle ödüllendirildiler, atalarımızın dediği gibi, "Onu Harut (oyulmuş) olarak değil, Herut (özgürlük) olarak telaffuz et." Bu sırada maddesel İsrail topraklarına girerken köle değillerdi ve hemen akabinde manevi İsrail topraklarıyla ödüllendirildiler.

Ancak, bu o zaman içindi. Daha sonra atalarımız dedi ki, "yapacağız" ve "duyacağız" sözünden önce İsrail'e verilen iki taç onlardan alındı.

Bu sırada çalışma yeniden başladı—İsrail topraklarına girmek ve Tora ışığı ile ödüllendirilmek ve sonrasında "Yaradan'ın adları" denilen gerçek Tora ile ödüllendirilme çalışması.

Dileyelim, Yaradan bizi İsrail topraklarının erdemliğini ve onu nasıl takdir edeceğimizi anlamamıza yardım etsin ki toprak bizi çıkarıp atmasın. Zohar'da yazılıdır, "Kim fiyatı inciden daha yüksek erdemli bir kadın bulursa," peki neden "fiyatı" der? Şöyle cevap verir, onu nasıl yerine getireceğini ve değerini bilmeyene o Klipot (kabuklar) satar. Bu sebeple "satmak" yazılmıştır.

Dolayısıyla bugünden sonra doğru yolda nasıl yürüyeceğimizi bilmeyi ve Tora'nın alımıyla ödüllendirilmeyi umalım.

İyi bayramlar dilerim.

Baruh Şalom HaLevi Aşlag

Mektup No. 58

7 Haziran 1962, Şavuot Akşamı, Antwerp

Dostuma...

"Kişi sadece içine aptallık ruhu girdiğinde günah işler," buna göre içinde aptallık ruhu olmadığında günah işlemiyorsa, o zaman neden aptallık ruhu ona girer? Demek ki bu nedenle henüz hiç günah işlememiştir. Öyleyse aptallık ruhunun girişine kim sebep oldu? Demek ki bu konuda seçim şansı olmamıştır.

Atalarımız der ki, "Göz görür, kalp ister." Bu demektir ki, göz günaha sebep olur. Görmek, yasak bir şeyi gözlerle ya da akılla, yani yabancı düşünceyle görmek demektir.

Atalarımız ayrıca şunu söyler, "İnsana gönülsüz gelen haz... izinsiz ve istemeden, oysa tüm dünya izin verildiğiyle ilgili hemfikirdir."

Bilinir ki, kişi gözü ve aklı kontrol edemez. Dolayısıyla görmek günah olmaz. Daha ziyade sonrasında kalp arzu duyduğunda bu günah olur. Ve kişi günahı gördüğünden, bunun arzuya sebep olmaması için derhal görmeden tövbe etmelidir. Bu noktada hala seçim şansı vardır, çünkü henüz günah işlememiştir.

Eğer hemen "görme" denilen tövbeye gelmezse, sonrasında bu "yanlış" denilen arzunun sebebi haline gelir. Fakat yanlışı, yani arzusu için tövbe etmezse, günaha gelmiş olur.

Aptallık ruhu insana görme için tövbe etmediğinde, ona ıslah amacıyla gelir. Bu böyledir, çünkü kendini nasıl koruyacağını—düşüncesi için tövbe—bilmediğinde cennetin ihtişamını suçlar. Düşünce arzuya liderlik ettiğinden, buna "efendisini bilmek ve ona karşı gelmeye niyet etmek," denir.

Bu sırada Yaradan'ın yüceliğini hissetmemesi ve içindeki ilmin özünün ondan ayrılması büyük ıslahtır, çünkü sonra aptallık ruhu ona girdiği için Yaradan'ın yüceliğini hissetmediğinden, Yaradan'ın yüceliğine leke getirmemiş olur.

Bu "Kişi yalnızca içine aptallık ruhu girdiğinde günah işler," sözünün anlamıdır. Bu bize şunu öğretir, kişi akıl dolu olduğunu düşünse de günah sırasında yaptığı tüm analizleri aptallık ruhunun yaptığını bilmelidir.

Bu böyledir çünkü akıl bilgeliğin özü değil, operatördür, çünkü bilge bir öğrenci olmasına ve iyi ameller yerine getirmesine rağmen, bu öz, ondan çoktan ayrılmıştır. Bununla ilgili şöyle denir: "Erdemlinin erdemliği bayağılığı sırasında hatırlanmayacak."

Dolayısıyla bu sırada kurnazlık yapmamalı, mantık ötesi cennet krallığını üzerine almalıdır. Bu demektir ki, düşüncesini tamamen iptal etmelidir, çünkü sonra tövbe ettiğinde Mitzvot ve günahlarına ilişkin analiz yapabilir.

Bununla ilgili "Önemsiz bir Mitzva'da en az önemli olan kadar dikkatli ol, çünkü Mitzvot'un ödülünü bilemezsin," denir. Bu demektir ki, kişi bilinçli olmalı, gözünde önemsiz olsa bile, bunu neden şimdi yerine getireyim ki dememelidir.

Mitzva kişi için "önemli," yani cennet korkusu içinde olduğunda, günahın ölümcüllüğünü ve Mitzva'nın ciddiyetini hisseder. Bu demektir ki, amacı ve değeri hissederek, Tora ve Mitzvot'a bağlanmanın değerini anlar. Fakat şimdi Mitzvot gözünde önemsiz olduğundan bu kadar dikkatli olmaya gerek görmez.

Bununla ilgili denilir ki, kişi hangi aşamasının yukarıya memnuniyet verdiğini bilemez. Eğer, "Ödül çabaya göredir," dersek, bu demektir ki, Tora ve Mitzvot'u küçük düşürüp, hor görürse sonrasında onları idrak etmek için büyük çaba harcaması gerekir. Çaba ile yukarıda daha büyük memnuniyet olması mümkündür. Dolayısıyla dikkatli olmalı ve onları yerine getirmelidir.

Dileyelim Yaradan Tora ve Mitzvot'u bereketle yerine getirmemize yardım etsin.

Baruh Şalom HaLevi Aşlag

Mektup No. 59

8 Haziran 1962, Şavuot , Antwerp

Dostuma...

Atalarımızın "İnatçı ve isyankar bir oğul var olmaz ya da olması kaderinde yoktur, daha ziyade talep eder ve ödül alır," sözüyle ilgili sorunu şöyle cevaplayabilirim. 1) Tora yeryüzünden daha uzun sürer, öyleyse neden "talep et ve ödül al," denilmiştir?

Ayrıca ödül ile ilgili sormuşsun. Aslında kişi hocasına ödül almak, yani yalnızca Lişma için hizmet etmemelidir.

Anlamalıyız ki, bilindiği gibi yaratılış amacı Yarattıklarına iyilik yapmaktır, yani yaratılanların haz ve mutluluk almasını sağlamak. Yaratılanların ödül olmadan Tora ve Mitzvot'a bağlanmak zorunda olmasının sebebi, yaratılanlar utanç olmadan haz almanın tadına varamayacaklarından, yaratılanların ıslah olması içindir. Kutsal Zohar bunun için der ki, "Onun olmayanı yiyen kişi kendi yüzüne bakmaktan korkar."

Bu demektir ki, hazzın alımında eksiklik hissederiz, Yaradan'ın bizim adımıza hazırladığı tüm hazları alabilelim diye Tora ve Mitzvot şifası verilmiştir, burada utanç olmaz, çünkü bu yalnızca Yaradan içindir. Dolayısıyla bunun yorumu kendimiz için değil, Yaradan için ödül alabilmemizi sağlayan ıslahtır. Aksi takdirde ödül, yani haz almak imkânsızdır, çünkü hazza "ödül" denir.

"...var olması kaderinde yoktur," ilgili olarak açıklanır ki, altı bin yıl sırasında kişinin edinebileceği şeyler vardır. Sırrı edinmek imkânsız olduğundan, bunlar maddesellikte edineceğimiz şeylerdir. Bu eylemler dünyasıyla ilgilidir.

Ancak, sadece yedinci milenyumda edinilebilecek şeyler vardır. Dolayısıyla onlar inatçı ve isyankâr bir oğul örneğindeki gibi, Mitzva'nın maddesel eylemini ima etse de, bunlar altı bin yıl sırasında deneyimlenemez. Dolayısıyla, bu gerçek bir çalışma değildir, daha ziyade talep altı bin yıla denk geldiği için "talep et ve ödül al," olur, fakat ödül, yani üst edinim yedinci milenyumda elde edilir. Buna altı bin yılın başlangıcında "var olmaz," altı bin yılın sonunda "var olması kaderinde yoktur," denir. Daha ziyade ödül yedinci milenyumun başında görünür.

Bizim açımızdan bunu şöyle yorumlayabiliriz, kişi bazen öyle bir bayağılık aşamasına gelir ki, dua ve Tora'dan hiç tat alamaz. Öğreniyor olmasına rağmen kendisiyle ilgili gerçeği hisseder ve bilir—Tora öğrenmeye devam etmesinin gerçek sebebi cennet korkusu değil, alışkanlık ve özellikle insanların ne diyeceği ile ilgilidir. Yani içinde bulunduğu çevre Tora çalışmasında gevşeklik yaptığını görürse, onu boş bir kap olarak görüp önceki kadar ona saygı göstermeyeceklerini düşünür. Dolayısıyla Tora çalışmasını bıraktığı zaman çevresinden dolayı acı çeker ve ailesinin onu küçümsemesinden korkar.

Duada da benzer bir durum söz konusudur; cennet korkusuna bağlı zorunluluk olmadan alışkanlıktan dolayı dua eder. Tora çalışmasıyla aynı nedenden ötürü duaya devam eder. Fakat en önemlisi yaşamında bir amaç bulamaz ve bu aşamayı daha fazla taşıyamaz.

Bunun için "unutkanlık" denilen ıslah vardır. Kişi amacı, yani Tora ve duaya bağlanmaya devam etme gerekliliğinin sebebini unutur. Sebebi unuttuğunda Tora ve Mitzvot'a sadece alışkanlıktan dolayı devam eder.

Böyle bir aşamada bayağılık sona erene kadar tutunabileceği büyük bir merhamete ihtiyacı vardır. Izdıraplar insanın günahlarını temizlediğinden, ızdırap vasıtasıyla yukarıdan ona acınır ve cennet korkusunun aydınlığı verilir ve tekrar yaşama, bayağılık aşamasına düşmesinden önceki varoluşuna geri döner.

Yukarıda bahsedilen bayağılık aşamasına "var olmaz ya da var olması kaderinde yoktur," denir, yani bu, yaratılış amacında yoktur ya da olması kaderinde yoktur. Keduşa (kutsallık) ve Tuma'a (bayağılık) aşaması olduğundan, buna "cehennem engeli" denir.

Tuma'a aşamasındayken tövbe etmeyi umar, ama yukarıda bahsedilen aşamaya "ölüm" aşaması denir. Bu demektir ki, yaptığı her şey amaçsızdır ve ölü olarak kabul edilir. Yerine getirdikleri olması gerekenler ya da amaç değildir. Bu durumda zaten amaca ne gerek vardır? Ancak, o aşamada kişi Yaradan'ı talep etmelidir, atalarımızın dediği gibi, "Zion; kimse ona ihtiyaç hissetmez ama talep gereklidir." Bu demektir ki, böyle bir aşama insana talebe yer olması amacıyla verilir, böylece Yaradan'ın onu Keduşa'ya yakınlaştırması için bir talebe gelmiş olur.

Fakat kişi Mitzvot yerine getirdiğinde, kendisiyle ilgili Yaradan'ın onu yakınlaştıracağını hisseder. Ve özellikle bu aşamaya "cehennem engeli," denir, yani dua ve talep için bir yer.

Dileyelim Yaradan gözlerimizi O'nun Tora'sına açsın.

Baruh Şalom HaLevi Aşlag

Baal HaSulam'ın oğlu

NOT

Omer saymasıyla (Passover akşamı başlayan Şavuot'ta biten yedi hafta süresi) ilgili bilinir ki, insanın öncelikli çalışması kendini Yaradan'a bağlamasıdır.

Omer "demetleri bir araya getirmek" kelimesinden gelir. RAŞİ şöyle yorumlar, "kelime anlamı gibi, yani bir araya toplamak." Bu demektir ki, Yaradan ile ilgili şikâyette sessiz kalır, ağız açmaz, daha ziyade kişi 'Merhametli olan, her şeyin en iyisini yapar,' der, düşüncesi ve arzusu sadece Yaradan için olur, sonrasında hepsini bir araya toplar.

Bu demektir ki düşüncelerini ve arzularını yalnızca tek amaç için sıkıca bir araya getirdiğinde—Yaradan'a memnuniyet vermek için— bu "bir araya topladı" olarak kabul edilir.

Yorumcular der ki, Omer sayması "ve O'nun ayağının altında, gökyüzünün bedenleri kadar saf bir safir tuğla belirdi," kelimelerinden gelir. Bu demektir ki, kişi kendini Yaradan'a bağladığında, Yaradan'ın ışığının ifşasıyla ödüllendirilir. Öyle anlaşılıyor ki, kişi tüm arzularını bir düğümle, yani bir amaçla—Yaradan için— bağladığında, sonrasında Omer parlar. Bu Omer saymasının anlamıdır, insanın Yaradan'ın ışığıyla parladığı yer.

Ve bir Yahudi ıslah olması gereken yedi niteliğe sahip olduğundan ve her bir niteliği diğerlerini içerdiğinden, yedi çarpı yedi, kırk dokuz gün olur. Bu sebeple Tora'nın edinimi için kırk-dokuz gün sayarız.

Omer Seorim (ölçü/arpa) kelimesinden gelir. Bu demektir ki, kalpte Yaradan'ın yüceliğini ölçmek, tıpkı kutsal Zohar'da yazdığı gibi, "Onun kocası kapılarda tanınır." Zohar der ki, "Her biri kalbindekine göre,"insandaki Yaradan ışığının ölçüsüne göre.

Buna "inanç" denir. Kişi inançla ödüllendirildiğinde, bu "hayvan" olarak kabul edilir. Bu Omer'in arpa, hayvan yemi olmasının sebebidir, yani o henüz Tora düşüncesi ile ödüllendirilmedi. Fakat Şavuot'ta Tora alımı ile ödüllendirildiğinde insan seviyesini, Tora düşüncesini edinir. Bu sebeple bizler sunakta insan yiyeceği olan buğdayı adarız.

Fakat kişi Tora ile ödüllendirilmeden önce bu arpa adağı olarak kabul edilir. Buna "demetleri bir araya getirmek" denir ve kişi konuşmayan, hayvansal seviye olarak kabul edilir, çünkü yalnızca Tora vasıtasıyla "konuşan" olmakla ödüllendirilir.

Mektup No. 60

11 Haziran 1962, Antwerp,

Dostuma,

Mektubunu aldım, özlem duyduklarınla ilgili kalbini açmışsın. Yeni yerinde başarılı olmanı dilerim. "Kalk ve yüksel," o yere sebep olan şeydir. Bu demektir ki bazen kişi oturarak yükselir, yani "otur ve bir şey yapma" ile atalarımızın dediği gibi, "Otur ve günah işleme; bu tıpkı Mitzva yerine getirmek gibidir." Bazen de kişi kalkarak ve yaparak derecesinde yükselir.

Öyle anlaşılıyor ki, "Kalk ve yüksel" kişinin kalkıp, yaparak yükselişine işaret eder. Bu demektir ki "yapmak," "yapmamak" tan daha önemlidir, atalarımızın dediği gibi, "direnmeyi bırak," çünkü insan rahatlığı sevdiğinden, "yapmak" için kalktığında daha çok çaba sarf etmesi gerekir ki bu önemlidir.

Bu böyledir, çünkü başlangıçta insan sadece rahatlığı seçer. Bu nedenle kalkması ve "otur ve yapma" halinde olmaması onun için daha zordur. Fazladan çabanın olduğu her yerde bu daha da önemlidir. Fakat bir kez çalışmaya alıştığında, sadece kazancı dikkate alır.

"Bir şey yapma" Tora ve Mitzvot ile ortaya çıkan hazzı belirtir ve burada ıslahın sonundan önce alması yasaklanan büyük ödül ve hazzın ortaya çıkması konusu vardır, atalarımızın dediği gibi, "Domuzun Tora'ya dönmesi kaderindedir."

Şimdi konumuza dönelim. Bilmeliyiz ki insanın bu dünyadaki gerçek amacı Tora'nın tadıyla ödüllendirilmektir. Kişi Tora'nın tatlılığını hissettiğinde, kendini dünyadaki en mutlu insan olarak görür.

Diğer insanlara baktığında, ızdırap içinde yaşamlarını nasıl harcadıklarıyla ilgili acıma duyguları uyanır ve onların ızdıraplarının karşılığında aldıkları haz için çektikleri sıkıntıyı asla hissetmez.

Onlar da bu koşullar altında yaşamaya neden hemfikir olduklarını açıklayamazlar. Bunun gerçek sebebi şudur ki, "Arzuna karşın yaşarsın" ve bu sebeple yaşamak isterler ve "İnsan sahip olduğu her şey için yaşamını verir." Yaşamayı bırakmanın daha iyi olacağı hesabına rağmen yine de "Arzuna karşın yaşarsın," düşüncesi buna izin vermez ve insan var olmak ister.

Ancak neden Yaradan'ın böyle bir şey yaptığını anlamak zorundayız. Aslında bu yalnızca insanın ıslahı içindir. Bu demektir ki, dünyanın yaşamaya değer olmadığını görür, yani dünyasal hazlar, ödemek zorunda olduğu çabanın karşılığı değildir. Ve böylece iç gözlem yapması için bir yeri olur. Eğer maddesellikte tatmin olursa maddesel şeylerden uzaklaşıp, manevi şeylere yaklaşmanın iyi olduğunu sonucuna asla ulaşamaz. "Arzuna karşın yaşa" konusu olmasaydı, ızdırap çekmemek için herkes derhal intihar ederdi. Öyle anlaşılıyor ki "Arzuna karşın yaşayacaksın" ızdıraplardan kaçmaması için ona yardım eder.

Acı kişinin günahlarını temizler. Bu demektir ki, ızdırap sadece Tora ve Mitzva'ya yönelmesinin sebebidir. Bununla ilgili şöyle deriz, "bunlar günlerimiz olduğundan." Bu demektir ki, sadece "Arzuna karşın yaşayacaksın" için değil, "Bunlar yaşamımız" olduğu için uzun yaşam isteriz ki bu gerçek yaşamdır ve bu nedenle bu günlerin uzun olmasını isteriz.

Ve şimdi "Kalk ve yüksel" aşamasını yerine getirdiğimizden, yani yeni bir aşamaya yükseldiğimizden ve "Ve senin yeri olmayan bir şeyin olmayacak" olduğundan, daima "kalk ve yüksel" aşamasında olmaya çalışmalı ve tembellik etmeden yükseğe daha yükseğe yükselip Tora ışığının parlaklığının hoşluğu ile ödüllendirilmeyi istemeliyiz.

Dostun, Baruh Şalom HaLevi Aşlag

Baal HaSulam'ın oğlu

Mektup No. 61

11 Haziran 1962, Antwerp

Dostuma,

Dostlardan aldığım mektupları cevaplamakta gecikiyorum, çünkü bir yerden bir yere sürekli olarak taşındığımdan, mektuplar bana ulaştığında ben başka bir yere gitmiş oluyorum. Mektubunu ancak geçen hafta alabildim. Şavuot bayramından önce olduğu için cevaplayamadım.

"Hohma'sından (ilim) daha fazla, Daat'ı (bilgi) ile mutlu olan kişi için bu iyi bir işarettir," makalesini açıklamam talebinle ilgili olarak öncelikle işaretlerin manasını anlamak zorundayız. Bilinir ki, kişi daima yaratılma amacının yolu olan gerçeğin yolunda gidip gitmediğini bilmeli ve test etmelidir. Bu nedenle gerçeği bilmemiz için bize işaretler verilmiştir.

Kabala'da Daat orta çizgidir, fakat şimdi bunu yorumlamak istemiyorum. Etik olarak, Daat Yaradan'a inanç demektir. Bu böyledir, çünkü Daat tüm kitaplarda "Yaradan'la Dvekut (birleşme)," olarak açıklanmıştır, Dvekut özellikle inanç vasıtasıyla edinilir.

Bu "Hohma'sından (ilim) daha fazla Daat'ı (bilgi) ile mutlu olan kişi için bu, iyi bir işarettir," sözünün anlamıdır. Bu demektir ki, edindiği Hohma, kişinin inancını azaltmaz. Buna Daat'ıyla mutlu olmak denir. Fakat kişinin elde ettiği Hohma, inancını, yani Daat'ı iptal ederse, Daat'ından Hohma'sı kadar mutlu olmaz, çünkü Hohma'sı Daat'ı iptal etmek ister ve bu gerçeğin yolunda yürüyor olmasının iyi bir işaretidir.

Atalarımızın şu söylediğini de anlamalıyız, "Şarabıyla rahatlayan kişi, efendisinin Daat'ına (bilgi) sahiptir," "şarap girer, sır açığa çıkar."

Kutsal Zohar'da öyle yazar, "Yiyin, içip, sarhoş olun dostlar." İçmek Hohma'a işaret eder. Buna göre "Şarabıyla rahatlayan kişi" demeliyiz, yani kişi edindiği Hohma vasıtasıyla inançta kalır ve Daat'a efendisi olarak sahip olur. Bu gösterir ki kişi efendisinin Daat'ına sahip, Yaradan'la Dvekut içinde.

Bunu şu şekilde yorumlayabiliriz, "Eğiliminden daha fazla Daat'ıyla mutlu olan kişi için bu iyi bir işarettir. Eğiliminden daha fazla Daat'ıyla mutlu olmayan kişi için bu iyi bir işaret değildir." Eğilimin yolu engellemek olduğundan, kişi eğiliminden mutlu olmaz. Daha ziyade özellikle eğilim tükendiğinde kişi mutlu olur. Öyle anlaşılıyor ki, özellikle maddesel şeylerden fazlaca haz almadığında Yaradan çalışmasında ilerleyebilir.

Bu demektir ki, kişi büyük hazlar elde etmediği noktada, Tora ve Mitzvot'a bağlanabilir. Bu sırada zamanını ve çabasını yüksek ihtiyaçlar için adamaya isteklidir. Fakat eğilimi maddesellikte büyük hazlar edinebileceğini anlamasına izin verdiğinde, kişi eğilimini yatıştıramaz. Kişi ancak büyük kazançlar olduğu yerde çalışabilir, küçük kazançlar büyük kazançların önünde iptal olur. Bu bakımdan çalışma ticarete benzer.

Kişi ödül almak için çalışmayı üzerine alırsa bu böyle olur. Bu sırada eğilimi maddesellikte daha fazla kazanç olduğunu ileri sürer. Öyle anlaşılıyor ki, eğilim kontrol altında olduğunda hoşnut olmaz. O zaman bu kişi için iyi bir işaret olmaz, yani bu gerçeğin yolunda yürümediğinin işaretidir.

Fakat Tora ve Mitzvot'a bağlanma sebebi "yük öküzü ve eşeği," olmak içindir, yani mantık ötesi inanca tutunmak, böylece eğilim "O dedi ve O'nun arzusu yapıldı," nedeniyle çalışmayı bırakması gerektiği ile ilgili sağlam bir zemin bulamamış olur. Kişi eğilimin itiraz ettiği her şeye "Şimdi sen bana mantık ötesi çalışma alanı verdin," diyerek cevap verir. Bu demektir ki, eğer eğilimi entelektüel argümanlarla itiraz etmemiş olsaydı, zekâsına karşı gelecek hiçbir şey bulamayacaktı. Öyle anlaşılıyor ki, eğiliminden daha fazla Daat'ıyla mutludur ve bu onun için iyi bir işarettir, gerçeğin yolunda yürüdüğünün işareti.

Dileyelim Yaradan gerçeğin yolunda yürümemize yardım etsin.

Baruh Şalom HaLevi Aşlag
Baal HaSulam'ın oğlu

Mektup No. 62

26 Haziran 1962, Antwerp

Dostuma en iyi dileklerimle,

Mektubunu aldım, Lişma ve LoLişma ile ilgili soruna karşılık sana basit bir kural yazacağım: Lişma, Mitzva (iyi amel/ıslah) yerine getirirken, Yaradan'a memnuniyet ihsan etmeyi amaçlamak demektir. Bu eylemler vasıtasıyla, yani O'nu memnun etmeyi isteyerek O'na ihsan ederiz.

Peki, neden O'na memnuniyet vermek isteriz? Bu böyledir, çünkü Kral'a hizmet ediyor olmak bizim için büyük ayrıcalıktır. Tüm hazzımız Rav'a (yüce olana) hizmet etmektir, ödülümüz budur. Bu demektir ki, hizmetin kendisi ödüldür.

Bazen varlıklı bir insanın yüce ve bilge biriyle birlikte yürüdüğünü görürüz, varlıklı olan bilge olanın paketini taşır, başkasının taşımasına izin vermez ve bir bilgenin paketini taşıma ayrıcalığını hak ettiğini söyler.

Bazen yükün ağırlığı nedeniyle paketi taşımak zor olduğunda, başka bir varlıklı insan da bilgeye eşlik eder ve diğeriyle değiş tokuş yapmak ister, yani o da paketi taşımak ister fakat diğeri bundan hoşlanmaz, çünkü varlıklı birinin bilgeye hizmet etmesi büyük bir ayrıcalıktır. Ayrıca varlıklı olanın aldığı hazzın derecesi, Rav'ın bilgeliğinin derecesine de bağlıdır.

Rav bir hamala vermesi gereken iki dolarlık ücrete karşılık varlıklı olana üç dolar verir ve der ki: "İşte çabanın karşılığı."

Ayrıca şöyle de der: basit bir taşıyıcıya iki dolar verdim fakat sen zengin ve farklı olduğundan, üzerine ilave yapıyor ve sana üç dolar veriyorum." Bu varlıklı insan için aşağılayıcı olmaz mı? Nihayetinde ödülün yüceliği ödül için hizmet değil, sadece Rav'a hizmet etmektir.

Maneviyatta da bu böyledir. İnsanın niyeti sadece hizmet olmalıdır, bununla Kral'a hizmetin önemini ve değerini göstermiş olur. Eğer hizmeti için ödül talep ederse, bu Kral'a önem vermediğinin göstergesidir, çünkü amacı sadece ödüldür.

Oysa kimin paketini taşıdığına dikkat etmeyen bir hamal gibi, amacı sadece ödül olan kişi kime hizmet ediyor olduğuna önem vermez, onun için önemli olan hizmeti karşılığında ne alacağıdır. Önem verdiği tek şey ne kadar kazanacağıdır. Bu ödül için Krala hizmet etmekle, ödül olmadan hizmet etmek arasındaki farktır.

Fakat çalışmada kuvvetli olmak isteyen kişi Tora ve Mitzvot'a bağlanmalı, Yaradan'ın yüceliğini ve eşsizliğini idrak etmelidir. Bu böyledir, çünkü Kral'ın yüceliğini, O'nun Kralların Kralı olduğunu tam olarak hissettiğinden, onun için Krala hizmet etmek kolay olacaktır. Bu sırada coşku ve haz sınırsız olur.

Bu nedenle, O, bunu başkalarına vermediğinden, Kral'ın onun hizmet etmesine izin verdiğini söyleyebiliriz. Peki diğerleri ne yapar? Onların niyeti Kral'a hizmet etmek değil, bir efendiye hizmet etmektir, çünkü bütün gün boyunca taşıyacakları efendilerinin paketi karşılığında ücret alırlar.

Efendinin kim olduğu onlar için önemli değildir. Onlar için önemli olan yüksek ücreti ödeyendir; hizmet ettikleri ve çalıştıkları efendi budur.

Bununla sorduğun şeyi anlayabilirsin, kişi Tora ve çalışmada canlılık hissettiğinde, yani Yaradan onu yakınlaştırdığında ve ona hizmet etmesi için izin verdiğinde, kişi haz hisseder ve kimin için Tora ve Mitzvot'a bağlandığı söyleyebilir—bu Yaradan olmalıdır, çünkü ona haz veren dünyasal ödül, yani ün ve para değil, O'dur. Ama yine de bu LoLişma olarak kabul edilir. Niçin?

Bunun sebebi şudur, haz onu Tora ve çalışmaya bağlanmaya zorlar. İnsan haz alma arzusuna sahip olduğundan, Tora ve çalışmada haz hissettiğinde, alma arzusu onu Tora ve çalışmaya bağlanmaya zorlar. Öyleyse zorlayan kimdir? Buna bağlanmasının sebebi nedir? "Ödül" denilen haz olmalı.

Bu ödül almak için Kral'a hizmet olarak kabul edilir—niyetin ödül olduğu. Bu sırada kimin ona haz verdiği fark etmez. Daha ziyade aldığı haz o kadar büyüktür ki kişi buna teslim olur.

Bu, "Eğilimi ona üstün gelir," kuralıyla ilgili atalarımızın dediği şeydir. Öyle anlaşılıyor ki, kişi zorlanmıştır. Bu demektir ki seçim şansı yoktur, çünkü hazza alışmış olduğundan, daha büyük ölçülerde geldiğinde kişi üstesinden gelme gücüne sahip olmaz. Buna seçim şansı yok denir.

Öyle görünüyor ki, bizler daima LoLişma ve Lişma arasında bölünürüz. Bu demektir ki, Tora ve çalışmaya bağlanırken haz büyükse, o zaman aklı hazdadır ve hazzın kimin verdiği önemli değildir. Fakat eğer haz Kral'a hizmetten gelirse buna

Lişma denir, çünkü burada kime hizmet ettiği önemlidir. Kral'ın yüceliği hazzın ölçüsüdür.

Öyle anlaşılıyor ki, sebep Kral'dır ve haz Kral'a hizmetin sonucudur. Eğer küçük bir krala hizmet ederse hazzı küçük olur. Eğer büyük bir krala hizmet ederse hazzı büyük olur.

Dolayısıyla, çalışma nedeni Kral ise buna Lişma denir, burada seçim şansı yoktur, her şey Kral içindir. Niyet Kral'a hizmet etmek olduğunda, buna Lişma denir, haz sebep değil sonuçtur, daha ziyade Kral'ın yüceliği sebeptir.

Fakat kişi Tora ve çalışmaya bağlandığında gelen hazza özlem duyarsa, bu demektir ki haz sebep ve sonuç. Buna LoLişma denir, haz amacı içinde olmak.

Öyle anlaşılıyor ki, insanın öncelikli çalışması Yaradan'ın yüceliğini idrak etmesidir. Bu demektir ki, kişi Yaradan'ın yüceliğini anlamak için kitapları çalışmalı, atalarımızın söylediklerine dikkat etmeli ve Yaradan'ın yüceliğini hissetmelidir.

Kişi O'nun yüceliğini hissedebilmek için dua etmelidir, böylece kalbini yatıştırır ve Yaradan önünde iptal olur, böylece sadece hayvansal şehvetin doyurulmasına yarayan dünyanın düzenini izlememiş olur, sonrasında Yaradan onun gözlerini açar ve yaşamını Tora ve çalışmaya adar ve "Her şekilde O'nu bil," gerçek olur. Bu demektir ki, maddesel şeylerle meşgul olsa da, bu Kedusha (kutsallık) amacıyladır.

LoLişma'dan Lişma'ya geliriz. Bu demektir ki Lişma zaten yüksek bir derecedir ve kişi LoLişma'da başlamalıdır. Diğer bir deyişle kişi hazzın maddesellikte değil, Tora ve çalışmada olduğunun tam olarak farkında olmalıdır.

O an dünyasal şeylerde daha fazla haz hissetse de bu Tora ve çalışma, Yaradan'a inanç eksikliğinde olduğundandır. Bu sırada Tora ve inanç vasıtasıyla Tora'nın ışığını hisseder ve bu ışık onu ıslah eder.

Dileyelim Yaradan gözlerimizi açıp kalplerimizi hoşnut etsin ve Tora'nın önemini yükseltmekle bizi ödüllendirsin.

Dostun, Şalom HaLevi Aşlag

Baal HaSulam'ın oğlu

Mektup No. 63

26 Temmuz 1962, İngiltere

Dostuma,

23 Temmuz'daki mektubunu aldım. Bu hafta İngiltere'ye geldim, her birinizin mektubunu cevaplayacağım.

Şabat gecesi dostların bir araya gelmesi çok önemlidir, ortodoksların bunu neden yapmadığını anlayamıyorum. Sanırım yeteri kadar büyümüşler ve bu nedenle dostların desteğine ihtiyaç duymuyorlar. Kendi başlarına oturuyorlar. Oysa hiç kimsenin bir başkası yüzünden geri kalmaması gerek.

Ve... ile ilgili olarak, üzerine devamlılığın yükünü almalı ve ciddi sorunları çok fazla düşünmemeli. En önemlisi de, Allah korusun, onun gerçekleri görmekten ve pes etmekten korktuğunu görüyorum. Ona söyle, "Gerçeği satın al ve satma." Satmak demek dışa doğru ifşa demektir, yani gerçeği kendisi için değil, fakat başkalarına bir şeyler satmak için almak isteyen kişi, aslında satacak bir şeyi olmamasından korkmalıdır.

Fakat bu sahte dünyada gerçekçi bir şekilde yaşamaktan başka bir gayesi olmayan kişi, bununla ilgilenmez. Eğer gerçeğin yolunda yürürse, gerçeği gördüğü anda, özlem duyacak başka bir şeyi kalmaz. Ve eğer gerçeğin yolunda yürümek onun için zorsa yine de bu, denemeye değerdir çünkü gerçekle bağlantısı vardır ve oturup onun yolunda yürümeyi üzerine alana kadar, iyi kaderi bir süre bekler.

Fakat gerçeği görmekten korkmaktan Allah korusun! "Daima korkana ne mutlu," yazılmasına rağmen, bundan korkanı asla duymadım. Bu cümlenin pek çok yorumu var.

Şimdi açıklamaya zamanım yok, fakat sonraki mektuplarda daha detaylı açıklayacağım.

Baruh Şalom HaLevi Aşlag

Baal HaSulam'ın oğlu

Mektup No. 64

20 Ağustos 1962, Londra

Dostuma,

8 Haziranda Kudüs'ten yazdığın mektubuna cevaben birkaç yorum yapacağım:

Demişsin ki, eğer Tora İsrail topraklarında verilmiş olsaydı, dünya ulusları diyecekti ki, İsrail Tora'yı süt ve bal akan bu topraklarda Yaradan'a minnet duyduğu için değil, mecbur kaldığı için aldı.

Anlamalıyız, zaten büyük ve bereketli toprakları olduğu için diğer uluslar Tora'yı almak zorunda kalmadılar, öyleyse neden sadece İsrail halkı toprakları karşılığı Tora'yı almaya mecbur bırakıldı?

2. Her ulusun anavatanlarında kendi yasalarını oluşturduğunu yazmışsın.

Bunu da anlamıyorum, nerede olursa olsun herhangi bir yerleşik toplumun yaşamını sürdürebilmek için yasalar oluşturduğu bilinir. Aksi takdirde var olamaz. Deniz aşırı ülkelerden İsrail'e gelen büyük gruplara bakarsak, sadece bir aylığına bir araya gelmiş olsalar bile kendilerine ait özel yasalar oluşturduklarını görürüz. Kırk yıl boyunca çölde olan İsrail halkı için de bu böyleydi, onlar büyük bir topluluktu, neden yasaya ihtiyaç duymasınlar ki?

3. Ayrıca, halk adına politikacıların ürettiği, maneviyatla hiçbir bağı olmayan sadece dünyasal konularla ilgilenen yasalar ile manevi yasalar arasındaki bağı anlamalıyız.

4. Şöyle yazmışsın, nasıl olur da Yaradan "Ben sizin Tanrı'nızım," dediğinde, dünya ulusları O kendi ihtişamı arıyor dedi, fakat O, "Babana ve annene hürmet et," dediğinde onlar O'nun kendi ihtişamını "Babana ve annene hürmet et," diyerek küçülttüğünü gördükleri için ilk emirleri kabul ettiler.

Açıklama yetersiz. Her şeyden önce görürüz ki, her asker komutanını gördüğünde ona hürmet eder. Eğer yapmazsa üstlerine saygısızlıktan dolayı asker cezalandırılır.

Dahası, eğer asker komutanlarına itaat etmezse hapis cezası bile alabilir ve bir komutan askerini emirlere uymadığı, kralın ihtişamını küçülttükleri için ölümle bile cezalandırabilir. Öyleyse neden eğer Yaradan babaya ve anneye saygı göster emrini verdiğinde, bu O'nun ihtişamını küçültüyor ve bu sebeple dünya ulusları ilk emirleri kabul ettiler denmiştir?

Ayrıca, eğer ilk emirleri kabul ettilerse, neden hala putperestlik yapıp, Tora ve Mitzvot'u kabul etmiyorlar?

5. Demişsin ki, dünya uluslarına göre çocuklar anne ve babalarına bağımlı olduğu sürece onlara saygı göstermek zorundadır, oysa çölde çocuklar ihtiyaçlarını karşılayan Yaradan'a bağlıydı, bu nedenle anne ve babalarına değil, sadece Yaradan'a hürmet etmek zorunda olduklarını anladılar. Fakat Yaradan'ın "Babana ve annene hürmet et," dediğini duyduklarında, bunu bir istisna olarak kabul edip, ilk emirleri kabul ettiler.

Bu da açıklama gerektiriyor, çöldeyken bile anne ve babalar çocuklarıyla ilgilenir, şöyle yazdığı gibi, "Her insan yediği kadardır; ruhunun sayısına göre adam başı bir demet." RAŞİ bunu şöyle yorumlar, çadırındaki insan sayısına göre, kişi başına bir demet al.

Ayrıca, gökten düşen ekmek de bakım ister, şöyle yazdığı gibi, "Ne pişireceksen pişir, ne kaynatacaksan kaynat ve geriye kalanı sabah için bir kenara koy."

Bu nedenle, çocuklar, anne ve babalarına bağımlıdır, o zamanla bu zaman arasındaki tek fark, çölde ebeveynlerin şimdiki gibi çocukları için market alışverişi yapma zorunluluğu olmamasıydı. Öyleyse Yaradan'ın anne ve babaları onurlandırın emrinde ne gördüler?

Buna basit bir cevap verebiliriz, Mısır hükmünden çıkar çıkmaz Tora'yı almak zorunda olduğumuzdan ve Tora olmadan bir adım bile yürümememiz gerektiğinden, Tora çölde verildi. Dolayısıyla Tora alımına hazırlık Mısır'dan çıkar çıkmaz başladı.

Mısır'dayken Yaradan onlara Tora vaadini verdi, şöyle yazıldığı gibi, "Halkı Mısır'dan çıkardığında, bu dağda Tanrı'ya ibadet edeceksin." Bu böyledir, çünkü Tora olmadan Mısır'dan çıkış tamamlanmaz. Bu sebeple Tora çölde verildi.

Beden Klipa'ya (kabuk) köle olduğunda, başka şansı yoktur. Fakat özgürleştiği anda "Ve sen boş şeyleri değil, onları konuşacaksın," kuralı derhal işlemeye başlar, çünkü sonrasında bu Tora'nın iptalinin günahı olabilir, şöyle yazdığı gibi, "evinde oturduğunda ve yolda yürüdüğünde."

Dünya uluslarının ilk emirleri kabul etmesini şöyle yorumlamalıyız: Kutsal Zohar anne ve babadan Hohma ve Bina olarak bahseder. Tora yolları HBD denilen üç anlayışla açıklığa kavuşturulur. Hohma "Bilge olan kim? Geleceği gören kişi," sözündeki gibidir ve "eğer aklı (Bina) çağırırsan," çünkü Tora, Hohma (bilgelik/fazilet) ve Bina (akıl/zekâ) ile saflaşır. Birde onları birbirine bağlayan Daat (bilgi) vardır, çünkü Daat, Dvekut ve bağ demektir, tıpkı "ve Adem Havva'yı karısı olarak bildi," sözündeki gibi.

Bilmeliyiz ki, Judaizmin temeli akıldan üstün olan inançtır, yani kişinin hiç mantık ve bilmişlik olmadan Yaradan'a inanması. Bu kalpteki kabuldür, tıpkı "Ve bugünü bilecek ve tüm kalbinle Efendim Tanrı diyeceksin," sözündeki gibi.

Atalarımızın Lişma'da öğrenmek olarak kabul ettikleri Daat denilen inançla bir kez ödüllendirildiğimizde, sonrasında "O pek çok şeyle ödüllendirildi, Tora'nın sırları ona ifşa oldu ve o bir şelale gibi oldu." Bu demektir ki, kişi bir kez inançla ödüllendirildiğinde, Hohma ve Bina denilen Tora ile ödüllendirilir.

Tora ile ödüllendirildikten sonra inancı bir kez daha uzatmalıdır, çünkü kişi ödül almadan Yaradan'a hizmet etmelidir. Bir kez Tora ile ödüllendirildiğinde, kişi Yaradan'a hizmete değer, der, çünkü artık Tora'sı vardır, şöyle yazdığı gibi, "Efendi'nin emirleri doğrudur, onlar kalbi coşturur." Öyle anlaşılıyor ki, kişi sadece realiteyi iptal etmek için inançta çalışıyor. "Tüm kalbinle, tüm ruhunla ve tüm gücünle," sözünün anlamı budur. Bu demektir ki, kendisi için hiçbir şey istemiyor ve tek arzusu varlığını tamamıyla iptal etmek.

Dolayısıyla Tora ile ödüllendirildiğinde kişi Daat ve aklın üzerindeki Dvekut denilen inancı yenilemelidir, sonrasında HBD'ye sahip olur.

Buna göre inancın iki çeşidi vardır: İlk düzen "önce inanç, sonra Tora'dır." Bu sırada Daat yukarıda, Hohma ve Bina aşağıdadır. Kutsal Zohar'da buna Segola de Taamim denir.

İki çeşit Segol (İbranicede noktalama işareti, üçgen şeklinde üç nokta) vardır:

Noktası yukarıda olan Segol de Taamim. Böyle olduğunda yukarıdaki noktaya Keter denir ve alttaki iki çizgi—sağ ve sol— Hohma ve Bina olarak adlandırılır, çünkü Tora içinde Hohma ve Bina'yı barındırır. Hohma'ya insanın elde ettiği "Tora'nın sırları" denir ve Bina insanın Hohma vasıtasıyla edindiği şeydir. Bu demektir ki, kişi Hohma'yı özümsediğinde Bina'yı onun içinde idrak eder.

Noktası aşağıda olan Segol de Nekodut. Bu demektir ki kişi Tora'yı edindiğinde inancını bir kez daha yenilemelidir. Buna "İki anlayışı—Hohma ve Bina— bağlayan Daat" denir. Eğer aklın üzerindeki inancı aramaya geri dönmezse daha önce edindiği

Tora ondan ayrılır, çünkü şimdi çalışmasını bir temele dayandırdığı için Yaradan'a hizmet etmenin değerli olduğunu söylediğinden, çalışması için destek aldığını söyleme yanılgısına düşer, böylece artık mantık ötesi Yaradan'a hizmet etmeye ihtiyacı kalmaz. Öyle anlaşılıyor ki, burada sadece ödül almak için Yaradan'a hizmet ediyor.

Dolayısıyla Tora'nın ediniminden önceki inanca, Hohma ve Bina arasında karar verici olan Keter denir ve Tora'dan sonra gelen inanca Daat denir. Buna Daat de Keduşa denir, çünkü ancak bundan sonra Tora'yı yerine getirebilir.

Bununla "O, 'Ben' dediğinde, puta tapanlar dedi ki, O, Kendi ihtişamını arıyor," sözünü yorumlayabiliriz. "Ben ve sen sahip olmayacağız," demek, insanın varlığını iptal etmesi, "form eşitliği" denilen "aklın üzerindeki inanç," demektir, tıpkı kişinin Yaradan'ın önünde iptal olmak istemesi, "O merhametli olduğundan, sen de merhametlisin" sözündeki gibi.

"Fakat O, 'Babanı ve anneni onurlandır' dediğinde, onlar ilk emirleri kabul ettiler." Bu demektir ki, Yaradan'ın Tora ve Tora'nın sırlarının edinimi olan "baba ve anne" denilen Hohma ve Bina'yı onurlandırmaları emrini verdiğini gördüklerinde, Yaradan'ın onlara iyi bir ödül verdiğini gördüler ve inancın sadece Tora ışığının tadı olan yüce olanı edinme aracı olduğunu anladılar.

Öyle anlaşılıyor ki, O "realitenin iptali" denilen Kendi ihtişamını talep etmedi, çünkü bu şekilde onlar realitenin devamlılığı aşaması olan Gadlut (yetişkinlik) seviyesine gelebileceklerdi. Oysa bu sırada durum bunun tersidir—kişi Tora'nın yüceliğini ve tadını edindiği ölçüde, Kral'a şükreder ve onu onurlandırır ve Tora'nın ışığıyla Yaradan'a hizmetin değerli olduğuna hemfikir olur.

Ama yine de putperest olarak kalırlar ve dönmezler, çünkü Daat de Keduşa'yı (kutsallık bilgisi) almak istemezler. Bu demektir ki, bir kez Hohma ve Bina denilen Tora ışığının ifşasıyla ödüllendirildiklerinde, 'Tora'yı edinmeden önce sahip olduğumuz inanç, sadece bir araçtı bizim için en önemli şey realitenin devamlılığı ve hazzın alımı' dememek için inancı bir kez daha yenilemek zorundalar.

İnancı bir kez daha uzatarak, İsrail halkı herkese Hohma ve Bina'yı ödül için amaçlamadıklarını gösterir, niyetleri sadece Yaradan içindir ve onlar için en önemli şey "Daat kişiyi Yaradan'a bağlar," denilen aklın üzerindeki inançtır ve bu Dvekut olarak kabul edilir.

Bununla kişi sağ ve sol çizgi arasında, HBD denilen Yaradan, insan ve Tora arasında ne zaman birleşme olacağına karar verir. Kutsal Zohar'da der ki, "Tora, İsrail ve Yaradan bir." Bu almak istemedikleri Daat'tır ve buna Daat de Keduşa denir.

Dolayısıyla, O'nun Tora ve ödül olarak kabul edilen "Babanı ve anneni onurlandır," sözünden sonra, O'nun arzusunun Kendi ihtişamı olmadığını ve ödül alma niyetinde olmadığını kabul ederler. Fakat kişi Daat çalışmasını yapmalı ve bir kez daha çalışmasının özünün ödül almamak olduğunu söylemelidir. Bu putperestlerin hemfikir olmadığı ve olamayacağı bir şeydir ve onlar bu aşamada kalırlar.

Dileyelim Yaradan gözlerimizi Tora'sıyla açsın ve Daat de Keduşa ile ödüllendirilelim.

Baruh Şalom HaLevi Aşlag

Baal HaSulam'ın oğlu

Mektup No. 65

5 Eylül 1962

Dostlara, yaşamları uzun olsun,

Şimdi Eylül ayı ve sıradan insanların, yani toprak sahiplerinin bile Teshuva (tövbe) konularına bağlanma zamanı.

Toprak sahipleri ve Tora öğrencileri arasındaki fark nedir? Fark şudur ki "toprak sahipleri" dünyanın sahipleri olduklarını hissetmek, yani dünyadaki mevcudiyetlerini büyütmek, uzun yaşam ve "realitenin sürekliliği" denilen pek çok şeyle ödüllendirilmek isteyenlerdir.

"Tora öğrencileri" sadece realitenin iptaline bağlananlardır. Yaradan istediği için bu dünyada yaşar ama O'nun önünde iptal olmak isterler. Sahip oldukları her şey yalnızca Yaradan istediği içindir.

Toprak sahiplerinin düşüncesi Tora düşüncesinin tersidir denmesinin anlamı budur. Tora düşüncesi realitenin iptali, toprak sahiplerinin düşüncesi ise realitenin sürdürülebilirliğidir. Ancak Eylül ayında toprak sahipleri de realitenin iptaline bağlanmaları gerektiğini bilir.

Atalarımız der ki, "Tövbe edenlerin durduğu yerde, tam erdemli duramaz." Bunu Kabalaya göre yorumlamalıyız.

Bilinir ki, Keter ve Hohma Kapları (ihsan etme kapları) denilen bir Katnut (küçüklük) zamanı vardır. İhsan etme kaplarını edindiğimiz zaman buna "realitenin iptali" denir, kişi sadece Yaradan'a ihsan etmek, bir şey almamak istediğinde, buna "tam erdemli" denir. Bu demektir ki, kendisi için bir arzusu yok ve tüm çalışması sadece Yaradan'ın önünde iptal olmakla ilgili. İhsan kaplarında parlayan ışık, Nefeş Ruah denilen Ohr Hassadim olduğundan, buna "Katnut zamanı" denir.

Gadlut zamanı (yetişkinlik) ise kişinin Katnut sırasında Parsa'nın altında kalan Bina ve ZON kaplarını (alma kapları) edindiği zamandır. Bu demektir ki, üzerlerindeki alma arzusu, Malchut nedeniyle dereceden ayrılırlar. Diğer bir deyişle, Bina ve ZON Kapları alma arzusu hükmü altındadır ve bu nedenle onları ihsan etmek için kullanmak imkânsızdır. Bu nedenle dereceden ayrılırlar.

Gadlut sırasında—çalışmalarında ilerlediklerinde—dereceye geri dönerler çünkü ihsan etmek için almaya bağlanabilirler. Bu sırada dereceye geri döndüklerinden, "alma kapları" denilen Bina ve ZON kaplarını kullanırlar.

Buna Gadlut denir, çünkü şimdi Neşama ve Haya ışıkları parladığından ve kişi alma arzusuna bağlandığından, buna "realitenin sürekliliği" denir.

Yukarıda söylenenlerden anlaşıldığı gibi Katnut'a, realitenin iptali, Keter ve Hohma Kapları nedeniyle "tam erdemli" denir. Alma kapları Bina ve ZON ise realitenin sürekliliği olarak kabul edilir ve kişinin tek arzusu sahip olduklarını büyütmek ve çoğaltmaktır. Ancak, bunlar gelir ve gider, yani Katnut zamanında onlar derecenin dışındadır, Gadlut sırasında ise dereceye geri dönerler ve çektikleri ışık Gadlut'tandır.

Dolayısıyla "tövbe edenlerin durduğu yer," çabaları vasıtasıyla Neşama ve Haya ışığına sahip olanlar demektir. Bu nedenle sadece Keter ve Hohma Kapları denilen ihsan kaplarına bağlanan tam erdemli biri Ohr Hohma'ya değil, Nefeş ve Ruah olan Katnut'a, yani Ohr Hassadim'e sahiptir.

Ve o zaman kişi "toprak sahibidir," şöyle yazdığı gibi, "Bir ev erdemlilikle inşa edilmelidir," çünkü "ev" realitenin sürekliliği demektir. Bu özellikle Bina ve ZON denilen alma kaplarına alınan Hohma ışığı ile yerine getirilir. Oysa Keter ve Hohma kapları ihsan kapları ve realitenin iptali olarak kabul edilir, çünkü kişi hiçbir şey almak istemez. Sonunda sadece Ohr Hassadim denilen Katnut ışığını çeker.

Öyle anlaşılıyor ki, kişi en azından "tam erdemli" olmak için tövbe etmelidir. Daha sonra erdemli derecesine ulaştığında bir kez daha tövbe etmelidir.

Dileyelim Yaradan en azından tam erdemli olmamıza yardım etsin.

Çalışmada temel şey şudur ki, maneviyatta bir şeyin yarısı verilmez. Aksi takdirde kişi yarım tövbe ettiğinde yukarıdan diğer yarı için yardım alması gerekir. Bu nedenle maneviyatta yarım şey olmadığından, kişi Yaradan'a yardım için dua etmelidir. Bu demektir ki, dua kalbin çalışması olduğundan, dua sırasında kişi kalbindekini ortaya koyarak Yaradan'ın ona O'nun önünde iptal olma arzusu vermesi, yani kendi otoritesi altında hiç arzu kalmaması ve içindeki tüm arzunun sadece Yaradan'a yönelik olması için dua eder.

Bir kez tam iptale karar verdiğinde, Yaradan'dan bunu başarması için yardım ister. Bu demektir ki, aklı ve arzusu Yaradan önünde iptal olmaya hemfikir olmasa da, Yaradan'a O'nun önünde iptal olmak için dua etmelidir. Buna "tam dua" denir, yani kendisi için bir şey istemeden Yaradan'ın ona tam bir arzu vermesini ister ve daima erdemlik içinde kalmak için Yaradan'a yakarır.

Tam erdemli demek, daima erdemli arzusu içinde yaşamaya tereddütsüz karar vermiş olmak demektir. Bu anlayış onun içinde tamamen çözümlenmiştir. "Tamamlanmamış," tüm arzularını O'nun önünde iptal edip etmeyeceğine henüz karar verememiş demektir. Öyle anlaşılıyor ki, başlangıçta çalışma tam erdemli olmaktır, fakat sonra alma kaplarını iyileştiren ve onları kutsallığa geri götüren "tövbe edenler" denilen diğer çalışma başlar.

Maneviyatta yarım vermek yoktur ile ilgili bir kanıt vermek istiyorum. Atalarımız şöyle der, "Dediler ki, 'Günah için merhamet dileyelim.' Merhamet dilediler ve bu onlara garanti edildi. O, onlara şöyle dedi, 'Unutmayın, eğer öldürürseniz, dünya bozulur.' Bunu üç gün kilitlediler ve bir günlük yumurtayı tüm İsrail toprakları boyunca aradılar, fakat hiçbiri bulamadı. Dediler ki, 'Ne yapacağız? Eğer öldürürsek dünya bozulacak. Yarısı için merhamet isteyelim,' oysa cennetten yarım bir şey verilmez. Gözlerini kumla örttüler, bunun olmasını sağlayan insanın soyu için arzu duymamasıydı." Bunlar onların sözüdür.

Bu açıkça ispatlar ki, maneviyatta sadece bütünlük vardır. Baal HaSulam bunun neden böyle olduğunu açıklar: Yaradan bütün olduğundan, bereketi verdiğinde aşağıdaki insan bütünlüğü almalıdır. Aksi takdirde Yaradan ona verse bile, kişi alamaz, çünkü bütünlük için kabı yoktur.

Dolayısıyla, kişi kendini bütünlüğü almaya hazır hale getirmeden önce bütünlük amacına giden yolun uzunluğunu göremez, kabı olmadan O'nun bereketini alamayacağından, bunu çalışmanın ortasında değil ancak sonunda görebilir. Bu sebeple kendini kuvvetlendirmeli ve kralın sarayına yaklaştığını söylemelidir, çünkü her bir kuruş bir araya geldiğinde büyük miktar ettiğinden, sonunda kişi kapının açıldığını görür ve saraya girmekle ödüllendirilir.

Yukarıdaki sözleri Kabalaya göre yorumlamalıyız. Sulam'ın pek çok yerinde yazdığı gibi, önce sağ çizgiyi, sonra sol çizgiyi ve en sonra da orta çizgiyi çekeriz. Orta çizginin rolü, sol çizgiyi sadece VAK de Hohma denilen yarım derece aydınlatmak ve GAR de Hohma'yı almamaktır.

Daima şu soru vardır, "Neden sol çizgiyi çeker çekmez, sadece yarım derece, yani GAR olmadan VAK'ı çekiyoruz?" Ayrıca "Neden tam bir derece çekme gerekliliği var ve neden sonra orta çizgi vasıtasıyla GAR de Hohma'yı yukarıda kaldırıp, VAK de Hohma'yı aşağıya uzatarak dereceyi ayırıyoruz?"

Maneviyatta yarım bir şey verilemediğinden, yukarıdaki sözleri anlayabiliriz. Bu sözleri sırayla yorumlayacağız.

"Şöyle dediler, 'Günah eğilimi için merhamet dileyelim.'" Tüm günahlar sol çizgiden uzanır, yani onlar Masach de Hirik vasıtasıyla sol çizgiyi iptal ederler. Buna "Merhamet istediler ve O bunu onlara verdi," denir, yani sol çizgi için "Unutmayın, öldürürseniz dünya bozulur," yerine getirdiler. Bu demektir ki, yaratılış amacı Yarattıklarına iyilik yapmak olduğundan, Ohr Hassadim Dvekut (birleşme) ışığı bölünme lekesini silebileceğimiz tek araçtır, ancak yaratılış amacının ışığı değildir.

"Üç gün boyunca kilitli tuttular," yani Ohr Hohma ve GAR denilen sol çizgiyi kullanmadılar ve "bir günlük yumurtayı tüm İsrail toprakları boyunca aradılar fakat hiçbiri bulamadı." Baal HaSulam, "yumurtanın," küçük canlılık olduğunu söyler, yani henüz dışarıya ifşa olmamış hayvansal nitelikler.

"Tüm İsrail toprakları boyunca," demek, canlılık Ohr Hohma'dan uzandığından, canlılık olmadan "İsrail toprağı" olarak kabul edilen Hassadim ışığını kullandılar demektir, oysa orada Hohma ve canlılık olmalıdır. Fakat sol çizgi tamamen çıkarıldığı için İsrail topraklarında hiç canlılık olmaz.

"Derler ki, 'Ne yapacağız? Eğer öldürürsek dünya bozulacak.'" Bu demektir ki, yaratılış amacı tamamlanmadı, buna "dünyanın yıkımı" denir. "Yarımın merhametini isteyelim," yani öyle bir ıslah yapacağız ki, Hohma'yı sadece yarım derece, yani başlangıçta sol çizgiyi yarım çekeceğiz. Yukarıdan daima bütünlük geldiğinden, "Maneviyatta yarım verilmez."

"Gözlerini kumla körleştirdiler," bu demektir ki Masah de Hirik'in ıslahından sonra Hohma ışığını sadece "dişi ışık" denilen Hohma'nın aydınlanması olarak kullanırız. Bu "almak ve aşağıya vermemek" sözünün anlamıdır. Gözleri körleştirmek demek, görme aşağıya yayılmayacak ve buna "Gözlerini kumla körleştirdiler," denir, tıpkı "Sen üzerinden geçmesinler diye bir sınır koydun." Yukarıdan aşağıya uzatmak istedikleri an, manevi olan derhal dünyevi (İbranicede Hol kelimesi, hem "dünyevi" hem "kum" demektir) olduğundan, sınır kum haline gelir.

"Bunun olmasını sağlayan kişinin soyu için arzu duymamasıydı." Bu demektir ki, biz aşağıya bakamadığı için "kör" denilen aydınlanmayı aşağıdan yukarıya kullanırız. Bu insana Dvekut denilen yakınlığı kaybetmemesinde yardımcı olur. Fakat eğer yukarıdan aşağıya çekersek bu ayrılığa sebep olur. Bu nedenle düzen Hohma ışığını bütünlükte uzatmak olmalıdır.

Niyet şudur ki, onlar ıslah yapmak isterler: bir kez Hirik noktasını yaptıklarında ve sol çizgiyi iptal ettiklerinde bir daha asla sol çizgiyi çekemeyecekleri ıslahı yapmak isterler ve böylece günahın eğilimi için yer olmaz. Ancak, "Sen onları erdemlikle yarattın" olduğundan, görürler ki bu dünyanın yıkımı demektir, özellikle Hohma vasıtasıyla dünya varolur ve bu yaratılış amacıdır.

Ancak "Maneviyatta yarım şey verilmez" bu nedenle üç çizgi boyunca ıslah olmalıdır.

Mektup No. 66

27 Mart, 1963

Dostuma en iyi dileklerimle,

Psahim'de şöyle yazar, "Uyarıyla başlar, şükranla biter." Neden uyarı? Rav der ki, "Başlangıçta babalarımız putperestti." Ayrıca deriz ki, "Başlangıçta babalarımız putperestti ama şimdi Yaradan bizi O'nun çalışmasına yakınlaştırdı."

Konuyu anlamak için onlardan ne öğrenebileceğimize bakmalıyız. Kişi, insanın Mısır'daki sürgünden çıkışına ne zaman bağlandığını bilmelidir. (Görürüz ki, tüm Mitzvot bu konuyla ilişkilidir, çünkü her şeyde şöyle deriz: "Mısır'dan çıkışın anısına," bu demektir ki, insanın Mısır'daki sürgünden çıkmadan önce emirleri tam olarak yerine getirmesi mümkün değildir. Kolektif olarak Mısır'dan çıkmış olmamıza rağmen, bireysel olarak her insan ayrıca sürgünden çıkmalıdır.) Sürgüne girmeden önce Mısır'dan çıkmak imkânsızdır. Ancak bundan sonra sürgünden çıktığımızı söyleyebiliriz.

Haggadah'ın yazarı başlangıçta atalarımızın putperest olduğunu bize anlatır, yani onlar puta tapanların hükmü altındaydı ve sadece Yaradan onları yakınlaştırdı. Fakat eğer putperestlik düzeni altında olduklarını hissetmedilerse, Yaradan'ın onları yakınlaştırdığı söylenemez. Yalnızca kişi Yaradan'dan uzaklaştığında Yaradan'ın onu yakınlaştırdığı söylenebilir, çünkü yokluk daima varlıktan önce gelmelidir, yokluk kap, varlık ise yokluğu ve karanlığı dolduran ışıktır.

Dolayısıyla, bilmeliyiz ki, kendimizi kurtuluşa tam olarak hazırlamalıyız, yani kişi gerçek durumunu görmek için kendini dikkatlice incelemelidir, yani Yaradan'a olan inancının neye benzediğini, tam bir inanca sahip olup olmadığını, inancının gerçek mi sahte mi olduğunu, yani bunu yalnızca alışkanlıktan dolayı yerine getirip getirmediğini anlamalıdır.

Ve ayrıca niteliklerinin düzgün olup olmadığını da incelemelidir. Bu demektir ki, "Tüm eylemlerin Yaradan için olacak," aşamasında mı, yoksa Tanrı korusun bunun tersi mi, yani yaptığı her şey sadece kendini hoşnut etmek için mi? Atalarımız der ki, "Ulusların iyiliği günahtır. Yaptıkları iyiliği sadece kendileri için yaparlar," Yaradan için hiçbir şey yapmazlar.

Ve insan dünya ulusları gibi bu hükmün altına gelirse, o zaman sürgündedir ve putperest olarak kabul edilir. Sonra Yaradan'ın onun, sürgünden çıkmasına yardım etmesi için dua eder. Ve sonra şimdide, yani sürgündeyken ve putperest olarak kabul ediliyorken, "Yaradan bizi O'nun çalışmasına yakınlaştırdı," der, yani putperestlik hükmü altında değil, Yaradan çalışmasında olduğunu söyler.

Buna "Mısır'dan çıkış" denir. Bu sebeple emirleri Mısır'dan çıkışla ilişkilendiririz. Ancak bundan sonra, Mısır'dan çıktığımızda Yaradan'ın emirleri yerine getirebiliriz. Bu Tanah'ın söylediği şeydir, "Uyarıyla başlar, şükranla biter." Bu demektir ki, kişi Yaradan çalışmasına başlamak istediğinde uyarı ile başlamalıdır, yani putperestlerin hükmü altına nasıl geldiğiyle ilgili bir uyarı. Sonrasında "Şimdi Yaradan bizi O'nun çalışmasına yakınlaştıracak," derecesine geliriz. Ve bu "şükranla bitirmek" sözünün anlamdır.

Çalışmanın düzeni iki şekildedir, yani niteliklerin ıslahıyla beraber Yaradan'a inanç, yani tüm çalışması Yaradan için olmalıdır. Bununla atalarımızın söylediğini yorumlayabiliriz, "Atalarımız dedi ki, Rabbi Elazar ve Rabbi Haninah yakalandığında, Rabbi Elazar, Rabbi Haninah'a dedi ki, 'Ne mutlu sana beş şey için yakalandığın ve kurtarıldığın için. Yazıklar olsun bana bir şey için yakalandığım ve kurtarılmadığım için. Sen Tora ve merhamete bağlandın, hayırseverlik yaptın. Rav Hunah'ın dediği gibi, 'Sadece Tora'ya bağlananlar Tanrı'sı olmayan biri gibidir,' şöyle dendiği gibi 've gerçek bir Tanrı olmadan İsrail için pek çok gün.' Gerçek Tanrı olmadan ne demek? Sadece Tora'ya bağlananlar, Tanrı'sı olmayan biri gibidir.'"

Bu paragrafı anlamak zordur. Şöyle yorumlayabiliriz, kişinin dünyada yapması gereken tek şey tüm çalışmasının Yaradan için olmasıdır. İnsan sadece kendini memnun etme niteliği ile doğduğundan, o zaman kendisi için kazanç olduğunu görmeden bir şey yapması imkânsız olduğu noktada Yaradan için nasıl çalışacak?

Fakat Yaradan bize insan ve insan arasındaki emirleri vermiştir ki böylece kişi kendini komşusu yararına çalışmaya alıştırsın. Bununla daha yüksek bir dereceye, Yaradan için çalışma niteliğine gelir. Aksi takdirde kişi Tora ve Mitzvot'a bağlansa bile, Yaradan'a bağlanamaz. Dolayısıyla sadece Tora'ya bağlanıp iyilik yapmazsa, ihsan etmek için çalışmaz, çünkü başkalarını sevme niteliğinden yoksundur. Öyle anlaşılıyor ki, Tora ve Mitzvot'a bağlanmış olsa bile, eğer bu Yaradan için değilse, bu tıpkı Tanrı'sı olmayan biri gibi olmaktır. Oysa gerçekten Tanrısallık hissiyatına sahipse kesinlikle ihsan etmeye bağlanıyor demektir. İyilik yapmaya bağlanırsa, sonrasında başkalarını sevme niteliğine sahip olur ki böylece Yaradan sevgisine de gelerek Tora ve Mitzvot'u Yaradan için yerine getirme becerisini edinir.

Öyle anlaşılıyor ki, kişi niteliklerinin üstesinden gelme, onları başkaları yararına çevirme gücüne ve kuvvetine sahip olmalıdır, bununla daha sonra Yaradan için çalışma ile ödüllendirilir.

Kişi niteliklerini ıslah ettiğinde, başkaları ve Yaradan inancı için çalışabilir, sonra inançla, sonrasında da "O'nun niteliklerine tutunmak," denilen form eşitliği ile ödüllendirilir, tıpkı "O merhametli olduğundan, sen de ol," sözündeki gibi.

Dileyelim Yaradan sürgünden çıkmamıza ve tam kurtuluşla ödüllendirilmemize yardım etsin. Amin.

Sen ve ailen için en iyi dileklerimle,

Baruh Şalom Halevi Aşlag, Baal HaSulam'ın oğlu

Mektup No. 67

27 Eylül 1963, (Yom Kipur Akşamı)

Dostuma en iyi dileklerimle,

Mektubunu aldım, dilerim Yaradan senin ve ailenin daima sağlıklı ve iyi olmasına yardım eder. Ayrıca yeni yılda tüm çalışmanda başarılar dilerim. Sen ve ailenle ilgili haber almak istediğimden bana daha sık yazmanı rica ediyorum.

Roş Haşanah gecesi şöyle deriz, "Ağzımı nasıl açacağım, gözlerimi nasıl büyüteceğim? Ne faziletim ne de iyi amelim var." Ayrıca "Sen çalışmama göre benim derecemi tamamladığında, görürüm ki çıplağım" ve ayrıca "Ne merhametle ne de iyi amelle Sen'in önüne geliriz. Sen'in kapılarını güçsüz ve sefil bir şekilde çalarız." Bu demektir ki, bizimle ilgili iyi bir şey yok, yine de sonrasında şöyle deriz, "Bunu yapmamalısın; erdemliyi sanki günahkârmış gibi, günahkârla beraber ölüme götürmemelisin. Yapmamalısın; Tüm dünyayı yargılayan Sen, yargıdan vazgeçmemelisin."

Bir taraftan içimizde hiç iyi amel olmadığını söyleyip, diğer taraftan Yaradan'a yakınıp, "Bunu yapmamalısın; erdemliyi sanki günahkârmış gibi, günahkârla beraber ölüme götürmemelisin," demenin nasıl mümkün olduğunu anlamalıyız. Bu, şu soruyu doğurur, "Erdemli kim?"

Bilinir ki, insan küçük bir dünyadır, yani "kötü eğilim" olarak kabul edilen dünyanın tüm uluslarını içinde barındırır. Bu demektir ki, her insanın içinde her ulusta var olan kötü nitelik vardır. Fakat ayrıca içinde "iyi eğilim" denilen İsrail de vardır.

İnsanda iyi amel olmamasının nedeni, kötü eğilimin bedeni kontrol etmesidir. Böyle kişiye "günahkâr" denir. (Baba Batra'da şöyle yazar: "Raba dedi ki, 'Job yargı dünyasından kaçacak yer aradı. O'na dedi ki: 'Dünyanın Efendi'si, Sen erdemliyi ve Sen'i durduran günahkârı yarattın.' RAŞİ bunu şöyle yorumlar, 'Sen erdemliyi iyi eğilimle yarattın ve Sen günahkârı kötü eğilimle yarattın. Hiç kimse Sen'den ayrılmadığına göre, Sen'i kim durduracak? Günahkâr buna mecbur kalır.'''" Buradan görürüz ki, iyi eğilime "erdemli" kötü eğilime "günahkâr" denir.)

Dolayısıyla öyle anlaşılıyor ki, kişi iyi amelleri olmadığında bu yalnızca içindeki kötülük onu yönettiği içindir, içindeki erdemli onun gerisindedir, yani iyi eğilim itiraz etmeden kötü eğilimi izler. Bu erdemlinin sürgünde olması olarak kabul edilir, yani içindeki İsrail sürgünde, o dünya usluları hükmü altında ve kendi başına bir otoritesi yok.

Bununla Yaradan'a neden yakındığımızı anlayabiliriz: Günahkârın yaşamı ölüm olarak kabul edildiğinden, "erdemliyi sanki günahkârmış gibi, günahkârla beraber ölüme götürmemelisin." Bu atalarımızın dediği gibidir, "Günahkârın bu dünyadaki yaşam hazzı, onun manevi hayatı elde etmesine engel olduğundan, onlar yaşarken 'ölü' olarak kabul edilir." Tüm yaratılış niyeti Yarattıklarına iyilik yapmak olduğundan, kişi Yaradan'dan uzak olduğunda, bunu edinemez, çünkü "lanetlenen kutsanana tutunamaz." Dolayısıyla günahkârlara yaşamlarında "ölü" denir. Bu onların ölüme mahkûm edilmesinin anlamıdır.

Bu nedenle erdemli bayağının hükmü altındayken ve onun üstesinden gelme gücü yokken, kötü eğilimin onu engellenmesi nedeniyle Yaradan'dan iyilik alamaz ve ölüme mahkûm olur. Bu Yaradan'a yakınmadır: "Erdemliyi sanki günahkârmış gibi, günahkârla beraber ölüme götürmemelisin." Bu demektir ki, içimizdeki erdemli, yani iyi eğilim hiçbir şey yapamaz, çünkü kötü eğilim onun manevi yaşama çekilmesine izin vermez.

Dolayısıyla, kişi içinde hiç iyi amel olmadığını gördüğünde, bilir ki bu içindeki kötü eğilimin hükmü ve "iyi eğilim" denilen erdemli, yani İsrail sürgünde. Bu nedenle Yaradan'a yakarır ve güçsüz bir iyi eğilim verdiği için şikâyet eder. Bu "Böyle bir şey yapmamalısın," sözünün anlamıdır.

Ancak, bizi sürgünden Yaradan çıkarır, peki o zaman "erdemli" denilen iyi eğilime ne gerek var, tamamıyla güçsüz müdür? Öyle anlaşılıyor ki, iyi eğilimin bize verilmesinin anlamı yok. Yakınmamız budur: "Erdemliyi sanki günahkârmış gibi, günahkârla beraber ölüme götürmemelisin." Bu demektir ki, ikisi de aynı şeyi yapıyor. Ancak, Yaradan bize merhamet eder ve bizi sürgünden çıkarır.

Bu özellikle içimizde hiç iyi amel olmadığını gördüğümüz ya da bayağılığın hükmü altında olduğumuzu bildiğimiz zamandır.

Bu nedenle Yaradan'a yakarır ve Roş Haşanah'da "Kuyruk değil, baş olalım," diyerek işaret veririz. Bu demektir ki, İsrail baş olarak, bayağılık kuyruk olarak içimizde olsun ve sonra uzun yaşam ve Yarattıklarına iyilik yapmak olan yaratılış niyetinde iyilik içinde olmakla ödüllendirilelim.

İyi yazmak ve imzalamakla ödüllendirilelim,

Baruh Şalom HaLevi Aşlag
Baal HaSulam'ın oğlu

Mektup No. 68

18 Aralık 1963 (Hanukkah'ın sekizinci günü)

Dostuma, en iyi dileklerimle,

Sana ve ailene tebriklerimi gönderiyorum. Ailen mutlu ve sağlıklı olsun. Ailen büyüdükçe çalışmanızın hem maddesellikte hem maneviyatta büyümesi ve başarılı olmasını dilerim.

Atalarımızın tüm İsrail'e gelen iki mucizeyi açıklamaya karar verdiğini görürüz. Hanuka ve Purim. Bu Hanuka'da mumları yakmak, Purim'de ise Megillah'ı okumaktır. Neden Hanuka'da mumları Purim'in tersine herkesin görmesi için dışarı doğru koymak zorunda olduğumuzu ve neden pazar yerini terk ettiklerinden sonra yakmak zorunda olduğumuzu ve ayrıca Hanuka'da atalarımızın, "Hanuka nedir?" sorusunu anlamak zorundayız.

Maneviyatla ilgili mucize ile maddeselliğe ilişkin mucizeyi ayırmalıyız, aslında mucize nedir? Bilinir ki, doğal bir şey mucize olarak kabul edilmez, fakat doğaüstü bir şey mucize olarak kabul edilir. Doğal, insanın yapabileceği bir şey demektir. Fakat insanın yapamadığı bir şey doğaüstü olarak kabul edilir.

Örneğin, eğer biri ciddi şekilde hastaysa ve tüm doktorlar pes edip ona yardım edemeyeceklerini söylerse, inançlı biri Yaradan'a şöyle der, "Sevgili Tanrı'm bana Sen'den başkası yardım edemez," böylece Yaradan'a "Bir mucize göster ve bu hastayı iyileştir," diyerek yakarır. Ve hasta iyileştiğinde buna "cennetten mucize" denir.

Bununla maneviyattaki mucizenin anlamını anlayabiliriz. Kişi doğduğunda kötü eğilim derhal ona yapışır, şöyle yazdığı gibi "Günah kapıda bekler" ve iyi eğilim on üç yıl sonra gelir. Atalarımız der ki, "Bir mahkemenin sanığın savunmasından önce davalının sözlerini dinlememesi sakıncalıdır." Buna göre kötü eğilim kişiye argümanlarıyla beraber geldiğinde, kişi onu dinlemeye mecbur kalır. İyi eğilim geldiğinde ise onun sözleri işitilmez. Bu demektir ki, iyi eğilim sürgünde, kötü eğilim ise bedene tam hâkim. Bu maneviyatta maddesellik altındaki sürgün olarak kabul edilir.

Kişi bu sürgünden çıkamaz, yalnızca Yaradan onu çıkarabilir, atalarımızın dediği gibi, "İnsanın eğilimi her gün onu yener ve onu ölüme getirmeye çalışır. Yaradan'ın yardımı olmasaydı asla onun üstesinden gelemezdi." Buradan görürüz ki, kişiye sadece Yaradan yardım edebilir ve bu nedenle buna "mucize" denir.

Hanuka'da deriz ki, "Romalıların kötü krallığı, Sen'in öğretilerini unutturmak ve Sen'i iradenin yasalarından uzaklaştırmak için Sen'in halkına, İsrail'e üstün geldi." Bu demektir ki, Romalılar İsrail halkına felsefeleriyle hükmetmek istediğinden, İsrail sürgünü yalnızca maneviyattadır.

Bu "Romalılar etrafımda toplandı... Ve kulelerimin duvarlarını yıktı," sözünün anlamıdır. Kutsal ARI der ki, Homat (duvar) kelimesi Tehum (bölge/alan) kelimesinden gelir, yani İsrail halkının düşüncesi sınırlarla korunur. Bu demektir ki, tam olarak anlamasak da, Yaradan'ın dünyayı bereketle yönettiğine inanmalıyız.

Kişi bu sınırlara sahip olduğunda, düşmanlarının ulaşamayacağı bir duvarı olur. Bu duvar onu yabancı düşüncelerden korur. Bu sebeple inanca "duvar" denilir. Romalılar duvarı yıktığında bir mucize olur ve Yaradan onlara yardım eder, şöyle yazdığı gibi, "Yaradan'ın yardımı olmasaydı kişi üstesinden gelemezdi."

Öyle anlaşılıyor ki, Hanuka mucizesi manevi bir mucizedir ve maneviyatta sormalıyız "Nedir?" Yoksa mucizeyi hissetmeyiz. Bu sebeple derler ki, "Hanuka nedir?" Böylece her biri maneviyatın mucizesini sorar, yani önce manevi sürgünün anlamını bilir, sonrada manevi kurtuluşla ödüllendirilir.

Bu nedenle herkes görsün diye halka ifşa ederiz. Aksi takdirde, sürgün hissiyatla ilgili olduğundan, sürgünü ya da kurtuluşu hissedemeyiz. Örneğin, Şabat günü dostunun araba kullandığını gören biri ona yaklaşır ve der ki "Dinle dostum, Şabat'ta araba kullanmaktan pişman mısın? Her şeyden önce atalarımız şöyle der, 'Günahkâr pişmanlıkla doludur.'" Hiç şüphe yok ki dostu ona aldırmaz. Öyleyse atalarımızın günahkâr pişmanlıkla doludur demesi ne anlama gelir?

Daha doğrusu günahkâr olduğunu hisseden kişi pişman olur demeliyiz. Fakat bunu hissetmeyen pişmanlık duymaz. Dolayısıyla Şabat'ta araba süren ve bundan pişmanlık duymayan günahkâr olduğunu kesinlikle hissetmez, çünkü Yaradan'a inanmadığından kendini günahkâr olarak görmez.

Öyle anlaşılıyor ki, kişi eğer hissetmiyorsa manevi sürgünde olamaz. Bu nedenle sormalıyız, "Hanuka nedir?" böylece kişi bunu kendine yansıtmaya başlar. Fakat Purim'de kurtuluş maddeselliktedir, maddesel sürgün herkesin bildiği ve hissettiği bir şey olduğundan, "Nedir?" diye sormamıza gerek olmaz, böylece mucize açıklandığında herkes bilir.

Dolayısıyla Hanuka'da mucize sadece maneviyatta olduğundan, "Bu mumlar… Ve bunları kullanma iznimiz yok," deriz. Fakat Purim'de mucize bedenlerde olduğundan, şöyle yazılıdır, "Bayram ve coşku."

Dileyelim Yaradan bizi maneviyatta ve maddesellikte kurtuluşla ödüllendirsin.

Dostun,

Baruh Şalom HaLevi Aşlag

Mektup No. 69

17 Şubat 1964

Dostuma en iyi dileklerimle,

Atalarımız der ki, "Yazılıdır ki, 'Bir akılsıza, onun akılsızlığına göre cevap verme, yoksa onun gibi olursun.' Ayrıca şöyle yazılıdır, 'Bir akılsıza onun akılsızlığına göre cevap ver, böylece o kendi gözünde akıllı hale gelir.' Konu birinin Tora'yla ilgilenmesi, bir diğerinin dünyasal şeylerle ilgilenmesi değildir." RASHI şöyle yorumlar, "Tora ile ilgili konularda kişinin akılsızlığına göre cevap verilir. Dünyasal konularla ilgili cevap verme yasağını anlamalıyız; burada korkacak ne var? Bunun tersi olması gerekir gibi görünür, yani manevi konularda korkmalıyız, çünkü bir akılsızla tartışmak doğru değildir, öyleyse neden dünyasal konularda cevap vermek yasaklansın ki?

Ayetle ilgili atalarımızın söylediğini anlamalıyız, "Sen'in yollarını bilmeme izin ver." "Musa O'na der ki, 'Dünyanın Efendi'si, neden mutlu bir erdemli ve ızdırap içindeki erdemli, mutlu bir günahkâr ve ızdırap içindeki günahkâr var?' O, ona der ki: 'Musa, erdemlinin oğlu olan erdemli mutludur, günahkârın oğlu olan erdemli ızdırap içindedir; erdemlinin oğlu olan günahkâr mutludur, günahkârın oğlu olan günahkâr ızdırap içindedir.'"

Bunu anlamak zordur. Ayrıca günahkârın oğlu olan günahkârın mutlu, erdemlinin oğlu olan erdemlinin ızdırap içinde olduğunu da görürüz.

Ancak, bunun bize göründüğü gibi olmadığını söylemeliyiz, bununla ilgili şöyle yazılıdır: "Ne Ben'im düşüncem senin düşüncen, ne de senin yolun Ben'im yolum." Daha ziyade "İzin ver, Sen'in yollarını bileyim" sözü Yaradan'ın çalışmasının yollarını işaret eder.

Bilinir ki, yaratılış amacı Yarattıklarına iyilik yapmaktır. İnsan, dünyada mutlu olduğu bir aşamayı elde edemediği sürece, yaratılma amacını elde edemeyeceğini bilmelidir. Bir başka kural da şudur ki, çalışmada baba ve oğulun sebep ve sonuç olduğunu bilmeliyiz. Bu demektir ki, "baba" denilen bir önceki aşama "oğul" denilen bir sonrakine sebep olur.

Bununla yukarıda yazılanı anlayabiliriz. Tora ve Mitzvot'a bağlanmayan sıradan biri, eğer erdemli birinin Tora'ya bağlandığını görürse ona sorar, "Bu çalışma senin için ne anlama geliyor?" Hiç şüphe yok ki bunu erdemliyle eğlenmek için sorar. Elbette erdemlinin onu Yaradan çalışmasına bağlanmaya zorlayacak bir cevap vermesini kesinlikle istemez. Dolayısıyla ona cevap verme, çünkü o zaten senin cevap vermeni istemiyor. Buna "günahkâr" denir.

Bu aşamada olan biri, yani günahkâr, cevap vermeme düşüncesini onun aklına sokar. Bu demektir ki, kişi bu düşüncelere dikkat etmemelidir. Buna "günahkârın oğlu olan günahkâr" denir. Bu düşünceler aklına gelirse, o zaman "ızdırap" içindedir. "Cevap verme" demek kişi bu sorulara cevap vermemelidir demektir, şöyle yazdığı gibi, "onun gibi olmayasın diye." Bu sebeple insanın "ızdırap içinde" olduğu kabul edilir, çünkü bu kesinlikle kötüdür ve bundan iyilik çıkmaz.

Fakat bir de Tora ve Mitzvot'a bağlanan vardır. Kişi Tora ve çalışmaya kendi faydası için değil, Lişma'da bağlanmaya başladığı zaman, "Senin için bu çalışmanın anlamı ne?" ona gelir, yani seni eğiliminden çıkaracak olan sadece Yaradan için çalışmandır. Bu gerçekten Yaradan için çalışmayı istemesinin işaretidir ve bu kişi "mutludur."

Dolayısıyla, bu kişi erdemlinin ona cevap vermesine özlem duyar, böylece bedenine ne söyleyeceğini ve onu nasıl ikna edeceğini bilir. Dolayısıyla "ona cevap ver" denir. Kişi gerçekten bir cevap istediğinden, bu Tora konularıyla ilgili cevap verme izni verilmiş olarak kabul edilir.

Günahkârın Tora ve Mitzvot'a bağlandığındaki argümanı "Bu çalışma ne için?" olduğundan, böyle bir aşamada kişiye "erdemlinin oğlu olan günahkâr" denir. Öyle anlaşılıyor ki, o erdemli olarak kabul edilir ve erdemli amelleri ona şu soruyu sordurur, "Bu çalışma ne için?" Bu nedenle o bir "erdemlinin oğlu, günahkârdır." O "mutludur" çünkü bu gerçeğin yolunda yürüdüğünün işaretidir.

Bu atalarımızın "İnsanın eğilimi her gün onun üstesinden gelir ve onu ölüme getirir. Yaradan'ın yardımı olmasaydı bunun üstesinden gelemezdi," söyleminin anlamıdır. Sadece Yaradan kişiye Yaradan adına çalışmasında yardımcı olabilir. Yaradan yardım ettiğinde kişi erdemli olur ve O'nu daimi inançla ödüllendirilir. Atalarımız buna "Tora Lişma'da öğrenen kişi," der, yani amacı sadece Yaradan için.

Ancak, Yaradan onun için çalışmamıza ihtiyaç duymadığından ve Lişma çalışması sadece utanç ekmeğinden kurtulmak için verildiğinden, yaratılış amacını başarmaz, şöyle yazdığı gibi, "Eğer doğruysan O'na ne vereceksin?" Dolayısıyla Yaradan ona yardım etmeden önceki aşaması günahkâr olduğundan ve O'nun yardımıyla erdemli olduğundan, aşaması "erdemli, günahkârın oğlu," olarak kabul edilir. Bu nedenle ona "erdemli, günahkârın oğlu" denir. Ancak yine de "ızdırap" içindedir, çünkü yaratılış amacını henüz gerçekleştirememiştir.

Sonuç olarak, Tora'nın sırlarının ona ifşa olduğu ve tüm dünyanın değerli olduğu yer "Tora" denilen aşamaya gelir. Tora'ya "armağan" denir, atalarımızın dediği gibi, "Matanah'tan (armağan) Nahliel'e." Bu demektir ki, kişi bir kez inançla ödüllendirildiğinde bir sonraki aşamayla ödüllendirilir.

Sonraki aşamaya "Tora" denir. İnanç ve Tora arasındaki fark şudur ki, Yaradan yolunda iki meselemiz olduğunu biliriz: 1) Çalışma, 2) Tora. Tora ve çalışma arasındaki fark, çalışma demek, kişi yaptığı şeyden haz almıyor ve bunu sadece ödüllendirilmek için yapıyor demektir. Ve kişi ödüllendirilmeye ihtiyaç duymadan çalışması gerektiğinden, çalışmasına Tzedakah (erdemlilik/sadaka) denir. Bu nedenle inanç olan ilk aşamaya "erdemlilik" denir, şöyle yazdığı gibi "Ve o Tanrı'ya inandı ve O, bunu erdemlilik olarak kabul etti."

Tersine, Tora'ya "armağan" denir, çünkü kişi ondan haz alır. Aksi takdirde bu armağan olarak kabul edilmez, çünkü kişi dostundan hediye aldığı zaman ondan aldığı armağanın karşılığında ödül beklemez.

Bu nedenle, kişi Tora ile ödüllendirildiğinde, bu amacına ulaştı olarak kabul edilir ve dolayısıyla "mutludur." Önceki aşamada inancı olduğundan, erdemlinin oğlu olan erdemli" olarak kabul edilir. Şimdi yaratılış amacını elde ettiğinden ve O'nun yaratıklarına karşı bereket hissettiğinden, bu "mutlu erdemli" sözünün anlamıdır. Bu aşamada ona "iyi misafir" denir, atalarımızın dediği gibi, "İyi bir misafir ne der? 'Ev sahibinin yaptığı her şey benim için.'"

Dileyelim Yaradan yapmamız gerekenlerle ve tam bir kurtuluşla bizi ödüllendirsin.

Sana ve ailene her şeyin en iyisini dileyen dostundan,

Baruh Şalom HaLevi Aşlag

Baal HaSulam'ın oğlu

Mektup No. 70

20 Kasım 1964

Dostuma,

Nasılsın, dilerim Yaradan kendin için en iyi olanı almana ve nereye gidersen git başarılı olmana yardım eder.

Kutsal Zohar'da yazılıdır: "'Saygıdeğer ve maddeci olmaktansa, bayağı ve O'na köle olmak iyidir.' Bayağı olmak, Esaf'ın kölesi olması için onun önünde ruhunu alçaltan Yakup demektir. Ayet, 'Bayağı olmak daha iyidir," der, bu Esaf'ın onun kölesi olmasını isteyen ve ona hükmetmek için onun önünde ruhunu alçaltan Yakup'tur: 'Bırakalım halk sana hizmet etsin, uluslar önünde eğilsin.'

"Gel ve gör… 'Yakup, Esaf'a ihtiyacı olduğunu bildi, onun önünde kendini alçalttı. Bununla Yakup, Esaf'a karşı yapmış olduğu her amelde, daha bilge ve akıllı oldu.' Yorum: 'Yakup ona ihtiyacı olduğunu bildiğinden, Esaf'ın önünde alçaldı. Bununla daha bilge ve akıllı hale geldi. Ve Esaf, bu aşamaya gelmemek için kendini öldürmeye hazırdı.'"

Zohar'ın Esaf bunu biliyordu ve bu nedenle kendini öldürecekti demesi noktasında, Yakup'un kendini Esaf'a teslim etmesinin ne anlamı var bilmeliyiz. Bunu Baal HaSulam'a göre yorumlamalıyız, yani kişi Yaradan çalışmasında kendini nasıl ele alacağını bilmelidir. Laban'da durum bunun tersidir. Esaf konusunda görürüz ki, Yakup onun önünde boyun eğdi ve ona armağanlar verdi, fakat Esaf almak istemedi ve şöyle dedi, "Bende çok var." Laban tersini söyler: "Kızlar benim kızlarım, oğullar benim oğullarım, gördüğün her şey benim."

Bilmeliyiz ki "iki çeşit Klipot (kabuk), iki tür kötü eğilim vardır:

Önce eylem vardır. Kişi Mitzva yerine getirmek istediğinde ya da ders çalışmak istediğinde kötü eğilim ona gelir ve der ki: "Bunu yapmaya layık değilsin; her şeyden önce yaptığın şey Yaradan için değil, sen bunu sadece benim için yapıyorsun."

"'Kızlarım, benim kızlarım,' Yaradan'a hizmet ederken sahip olduğun tüm anlayış, Ben'im sana verdiklerim, senin Tora ile ilgili hiçbir bilgin yok. 'Gördüğün her şey benim,' yani Tora ile ilgili gördüğün her şey benim, yani kötü eğilim adına. Amellerin hiçbir şekilde Yaradan için olmadığından ve çalışman O'nun önünde kabul edilmediğinden, neden Tora ve iyi amellerde bu kadar ısrar ediyorsun, sonuçta bundan hiç ödül almayacaksın. Dolayısıyla iyi bir şey yapmana gerek yok."

Bu sırada kişi bunun üstesinden gelmeli ve demelidir ki, "Söylediğin doğru değil. Daha doğrusu ben her şeyi Yaradan için yapıyorum ve yaptığım her şey O'nun tarafından kabul ediliyor ve bu O'na memnuniyet veriyor. Senin için çalıştığım yeter, artık sana yiyecek ve içecek vermiyorum."

2) Kişi iyi ameller yerine getirdiğinde, bunun tersi olur, yani kötü eğilime "Her şeyi bırakıyorum," der. Bu demektir ki, LoLişma olarak kabul edilen yaptığım her şey senin için." Bu Esaf'a ait olduğunu iddia ettiği, armağanlar—Tora ve Mitzvot—olarak kabul edilir.

Bu sırada Esaf tersini iddia eder: "Her şeye sahibim, senin Tora ve Mitzvot'unu istemiyorum." Bu demektir ki Esaf ona şöyle diyor, "Sen her şeyi Yaradan için yaptın, öyleyse yüce bir Yahudi'sin, Yaradan için çalışmayan bütün dostlarına karşı gurur duymalısın." Esaf onun kibirle dolmasını ister.

Fakat Yakup aşamasında olan biri tersini söyler: "Tora ve Mitzvot sana ait. Şimdi ben tövbe etmeliyim, çünkü Yaradan'a memnuniyet getirmek istiyorum, gerçeklerden uzak olduğumu, bayağılığımı hissediyorum."

Laban ve Esaf arasındaki fark budur.

Dileyelim Yaradan bizi Laban ve Esaf'dan korusun ve bizi kurtuluşla ödüllendirsin.

Sana ve ailene en iyi dileklerimle.

Baruh Şalom HaLevi Aşlag

Baal HaSulam'ın oğlu

Mektup No. 71

22 Ocak 1965

Dostuma,

Nasıl olduğunu bilmeye özlem duyuyorum.

"Böylece Yakup'un evine söyleyecek, İsrail oğullarına anlatacaksın" RAŞİ, "Yakup'un evine" sözünü kadınlar olarak yorumlar—onlarla yumuşak tonda konuş. "Ve İsrail oğullarına anlat," sözünü de erkekler olarak yorumlar—onlarla tendonlar kadar sert konuş.

Zohar'da şöyle yazar, "Böylece Yakup'un evine söyleyeceksin," yani yargı tarafından gelenlere. "İsrail oğullarına anlatacaksın," İsrail oğulları demek, Rahamim (merhamet) tarafından gelen erkekler demektir.

Zohar'ın sözlerinden anlaşılıyor ki, kadınlara—yargı niteliğinden geldiğinden—yargı niteliği ile ve erkeklere merhamet niteliği ile "anlat," çünkü onlar merhamet niteliğinden gelir.

Fakat RAŞİ'nin sözleri bunun tersini ima eder, erkeklerle tendonlar kadar sert, kadınlarla yumuşak bir dille konuşacaksın.

Aynı şeyden bahsettiklerini söyleyebiliriz, fakat önce merhamet nedir, yargı nedir anlamalıyız. İki kişi mahkemeye gittiğinde, biri der ki, "Hepsi benim," bir diğeri, "Hayır, hepsi benim," der. "Hepsi benim" diyen birinin yargı niteliğinden geldiği kabul edilir. Merhamet, vermek demektir, atalarımız onunla ilgili şöyle der, "O merhametli olduğundan sen de merhametli ol." Öyle anlaşılıyor ki, yargı niteliğinde kişi alıyor, merhamet niteliğinde veriyor.

Kadın eksiklik içinde olandır, yani alan, erkek ise veren aşamasında olandır.

Buna göre kadın alandır. Eğer alan birine ihsan etmeye bağlanması söylense, bunu yapamaz, çünkü bu doğasına aykırıdır. Dolayısıyla onun Yaradan çalışmasına bağlanmasını istersek onunla yumuşak bir dille konuşmak zorundayız, yani anlayacağı bir dille, yani alma diliyle. Bu böyledir, çünkü Nukva (dişi) aşamasında olan biri, sadece ödül almak için çalışmaya hemfikir olur. Buna "tatlı bir dille," denir.

"Veren" olarak kabul edilen erkeğe "tendonlar kadar sert" bir dille konuşmak mümkündür, çünkü beden sadece almak istediğinden, ihsanı duymaz. Ve kişi erkek olarak kabul edildiğinde, yani üstesinden gelme gücü olduğunda, onunla merhamet tarafından konuşuruz, çünkü merhamet ihsan demektir.

Bununla RAŞİ'nin sözlerini anlayabiliriz: "Yakup'un evine" kadındır; onlarla yumuşak dille konuş." Bu demektir ki dişi aşamasında olan birine "kadın" denir, tıpkı "O bir dişi kadar aziz," sözündeki gibi, bu nedenle onunla yumuşak bir dille konuşmalıyız, yani ödül almak için, çünkü bedeninin hemfikir olduğu budur.

Erkeklere ise sert bir dille, yani bedenin kabul etmesi zor olan ihsan ile. Ancak, kişinin bedenin üstesinden gelme gücü vardır, bu nedenle onunla merhamet diliyle konuşmalıyız.

Dileyelim Yaradan içimizdeki kötülüğün üstesinden gelmemize yardım etsin.

Sizden iyi haberler duymayı bekleyen dostunuzdan,

Baruh Şalom HaLevi Aşlag

Mektup No. 72

26 Nisan 1965

Dostuma en iyi dileklerimle,

Sen ve ailenin sağlığı ile ilgili lütfen bana daha sık yaz, senden haber alamadığımda endişeleniyorum.

Raban Gamliel şöyle der, "Her kim bu üç şeyi Pesah'ta söylemezse, görevini yerine getirmemiş olur. Bunlar Pesah, Matsa (yassı ekmek) ve Maro'dur (acı karaturp)." Bunların ne demek olduğunu anlamalıyız. Manevi çalışmasının sıralaması şudur: Kişi çalışmaya başladığında, akabinde yukarıdan yardım gelir. Atalarımızın söylediği gibi: "Adamın eğilimi onu her gün yener ve öldürmek ister, Yaradan'ın yardımı olmasaydı adam bununla başa çıkamazdı." Bu şu demektir: Kişi sadece çalışmak istediği zaman yukarıdan yardım görür.

Ancak, kişi Yaradan'a ihtiyaç duyduğu, yani yalnız yapamadığını gördüğü zaman yardım alır kuralı vardır. Yoksa talep, gerçek bir talep değildir, çünkü kendi başına yapabileceğini bilir ama tembeldir ve tembele yardım verilmez, sadece Yaradan'a özlem duyanlar yardım görür, atalarımızın dediği gibi "Bir leopar gibi korkusuz, ceylan kadar hızlı, aslan kadar güçlü ve kartal kadar hafif ol."

Dolayısıyla düzen şudur ki başlangıç Matza aşamasıdır, şöyle yazdığı gibi, "Kişi Yaradan ile yürüdüğünde, "kızgın ol, ama günah işleme," denildiğinden, her zaman iyi eğilimi kötü eğilimin üzerine koymalıdır." RAŞİ şöyle yorumlar, "Kötü eğilime savaş aç."

Kişi kötü eğilime savaş açtığında bir milim bile ilerleyemediğini, hatta daha da kötüye gittiğini gördüğünde, kendini kötü hisseder, buna Maror denir. Bu yüzden İsrail oğulları ıslah yolunda kırk-dokuz arı olmayan kapının önünde durdu ve akabinde Yaradan onları ıslah etti.

Bunu anlamak gerçekten zordur; nasıl olur da Musa ve Aron, Yaradan'ın mesajcıları olarak İsrail halkına gelmeden önce, kirliliğin içinde değildi? Musa ve Aron geldikten sonra Mısırdaki koşulları gördüler, Mısırda kirliliğin tam içine düştüler. Olan şey şudur ki, her şey hissiyata bağlıdır. Kişi gerçek realiteyi hissedemez, atalarımızın dediği gibi; "kişi kendi günahlarını görmez" ve "maneviyatı sadece arzuladığı yerde öğrenir." Bu yüzden gerçeği olduğu gibi göremez. Daha ziyade gerçeği görmek ancak yukarının yardımı ile olur.

Dolayısıyla Moşe ve Aron gelmeden önce halk gerçeği görmüyordu. Fakat sonra tüm işaretleri gördüklerinde, gerçeği olduğu haliyle görmekle ödüllendirildiler. Bu demektir ki, en alt derecede, kirliliğin kırk-dokuz kapısında olduklarını gördüler.

Ve akabinde ıslahla ödüllendirildiler, yani acıyı hissettikten sonra, koşulları üzerinde gerçek bir dua oluşturabildiler. Öyle anlaşılıyor ki, Maro dediğimiz bu acı da, Yaradan'dan yardımdı, yani işaretler ve imalar vasıtasıyla Yaradan onlara gösterdi.

Ve bundan sonra Pesah ile ödüllendiler, yani Yaradan İsrail oğullarının üzerinden geçti. Buna derecelerin üzerinden atlamak denir.

Normalinde kişi bir erdem öğrendiğinde buna yavaş yavaş ilave eder. Fakat burada tam tersi oldu—her defasında kirliliğin içine daha fazla düştüler ve sadece gerçek koşullarını görünce, gerçek bir dua ile Yaradan'dan yardım isteyebildiler ve ancak o zaman Yaradan yardım etti.

Beraber hareket eden Pesah, Matsa ve Maror'nun anlamı budur. Aksi takdirde ıslah ile ödüllendirilmek mümkün değildir. Golah, sürgün kelimesi ile Geulah (kurtuluş) kelimesi aynı harflerden oluşur. Bu bize şunu gösterir, kişi dünyanın şampiyonu denilen Aleph'de sürgünü hissettiği zaman her şey ifşa olur.

Bununla atalarımızın dediğini anlayabiliriz. "Maror nedir? Hassah. Neden Hassah denir? Çünkü Yaradan üzerimize merhamet getirdi."

Bunu anlamak zordur. Şöyle ki "Yaradan bizleri kurtardı," koşulu acı değil, tatlı bir şey olmalıydı. Fakat yukarıda söylendiği gibi; kişinin Yaradan'dan yardım alabilmesi için öncelikle içinde bulunduğu koşulun ne kadar acı olduğunu hissetmelidir, fakat "kişi kendi hatasını göremez," nedeniyle bu acılığı hissetmek imkânsızdır. Yalnızca Yaradan'ın yardımı ile içinde bulunduğu koşulu görebilir. Bu nedenden dolayı Maror dediğimiz acı vardır, yani Yaradan'ın merhameti bize gerçeği gösterir ve buna acı koşul denir ve akabinde Yaradan bizi kurtarır.

Dileyelim Yaradan bizi kurtuluşa getirsin.

Dostun,

Baruh Şalom Aşlag

Mektup No. 73

14 Aralık 1965

Anlamakta zorlandığını söylediğin "Arzu noktasındaki süsleme nedir?" soruna biraz açıklık getireyim.

Süslemenin mânâsını anlamak için önce burada neden bahsedildiğini, yani kafa karıştırıcı şeyin ne olduğunu anlamamız lâzım.

Biliyoruz ki dünyada sadece iki şey vardır: Yaradan ve yaratılanlar. Bu demektir ki, Yaradan yarattıklarına haz vermek ister. Şöyle yazdığı gibi: "O'nun arzusu yarattıklarına iyilik yapmaktır." Bu anlayıştan "Ein Sof (sonu olmayan) dünyası" denilen ilk dünya doğdu. Bu demektir ki; O'nun arzusu iyilik yapmak olduğundan, O "yokluktan varlık," yani O'nun vermek istediği hazzı alan bir arzu yaratmıştır.

Elbette bu arzu özellikle ışığın alımına uygun ölçüde olmalıdır, yani eğer kap ışıktan küçükse, yaratılan varlık bir bütün olarak ortaya çıkamaz, oysa Yaradan her şeyi bütün olarak, yani dağıttığı özel ışığı alacak şekilde yaratmıştır.

Arzuya göre ışık uzanır ve onu tamamen doldurur. Bu tüm realiteyi dolduran "Üst Işık," Ein Sof olarak kabul edilir, alma arzusu ışığı durdurmak değil; onu alma kaplarına yaymak ister. Bu demektir ki, bu anlayış geri çekilmiş olsaydı dünyada Tanrısallığın hissedileceği bir yer olmayacaktı. Adem sadece kendisi için haz alma arzusu içine düştüğü zaman bile, Tanrısallığı hissetti. Ancak kendine alma niyeti üzerine bir kez Tzimtzum (kısıtlama) olduğunda, zevke dalan kişinin Tanrısallığı hissetmediği ortaya çıkar ama kişinin çalışmasının başlangıcı dünyada Tanrısallık olduğuna inanmaktır. Bu Tzimtzum tarafından yapılan gizlilik nedeniyle böyledir.

Öğrendik ki, Ein Sof dünyasında "bu O'nun arzusuyla oldu ve O kendini kısıtladı." Alma arzusu ihsan etme arzusunun zıttı olduğundan, burada arzunun yükselişi söz konusudur bu nedenle kişi Dvekut'u seçer. Dvekut, form eşitliği demektir, kişi verene benzemek ister ve kendini kısıtlar. Bu demektir ki, Ein Sof dünyasında kap ve veren arasında düzeltilmesi gereken bir zıtlık söz konusu ve bu nedenle kişi Tzimtzum'u yerleştirmiştir.

Dünya yaratılmadan önce "O ve O'nun Adı bir," vardı. Bu demektir ki, "O" denilen ışık ile "O'nun adı" denilen kap, yani alma arzusu arasında fark yoktu. Kaba "O'nun adı" denir çünkü Gematria'da Şmo kelimesi Ratzon (arzu) kelimesiyle aynı anlamdadırfakat eğer kap ve ışık arasında bir zıtlık yoksa neden eşitlik olması için kısıtlama yapma noktasında bir ıslah yerine getirme gerekliliği vardır? Bu ıslah, zıtlığın olduğunu hissettiği yerdeki eksiklik nedeniyle değil, süsleme amacıyladır.

Süsleme ve eksiklik arasındaki farkı bir hikâye ile anlayabiliriz. Bir kasabanın hahamı duyuru yaparak kasabadaki tüm saygıdeğer ve zenginleri sinagogda toplar. Rabbi kürsüye çıkar ve bağış yapmanın önemi ve yüceliği ile ilgili dokunaklı bir konuşma yapar. Sonrasında, iyi ve bilge bir öğrencinin uzaklardan kasabaya geldiğini söyler. Adamın sekiz çocuğu vardır, o ve ailesinin yiyecek lokmaları, kalacak yerleri yoktur. Aile şimdi sinagogun kadınlar bölümünde kalmaktadır. Bu nedenle rabbi herkesin verebileceğinden daha fazla bağış yapmasını ister çünkü bu bir ölüm kalım meselesidir. Durum çok vahimdir. Rabbi acı içinde ağlar.

Doğal olarak İsrail halkı merhametlidir ve her biri verebileceğinden daha fazlasını verir. Hepsi eksiklik hissettiğinden ve bu eksikliklerini düzeltmek istediklerinden, bir anda binlerce lira toplanır.

Ertesi yıl rabbi yine kasabanın güçlü ve saygıdeğer insanlarını bir araya toplar ve onlara yine kalbe dokunan bir konuşma yaparak, acı içinde ağlar. Onlara Miztva'nın erdemini, merhamet sayesinde sürgünden çıkacaklarını ve tam kurtuluşla ödüllendirileceklerini anlatır.

Sonrasında karısının Amerika'dan gelen zengin bir adamın düğününe katıldığını ve bu zengin adamın karısının değeri üç milyon lira olan kürk giydiğini, yine değeri üç milyon lira olan pırlanta bir yüzük taktığını gördüğünü anlatır. Rabbi acı içinde ağlar, merhamet etmelerini ve bu lüksleri karısına alacak kadar parayı ona vermelerini ister. Geçen yıl yoksul aile için verdikleri parayı hatırlatarak, şimdi aynı şeyi karısı için yapmalarını ister. Bu nedenle ağlar ve yakarır, "Ey merhametli Yahudiler!"

Doğal olarak rabbi ağladıkça orada toplananlar kahkahalarla ona güler ve der ki, "Kendini süslemek isteyen karın için üzülmeli miyiz? Merhamet bunun neresinde? Yoksul adam için bu bir gereklilikti ve buna "eksiklik" denir. Hepimiz eksikliği hissettik ve bunu tamamlamak zorunda kaldık."

Bu hikâyeden eksiklik ve süsleme arasındaki farkı anlayabiliriz: Eksiklik, kişi aç ve sefil olduğundadır; sonrasında merhametten bahsedilir ama hoş bir evin, fakat mücevherin yoksa onlarsız da yaşayabileceğinden, burada eksiklikten bahsedemezsin.

Burada da benzer bir durum var. Işık hiç boşluk kalmayana kadar, tüm alma arzusunu doldurur. Buna "O ve O'nun adı bir" denir. Kap olmadan ışık yayılamayacağından ve yarattıklarına iyilik yapmak arzusu, alma arzusu olmadan işlemeyeceğinden, ışıkla kap arasında ayırt edici bir fark yoktur. Dolayısıyla ışık ve kap arasında fark yoktur, her ikisi de amaca göre eşit derecede önemlidir.

Bu şu soruyu akla getirir: "Neden Tzimtzum var?" Buna cevap şudur ki, Tzimtzum süslemek içindir. Bu demektir ki, armağanı geliştirmek için süsleme gereklidir. Kişi tüm kabı dolduran ışık nedeniyle bereketle dolu olmasına rağmen, bunu daha iyi yapmak mümkündür, yani bereketin alımı alma olarak değil, ihsan olarak görülür, buna "ihsan etmek için almak" denir ve gerçek ihsan olarak kabul edilir.

Bu nedenle Tzimtzum özgür seçim olarak kabul edilir, yani kısıtlama yapmama seçimi vardır, bunun için kim onu zorlayacak ki? Her şeyden önce kişiye verilmiştir, o da almıştır eğer isterse bu aşamada kalır. Ancak Tzimtzum'u yerine getirmeyi seçerse ve ihsan etmek için alırsa bununla "Bereketi Yayan" ile eşit hâle gelir.

Tzimtzum'dan sonra, arzu eksiklik olur çünkü kural şudur ki; üst olandaki bir arzu aşağıda olan için zorunlu bir yasa olur. Bu nedenle aşağıda olanın artık seçim şansı yoktur, yani istese bile ona verilmez. Öyle anlaşılıyor ki, şimdi kısıtlamadan sonra alma arzusu bir eksiklik olarak kabul edilir çünkü artık kişi onun içine bir şey alamaz ve bunu karanlık olarak algılar. Kişi yalnızca ihsan etme niyetiyle bir şeyler yapmaya başladığı zaman, form olarak eşitlenmeye başlar ve kısıtlama kuralından çıkmaya başlar. Sonra ihsan etme arzusundaki çalışma ölçüsüne göre Tanrısallığı hissetmeye başlar.

Bu konuyla ilgili başka sorun varsa lütfen bana yaz, elimden geldiğince açıklamaya çalışırım. Yaradan'ın, üst olanın aklını onu anlamamız, birbirimize öğretmemiz, yerine getirmemiz ve idrak etmemiz için vermesini umalım.

Mektup No. 74

13 Şubat 1966

Tüm kalbimle sevdiğim dostuma,

Senden haber almaya özlem duyuyorum. Verecek özel bir haberim yok, mektubuma Tora sözleriyle başlayacağım.

Şöyle yazılıdır: "Altı gün çalış fakat yedinci gün dinlen." Bu demektir ki, Şabat dinlemek, hafta içi günleri çalışmak için verilmiştir. Hafta içi çalışmalıyız çünkü çalışmayan kişi "Altı gün iş yap," sözünü yerine getiremez. Peki çalışması Tora olan bir öğrenci ne yapmalı?

Bizden istenen nedir? Tora ve Mitzvot yerine getirmenin anlamı nedir? Baal HaSulam'a göre onlar bize çare olarak verilmiştir ki böylece başarmamız gereken amacı başaralım.

Dolayısıyla, önce yaratılış amacını, bu dünyaya gelme sebebimizi anlamalıyız. Kutsal kitaplardan bilinir ki, yaratılışın amacı yarattıklarına iyilik yapmaktır (ineğin buzağının istediğinden daha fazlasını emzirmek istemesi kuralına göre). Öyleyse Yaradan'ın vermek istediği hazzı ve mutluluğu almaktan kim bizi alıkoyar?

Utanç ekmeğinden kaçınmak için bunun olduğu yazılıdır. Bu demektir ki, dostundan armağan alan biri ondan utanır. Dolayısıyla insanın haz alımından utanmaması için Tora ve Mitzvot çalışması verilmiştir, böylece bu çaba vasıtasıyla armağan almakla ödüllendiriliriz. Bu demektir ki, Yaradan'dan haz ve bereketi utanç olmadan almaya uygun kabımız olduğunda, haz ve bereketi yukarıdan alırız.

Şimdi yukarıda söyleneni anlayabiliriz. Bize hazzı alacak kaplarımızı ıslah etmek için altı gün verilmiştir. Şabat ise, kapların ıslahı değil, hazzın alımı zamanıdır. Bu nedenle Şabat'a çalışmadan Şvita (kesilme/dinlenme) denir ve Şabat akşamı hazırlamış olduğumuz tüm kaplar dolar çünkü Şabat "sonraki dünyanın suretidir."

Buna göre bağlanmamız gerekenleri anlayabiliriz, yani haz ve mutluluk almak için çaba göstermeye ihtiyacımız olduğunu anlarız, sonra Yaradan yardım eder.

Sana ve ailene bol bereket, başarı, neşe ve memnuniyet dileyen dostundan,

Baruh Şalom HaLevi Aşlag

Mektup No. 75

24 Mayıs 1966, Şavuot Akşamı

Dostuma,

Çalışmalarının ve özellikle de sağlığının nasıl gittiğini öğrenmeyi çok istiyorum.

"Eğer Ben'im yasalarımdan yürür, Emirlerimi yerine getirirsen." Raşi şöyle yorumlar: "Mitzvot'u yerine getirmek bu mudur? O, 'Ben'im emirlerimi yerine getirirsen,' dediğinde, bu bizim için Mitzvot'u yerine getirmektir. Peki, 'Ben'im yasalarımdan yürürsen' —Tora'da gösterdiğin çaba— ile neyi yerine getiriyorum? 'Emirlerimi yerine getirirsen' —yerine getirmek ve sürdürmek için Tora'da gösterdiğin çabadır."

Neden "Eğer Ben'im yasalarımdan yürürsen," ayetinin Tora çabası olduğunu anlamalıyız. Eğer ne yapmamız gerektiğini bilmek için Tora çalışmasını sürdürmezsek, "Emirlerimi yerine getirirsen," sözünü yerine getirmemiş mi oluruz? Ve eğer "Ben'im yasalarımdan yürü," sözünü yerine getirmezsek, Mitzvot'u nasıl sürdürebiliriz?

Ancak eğer ayet bize Mitzvot'u yerine getir diyorsa kesinlikle önce Tora'yı öğrenmemiz gerekir. Bunun gerekli olduğu yazılı değildir çünkü Mitzvot'u bilmiyorsak onu yerine getirmemiz imkânsızdır.

Ancak, burada Tora çalışmasında Mitzvot'u nasıl sürdüreceğimizi bilmemizle ilgili farklı bir durum vardır. Bu demektir ki, Mitzvot'u bilsek bile beden onu sürdürmek istemez. Örneğin, herkes Yaradan'ı sevme Mitzva'sı olduğunu bilmesine rağmen, tüm dünya kendini-sevmeye hükmü altında olduğundan, sadece seçilmiş birkaç kişi Yaradan'ı sevme emrini sürdürür.

Yaradan adına Mitzvot yerine getirebilmek için bize Tora verilmiştir, atalarımızın dediği gibi: "İçindeki ışık ıslah eder." Bu özellikle Tora çalışması ile mümkün olur. Kişi

Tora'ya bağlandığı ölçüde Tora ışığını çeker ve bununla Mitzvot'u yerine getirme gücü elde eder.

Bu Raşi'nin açık olduğu konudur: " Eğer Ben'im yasalarımdan yürürsen, bu Tora çalışmasıdır." Bu böyledir çünkü Mitzvot'u bilmek için Tora öğrenmede 'Emirlerimi yerine getirirsen,' ayetini yerine getirmemiz gerektiğini biliriz. Dolayısıyla "Ben'im yasalarımdan yürürsen," ayetinin Tora çalışmamız gerektiğini bize göstermek için verildiğini söyleyebiliriz.

Raşi bunu şöyle yorumlar; "Emirlerimi yerine getirirsen—yerine getirmek ve sürdürmek için Tora çabası." Burada bir bağ yokmuş gibi görünse de yerine getirmek ve sürdürmek için Tora'da çaba sarf etmeliyiz çünkü çaba vasıtasıyla Tora ışığını elde ederiz ve içindeki ışık islah eder.

Yukarıda söylenenlerden çabanın gücünü görürüz: İnsandaki tüm kötülüğü iyiye çevirir. Tora çalışmasında iki anlayış vardır: 1) Ne yapmamız gerektiğini bilmek için yasaları öğrenmek, 2) yerine getirmek ve bunu devam ettirecek güce sahip olmak için çabalayarak Tora öğrenmek. Çünkü sonrasında yasaları mı, ya da Tora'yı mı öğrendiğimiz fark etmez, sadece Tora'da çalışma yeri vardır ve sonra Tora içindeki ışıkla kişiyi islah eder.

Dileyelim Yaradan bizi Tora ışığı ile ödüllendirsin.

Baruh Şalom HaLevi Aşlag

Baal HaSulam'ın oğlu

Mektup No. 76

Mayıs, 1967

Dostuma,

Genel ve özel olarak senden ve ailenden haber almayı özlemle bekliyorum.

"Eğer Ben'im yasalarımda yürüyor ve Ben'im emirlerimi yapıyor gibi yerine getiriyorsan." Kutsal Zohar sorar, "Orada zaten 'yürü' ve 'yerine getir' diyorsa, neden bir de 'yapmak'?" Şöyle cevap verir, "Tora'nın Mitzvot'larını yerine getiren ve O'nun yolunda yürüyen için bu, O'nu yukarıda yapmak gibidir. Yaradan der ki, 'o Ben'i yapar gibi.' Bu 'yapıyor gibi' sözünün anlamıdır, tıpkı Ben'i sen yaptın gibi."

Yaradan yolunda yürüyenin Yaradan'ı yapmasının ne demek olduğunu anlamalıyız. Kişi nasıl böyle bir şey düşünebilir?

Bilinir ki, "Tüm dünya O'nun ihtişamıyla doludur." Bu her insanın inanması gereken şeydir, şöyle yazdığı gibi "Ben yeri ve göğü doldururum." Ancak Yaradan, seçim şansımız olması ve O'nu görmememiz için gizliliği yarattı, böylece sonrasında inanç için —Yaradan'ın "tüm dünyaları doldurduğuna ve tüm dünyaları kapladığına" inanmak—bir yer olur. Kişi Tora ve Mitzvot'a bağlandığında Yaradan ona kendini ifşa eder ve kişi Yaradan'ın dünyanın yöneticisi olduğunu görür.

Böylece insan ona hükmedecek kralı yaratır. Bu demektir ki, kişi Yaradan'ı dünyanın yöneticisi olarak hisseder ve bu insanın Yaradan'ı kendi üzerinde kral yapması olarak kabul edilir. Kişi bu hisse gelmediği sürece Yaradan'ın krallığı örtülür. Bu nedenle şöyle deriz, "O gün Tanrı bir ve Adı 'Bir' olacak." Bu demektir ki O'nun krallığının ihtişamı üzerimize yansıyacak.

Bu dünyada yapmamız gereken tüm ıslah budur, O'nun krallığını üzerimize almak için Tora ve Mitzvot'a bağlanarak yukarıdan tüm ihsanı ve bereketi çekeriz.

Bu Musa'nın insanların yerine getirmesini istediği şeydir. "Ve insanlar sabahtan akşama kadar Musa ile beraber durdu... Ve Ben insan ve komşusu arasında yargıç olurum." "İnsan ve komşusu arasında" demek, iyi eğilimle kötü eğilim arasında yargıç olmak, insanların iyi eğilime ve kötü eğilime ait düşüncelerini ve arzularını bilmeleri ve bunlar arasındaki ayırımı yapabilmeleri zor olduğundan, neyi çıkarmaları gerektiğini bilmeleri için onlara Yaradan'ın yasaları göstermesi demektir.

Bununla atalarımızın söylediğini anlayabilirsiniz, "Bunu anlayan bilge kişi kim? Neden topraklar harap edildi? Rav Yehuda dedi ki, 'Rav dedi ki, Tora'yı önce kutsamadılar.' RAN, Ravımız Jonah adına der ki, 'Bu ayet açıktır—topraklar kaybedilmiştir, çünkü önce Tora'yı kutsamamışlardır. Eğer tam olarak şöyle demiş olsaydı "Ben'im yasalarımı terk ettikleri için" Tora'ya daima bağlı oldukları için atalarımızın bunu yorumlaması kolay olabilirdi. Atalarımız ve peygamberlerimizin toprağın neden harap olduğuyla ilgili kafa karışıklığı yaşamasının sebebi budur.

Son olarak, Yaradan'ın Kendisi bunu açıklar. O kalbin derinliklerini, önce Tora'yı kutsamadıklarını bilir. Bu demektir ki Tora onlar için kutsamaya değer olmak için yeteri kadar önemli değildir, yani ona Lişma'da bağlanmamışlardır ve dolayısıyla onun kutsamasını önemsiz bulmuşlardır." Bunlar onun sözleridir.

Bu demektir ki Tora çalışması ve Mitzvot edinimi öncelikle O'nun yüzünün ışığını aşağıya çekmek içindir. Bu "içindeki ışık ıslah eder" olarak kabul edilir ki bu ancak seçim ve Lişma'ya bağlanınca söz konusu olur. Bu sırada Rabbi Meir'in söylediği gerçek olur, "Tora'nın sırları, Tora'yı Lişma'da öğrenene ifşa olur." Bu, O'nun krallığının aşağıda görünmesi olarak kabul edilir ve bu "Ben'i yapıyormuş gibi," sözünün anlamıdır.

Dileyelim Yaradan'ın ihtişamı tüm yeryüzünde görünsün. Amin.

Sen ve ailen için her şeyin en iyisini dileyen dostundan,

Baruh Şalom HaLevi Aşlag

Baal HaSulam'ın oğlu

Mektup No. 77

18 Şubat 1973, Bney Brak

Dostuma,

Grupla ilgili mektubunu aldım, bilinir ki, "Yüz yüze olan su gibi," yani kişi bayağılığını hissettiğinde, bu O'nun yüceliğini hissettiği içindir. Bu demektir ki, normalinde birbirimize verdiğimizde veren kişi alt derecedense, verdiği de küçüktür.

Dolayısıyla, genellikle yardım toplarken varlıklı ve saygıdeğer insanları ararız çünkü alanın önemine göre yardım gelir. Dolayısıyla, kişi Yaradan'a ihsan etmek istediğinde kötü eğilim ona gelir ve tozun içindeki Şehina'yı gösterir, yani verdiğimiz yeterlidir, daha fazla vermemize gerek yoktur.

Fakat çalışması için ödül almak isteyenlerde tersi bir durum söz konusudur. . Vereni takdir eder ve kendine O'nun cömert ve merhametli olduğunu söyler. Verenin erdemliğinden bahseder çünkü O'nun ona bereket vermesini ister.

Dolayısıyla, çalışması sadece maddi ya da manevi ödüle dayanır, sonra biraz düşünce ve çaba ile vereni onurlandırır ve takdir eder.

Fakat Baal HaSulam yolunda, yani tüm yapı kişinin tüm düşünce ve arzusunun sadece Yaradan adına olması temeli üzerine kurulduğunda, tozdaki Şehina denilen bayağılık aşaması derhâl ortaya çıkar. Bu nedenle birkaç kuruş bir araya geldiğinde büyük miktarlar oluşturduğundan, düşüşten etkilenmemeliyiz.

Bu bizim öğrendiğimiz "maneviyatta hiç eksiklik yoktur,"dan ziyade, ilerlememize yer açılması için geçici bir ayrılıştır. Bu böyledir, çünkü kutsallık için çabaladığımız her an kutsallık alanına gireriz ve kişi sadece kutsallığın fazla kıvılcımından çıkmak için düşer.

Ancak tavsiye şudur ki: Kişi, derecesi onu düşürene kadar beklememelidir, kişi bayağılığını hissettiğinde tekrar yükselir ve bu yükseliş kutsallığa bir parça koymak olarak kabul edilir. Buna mukabil kendisi düşer ve diğer kıvılcımları yükseltir ve onları kutsallık alanına çıkarır.

Bu atalarımızın dediği gibidir: "Kaybetmeden önce, ararım," yani içinde bulunduğum durumu kaybetmeden önce aramaya başlarım. Bu Baal HaSulam'ın "Şafağı uyandırırım," diyen Kral Davut ile ilgili söylediği şeydir. Atalarımız şöyle der: "Şafak beni değil, ben şafağı uyandırırım."

Dolayısıyla yerine getirme, düşüş değil özellikle yükseliş zamanıdır. Yükseliş zamanında,

Allah korusun geri düşmemek için korkuyu uzatmalıyız. Fakat hepsinden önemlisi tüm ihtiyacımız olan Kral'a yakarmak ve O'nun merhametini istemektir.

Baruh Şalom HaLevi Aşlag

Baal HaSulam'ın oğlu

Mektup No. 78

Rav Baruh Şalom HaLevi Aşlag,

Baal HaSulam'ın oğlu,

4 Mintz St., Bnei Brak.

Tanrı'ın yardımıyla,

Bu zamana kadar halkı ilgilendiren konularla ilgilenmedik. Bu bizim yolumuz değil. Daha ziyade yegâne amacımız cennet korkusu öğretisini, özellikle de Kabala ilmini buna lâyık olanlar ve alçakgönüllülükle yürüyen istekli dostlar arasında yaymaktır.

Bu nesilde Tanrı'nın şehri en altta indirilirken, bu zaman Mesih'in ayak seslerinin duyulduğu zamandır.

Dolayısıyla, ülkümüzü yaymak, yüce insan Baal HaSulam'ın adını onurlandıracak, onun çeşmesinin dışarı doğru akacağı, ilminin sokaklarda söyleneceği bir dua yeri, bir sinagog inşa etmek isteyen dostların talebini kabul etmiş bulunmaktayım.

Bununla, kalplerinde Tanrı'nın ruhunu taşıyan ve Şehina sürgününden pişmanlık duyan İsrail evindeki tüm kardeşlerimize sesleniyorum. Böylece tam bir kurtuluşla ödüllendirileceğiz, kutsal Zohar'da yazdığı gibi, "Bununla İsrail oğulları sürgünden çıkacak."

Dileyelim Tora'nın değerini yükseltip, kurtuluşla ödüllendirilelim.

Tüm kalbi ve ruhuyla seni seven dostun

Baruh Şalom HaLevi Aşlag Ashlag

www.ingramcontent.com/pod-product-compliance
Lightning Source LLC
Chambersburg PA
CBHW030227100526
44585CB00012BA/307